Dietrich Schulze-Marmeling

Der FC Bayern und seine Juden
Aufstieg und Zerschlagung
einer liberalen Fußballkultur

D1730143

Dietrich Schulze-Marmeling, Jahrgang 1956,
gehört zu den profiliertesten deutschen Fußball-
autoren und -historikern. Über den FC Bayern
schreibt er seit 1997, als erstmals sein Buch »Der
FC Bayern – Geschichte des Rekordmeisters«
erschien. Die Zeitschrift »11 Freunde« nannte
das demnächst in fünfter Auflage erscheinende
Buch ein »sorgfältig recherchiertes Meisterwerk«.
2003 war Schulze-Marmeling Herausgeber
und Mitautor von »Davidstern und Lederball –
Die Geschichte der Juden im deutschen und
internationalen Fußball«, über das »Die Zeit«
urteilte: »Eine absolut herausragende
Veröffentlichung. Hier liegt der Idealfall vor:
Fußball als Kulturgeschichte.«
Sein Buch »Barça oder die Kunst des schönen
Spiels« belegte bei der Wahl zum »Fußballbuch
des Jahres 2010« durch die »Deutsche Akademie
für Fußballkultur« den 3. Platz.

Dietrich Schulze-Marmeling

Der FC Bayern und seine Juden

Aufstieg und Zerschlagung einer liberalen Fußballkultur

VERLAG DIE WERKSTATT

Bibliografische Information der Deutschen Nationalbibliothek:
Die Deutsche Nationalbibliothek verzeichnet diese Publikation in der
Deutschen Nationalbibliografie; detaillierte bibliografische
Daten sind im Internet über http://dnb.d-nb.de abrufbar.

Copyright © 2011 Verlag Die Werkstatt GmbH
Lotzestraße 22a, D-37083 Göttingen
www.werkstatt-verlag.de
Alle Rechte vorbehalten.
Coverfoto: picture alliance
Satz und Gestaltung: Verlag Die Werkstatt
Druck und Bindung: Westermann Druck Zwickau

ISBN 978-3-89533-781-9

Inhalt

Juden, Fußball und der FC Bayern

9. April 1933: In Stuttgart verabschieden die bedeutendsten Fußballvereine Süddeutschlands eine Erklärung, in der sie dem nationalsozialistischen Regime ihre Mitarbeit anbieten – »insbesondere die Entfernung der Juden aus den Sportvereinen« betreffend. Zu den Unterzeichnern gehört auch der FC Bayern München – jener Verein, der nur drei Wochen zuvor noch von einem jüdischen Präsidenten geführt wurde und dessen 1. Mannschaft, der amtierende Deutsche Fußballmeister, noch immer von einem Juden trainiert wird.

Veröffentlicht wird die Erklärung auf der Titelseite des »Kicker«, in dessen Kopfzeile als Herausgeber ein Jude steht, der einst den Vorläufer des FC Bayern mitgegründet hat, im April 1933 aber bereits emigriert ist.

In Stuttgart endet mit dieser Erklärung ein halbes Jahrhundert deutschen Fußballsports. Bisher haben Funktionäre und Spieler die Entwicklung des Spiels unabhängig von ihrem kulturellen, religiösen oder nationalen Background gefördert. Unter Deutschlands Fußballpionieren des ausgehenden 19. Jahrhunderts und den Fußballaktivisten der Weimarer Republik befanden sich eine Reihe jüdischer Bürger. Viele Jahre war dies selbstverständlich, und niemand kam auf den Gedanken, hierfür Gründe zu erörtern. Nun aber wird dieser Konsens durch die Nationalsozialisten und ihre Kollaborateure im deutschen Fußball mit aller Brutalität und innerhalb kürzester Zeit zerstört.

Aus der Geschichte des deutschen Fußballs schreibt man die Juden heraus oder drängt sie an den Rand. So richtig in Vergessenheit gerät ihr Beitrag aber erst in den 1950er Jahren. Der Zusammenbruch des NS-Regimes und die alliierten Maßnahmen gegenüber den alten Verbänden und Vereinen brachten nur eine kurze Unterbrechung, aber keinen Neubeginn im deutschen Fußball. Die Geschichte wird bald wieder von denen geschrieben, die sie schon in den NS-Jahren schrieben, die sich dem Nationalsozialismus andienten – teils, weil sie deren Ideologie faszinierte, teils, um ihr eigenes Fortkommen zu forcieren und ihr eigenes fußballpolitisches Süppchen zu kochen. Nun, nach dem Untergang des Nazi-Reichs, wäscht man sich gegenseitig rein und verklärt sich zu »Anti-Nazis«, die höchstens »zum Schein« mitgemacht hätten, um Schlimmeres zu verhindern. Aus Tätern, Karrieristen, Opportunisten und Mitläufern werden selbsternannte Richter, die sich und ihre Kameraden zu Getriebenen, Opfern und Widerständlern stilisieren und von jeglicher Schuld und Verantwortung freisprechen. Die tatsächlichen Opfer bleiben weiterhin unerwähnt oder marginalisiert. Stattdessen wird das anrührende Bild einer harmonischen Fußballfamilie gemalt, die sich von den jeweiligen politischen Verhältnissen kaum irritieren lässt und ein Höchstmaß an positiver Kontinuität aufweist. Die Leistungen und Schicksale der deutsch-jüdischen Fußballaktivisten können da nur stören, da sie die Frage nach der Mittäterschaft aufwerfen würden. Was einmal ausgeschlossen wurde, muss deshalb ausgeschlossen bleiben.

Erst ein gutes halbes Jahrhundert nach dem Ende des Zweiten Weltkriegs beginnt man sich wieder der Juden im deutschen Fußball zu erinnern. Was nun zutage befördert wird, versetzt viele in ungläubiges Erstaunen, auch innerhalb jüdischer Organisationen.

Deutsch-jüdische Anfänge

Dieses Buch beginnt daher mit einer Darstellung, die ohne den Nationalsozialismus und den Holocaust vermutlich überflüssig, wenn nicht gar unangebracht wäre: dem Versuch, das Interesse und die Begeisterung deutscher Juden für den Fußballsport zu erklären.

Fußball begann nicht als Arbeiterkultur, sondern war zunächst beheimatet im Milieu der bürgerlichen Akademiker sowie der neuen – und damit traditionslosen – expandierenden Schicht der Angestellten in den kaufmännischen und technischen Berufen. Anders als in England, wo sich der Fußball bereits in den letzten Dekaden des 19. Jahrhunderts zum proletarischen Massenspektakel entwickelte, behielt das Spiel auf dem Kontinent bis in das 20. Jahrhundert hinein seinen Eliten- und Mittelschichtcharakter.

Für die Historikerin Christiane Eisenberg verkörpert das frühe Fußballspiel »das spezifisch moderne Lebensgefühl der Jahrhundertwende, insbesondere der Aufsteiger und Selfmademen, die offen für alles Neue waren und sich um Konventionen wenig scherten. Für viele

war der Gebrauch der englischen Sprache und die Imitation eines
›english way of life‹ auch der Versuch, sich von bestimmten überkommenen Mustern der eigenen Kultur wie z.b. der Turnbewegung mit
ihrer Neigung zum Kollektivismus zu distanzieren.« Juden und Protestanten waren laut Eisenberg unter den ersten deutschen Balltretern
auffällig stark vertreten.

Wie dieses Buch noch zeigen wird, wurde diese bürgerlich-modernistische Phase besonders eindrucksvoll vom FC Bayern repräsentiert.

Fußball war zunächst ein vorwiegend städtisches Spiel – anders als
später Handball, das sich als Sportspiel der Turnbewegung und als deren Antwort auf den Fußball auf dem Land ausbreitete, da der Spielplatz in den urbanen Zentren bereits von den Kickern besetzt war. In
Städten wie Berlin, Frankfurt oder München lebten besonders viele
Juden. Und viele von ihnen zählten sich dort zum »modernen Bürgertum«, das liberal ausgerichtet war und sogenannten englischen
»Modetorheiten« – wie »english sports« – frönte. Wobei »english«
oder »british« mit »modern« zu übersetzen war. Detlev Claussen: »Die
idealen Bürger, die das Bürgertum auch mit seinen Idealen ernst genommen haben, waren Juden. Und das hat man den Juden wiederum
übel genommen. Freiheit, Gleichheit, Brüderlichkeit – das war ja für
das Ghetto eine konkrete Utopie! (…) Sehr viele europäische Juden
waren im 19. Jahrhundert anglophil. Diese anglophile Geschichte gehört eng zur Geschichte des Judentums und der Emanzipation des Judentums in Europa. Dazu eben die ›english sports‹. (…) Die Juden, die
ihre Kinder ausbilden wollten, haben sie nach England geschickt. Auf
englische Internate oder englisch geführte Internate, die es z.T. auch
in der Schweiz gab. Weil da wiederum so viele Kinder der Bourgeoisie aus ganz verschiedenen Ländern auf die Schulen kamen, haben sie
schnell den Sport entdeckt.« Exemplarisch für die anglophile Einstellung deutsch-jüdischer Fußballpioniere sind John Bloch sowie die an
der Vorgeschichte des FC Bayern beteiligten Walther Bensemann und
Gustav Randolph »Gus« Manning.

Jüdische Pioniere:
John Bloch und Walther Bensemann

In den 1880er Jahren stand der in Birmingham geborene Bloch in Berlin dem English Football Club und dem Berliner Cricket Club 1883 vor, Klubs, in denen Berlins Engländer ihren Sport praktizierten.1891 war Bloch die treibende Kraft hinter der Gründung des Deutschen Fußball- und Cricket Bundes (DfuCB), dem wohl wichtigsten Vorläufer des DFB. Bloch wurde auch Vorsitzender dieses dezidiert »anglophilen« Verbands.

Seit 1891 war John Bloch zugleich Herausgeber und Chefredakteur der ambitionierten Wochenzeitschrift »Spiel und Sport. Organ zur Förderung der Interessen aller athletischen Sports«. Der Journalist Malte Oberschelp weiß außerdem zu berichten, dass Bloch auch zu den Pionieren der Leichtathletik gehörte. 1893 konstituierte Blochs Berliner Cricket Club 1883 mit dem Hamburger SC Germania und drei weiteren Vereinen den Deutschen Athletischen Amateur Verband. Vorsitzender wurde der Jude Arthur Levy vom Hamburger SC, Bloch gehörte dem Vorstand als Beisitzer an.

Vor der Gründung des DfuCB war Bloch führendes Mitglied im 1890 gegründeten und 1892 wieder aufgelösten Bund Deutscher Fußballspieler (BDF) gewesen, wo es im Januar 1891 zu einem heftigen Disput zwischen einer »Pro-England-Fraktion« und einer konservativ-nationalistischen Gruppe um den Künstler Georg Leux gekommen war. Leux propagierte eine »Verdeutschung« des Spiels und schreckte auch nicht davor zurück, eine Meisterschaft nach »deutschen Regeln« einzuführen. An die Stelle von Toren sollten Punkte treten. Ein Einwurf war mit drei Punkten zu honorieren, ein Eckstoß mit fünf, für ein Tor sollte es 20 Punkte geben. Leux erhoffte sich von seiner Idee eine größere gesellschaftliche Akzeptanz des »englischen« Spiels.

Im November 1893 verlor der von Georg Leux gegründete BFC Frankfurt, Berlins ältester Fußballverein, ein DfuCB-Meisterschaftsspiel gegen Blochs English FC mit 1:5. Die Unterlegenen suchten die Schuld beim Schiedsrichter. Ein Protest des BFC wurde vom DfuCB-Vorstand um Bloch zurückgewiesen, woraufhin sich der BFC aus der Meisterschaft zurückzog. Als der Verband nun ein Ausschlussverfahren gegen den BFC einleitete, schürte dieser eine antisemitische Stimmung gegen den English FC und Bloch. Darauf deutet ein Schreiben hin, in dem sich sieben Klubs mit dem Verband solidarisierten: »Da (dem BFC, d. A.) Frankfurt die durchaus correcte Handlungsweise des Vorstands nicht die geringste oder vielmehr eine nicht genügende

Handhabe bot, so mussten Nationalität und Religion einiger Bundesmitglieder den Grund zur Verhetzung bieten.« John Bloch zog aus der antienglischen und antisemitischen Hetze seine Konsequenzen und verzichtete auf eine erneute Kandidatur zum Vorsitzenden. Der English FC erklärte seinen Austritt aus dem DfuCB.

»In der Figur John Bloch«, so resümiert Malte Oberschelp, spiegele sich somit »nicht nur die enorme Bedeutung der deutschen und englischen Juden in der Frühzeit des deutschen Sports, sondern auch das antienglische und antisemitische Ressentiment, das ihnen entgegengebracht wurde«.

Ähnliches lässt sich über Walther Bensemann sagen. Bensemann, der beim Vorläufer des FC Bayern, der 1897 gegründeten Fußballabteilung des Münchner Männer-Turn-Vereins von 1879 (MTV 1879) mit von der Partie war, stammte aus einer wohlhabenden jüdischen Familie in Berlin, Vater Berthold war Bankier. Wie Bensemann-Biograph Bernd-M. Beyer schreibt, wuchs der Sohn »in einer weltoffenen, intellektuell wie kulturell anregenden Atmosphäre auf; seine Mutter soll Musikabende im heimischen Salon organisiert haben, und die verwandtschaftlichen Kontakte der Familie reichten bis nach Schottland«.

Walther Bensemann wird im Alter von zehn Jahren auf eine englische Schule in Montreux geschickt, wo ihn die englischen Mitschüler mit dem Spiel infizieren. Am Genfer See entwickelt Bensemann »eine Begeisterung für alles, was er für typisch englisch hielt: das Ideal des Fair Play, die vorurteilsfreie Offenheit eines Weltbürgers, die Selbstdisziplin und die Philanthropie des Gentleman, die Erziehung zum ›sportsman‹.« (Beyer)

1887 gründet Bensemann gemeinsam mit englischen Schülern seinen ersten Verein, den Montreux Football Club, als dessen »Sekretär« sich der 14-Jährige stolz bezeichnet. Zurück in Deutschland, gibt sich der angehende Student anglophil. In Karlsruhe, wo er nun besonders intensiv für den Fußball wirkt, firmiert er ob seines sportlichen Outfits als »der Engländer in Narrentracht«. 1899 organisiert Bensemann – im heftigen Widerstreit mit den meisten der damaligen Regionalverbände – die »Urländerspiele« gegen ein englisches Auswahlteam, nachdem er die Football Association zur ersten kontinentalen Tournee ihrer Geschichte überredet hatte. Zwei Jahre später geht er nach Großbritannien, wo er fortan als Präfekt und Lehrer für neue Sprachen an zahlreichen Schulen arbeitet, so u.a. ab 1910 an der Birkenhead School in Liverpool. Möglicherweise hätte er sich dauerhaft in England niedergelassen, wäre nicht der Erste Weltkrieg dazwischengekommen. Nach dem Krieg gründet er in Konstanz jene heute noch existierende Fußballzeitung, der er zum Entsetzen seiner Mitstreiter einen bewusst englisch klingenden Namen verpasst: den »Kicker«.

Auch Gustav Randolph »Gus« Manning, ein weiterer deutscher Fußballpionier, der an der Gründung des FC Bayern mitgestrickt hat, war für sein anglophiles Gebaren bekannt.

Leistungsgesellschaft und Antisemitismus

Bei vielen europäischen Juden traf man seinerzeit auf einen ausgeprägten Sinn für Neues und Modernes sowie eine größere Bereitschaft zur Anerkennung des Leistungsprinzips und des Wettbewerbs – Dinge, die auch im Sport eine zentrale Rolle spielten. Detlev Claussen: »Das Leistungsprinzip gehört zum Fußball genauso hinzu wie der Spaß am Spiel.«

Jüdische (und protestantische) Milieus waren häufig aufgeschlossener gegenüber den Anforderungen und Herausforderungen der modernen kapitalistischen Leistungsgesellschaft. Und anders als das »deutsche Turnen« war Fußball *das* Spiel dieser Gesellschaft. Der Historiker Peter Tauber: »Der Sport in Deutschland verstärkte Werte und Normen der modernen Industriegesellschaft. Das Wettkampfprinzip, die Konkurrenz und der Leistungsgedanke waren ebenso für den Sport als auch für die Wirtschaft, Politik und die Wissenschaft kennzeichnend. (…) Das zeitgleiche Auftreten des modernen Industriezeitalters und des Sports war kein Zufall. Das Empfinden der Menschen, sich im Lebenskampf messen zu müssen, sich in ein feststehendes Ordnungssystem einzufügen und in Konkurrenz zueinander zu stehen, entsprach den Grundprinzipien des Sports wie der Industriegesellschaft, und somit gab es eine Parallelität zwischen dem wirklichen Leben und der Welt des Sports.«

Die Idee des englischen Sports und seines offenen Wettbewerbs stand gewissermaßen diametral zum Konzept der alten Ständegesellschaft, in der die europäischen Juden ausgeschlossene Unterprivilegierte waren. Der Sport unterspülte feudale Schranken in der Gesellschaft.

Das Interesse jüdischer Bürger am Sport war zudem eine Reaktion auf den latenten Antisemitismus. Im Sport sah man die Möglichkeit, gesellschaftliche Integration und Akzeptanz zu erreichen, denn die von historischem Ballast freie Sportbewegung war anfänglich liberaler und weltoffener als die mit traditionell konservativen Werten überladene Turnbewegung.

Die Tradition des »deutschen Turnens« war feudal besetzt, übermäßig patriotisch und nationalistisch geprägt. Turnen erfuhr seinen Aufstieg als nationale Körperbildung im Kampf gegen die französische Fremdherrschaft. Ein Aspekt der französischen Expansion war allerdings, dass sie einen Prozess initiierte, der den deutschen Juden gesetzliche Gleichstellung bringen sollte. In dieser Hinsicht zeigten sich Teile der Turnerschaft von Anfang an reaktionär. Friedrich Ludwig Jahn war nicht nur ein Wegbereiter des Turnens, sondern auch eines deutschchristlichen Nationalstaats, der stark antisemitische Züge trug, die Juden zu »unserem Unglück« erklärte und ihnen keinen Platz am nationalen Tisch zugestehen wollte.

Bei den Turnern also eher unwillkommen, orientierten junge Juden auf die neuartigen »sports«, deren englische Herkunft ihnen weniger suspekt denn willkommen war. Detlev Claussen: »Durch die Verbreitung des Fußballsports wurden aus England importierte Werte wie Fair Play und Toleranz vermittelt. Dies machte ihn attraktiv für jüdische Fußballbegeisterte, die aufgrund ihrer Konfession häufig aus den deutsch-nationalen Turnvereinen ausgeschlossen waren.«

Zudem fehlte dem Turnen jegliches moderne Image. Im turnerischen Milieu konnte ein – gerade bei jungen Leuten verbreitetes – Bedürfnis nach individuellen Entfaltungsmöglichkeiten und Eigeninitiative nicht befriedigt werden. Wie Peter März in seinem schönen Essay »›Fußball ist unser Leben‹ – ein Jahrhundert deutscher Spitzenfußball« (2003) schreibt, wurde beim deutschen Turnen die körperliche Regeneration »vielfach aus dressierter Bewegung« gewonnen, bei den »english sports« – namentlich Fußball – sei sie hingegen »spielerisch« erfolgt.

Fußball war – anders als das Turnen – nicht nur eine physisch anstrengende, sondern auch kreative und lustvolle Betätigung. »Der Große Brockhaus« von 1936 erklärte den Unterschied zwischen dem »deutschen« Turnen und dem »englischen Sport« wie folgt: Turnen habe ursprünglich »der Wehrhaftmachung des deutschen Volkes« gedient. Unter Turnen würde »mehr eine an die Gemeinschaft gebundene Entwicklung und Auswirkung der Kräfte des einzelnen verstanden, während der Sport im allgemeinen mehr die freie, persönliche Betätigung des einzelnen gestattet«.

Ganz nahe dran war offenbar der Autor eines Artikels über den fußballbegeisterten Schüler aus dem Jahre 1894: »Beim Fußballspiel stürmt und jauchzt er eine halbe, eine ganze Stunde leuchtenden Auges umher, ohne sich erschöpft zu fühlen, während er schon in der ersten Viertelstunde an Reck und Barren oft gähnt.«

Als »intellektuell-kreativer Sport« (März), der der Verwirklichung des Individuums Raum und Ausdrucksfreiheit ließ, verfügte der Fußball über eine starke Anziehungskraft auf junge, aufgeschlossene Bürger. Dies verstärkte sich noch, als er im Deutschland der 1920er Jahre eine stete Fortentwicklung erfuhr und neben den körperlichen Fähigkeiten auch organisatorisches Talent und finanzielles Engagement verlangte. Man musste begreifen, dass das Spiel auch Taktik und Arbeitsteilung beinhaltete, dass ein erfolgreicher Fußball eine kluge Vereinsführung und ein kluges Management voraussetzten etc. Peter März: »Fußball dürfte für sportlich und gesellschaftlich interessierte Juden in den 20er Jahren ein geradezu ideales Betätigungsfeld dargestellt haben.«

Und noch etwas sprach für die modernen Fußballvereinigungen. Wie wir gesehen haben, war Fußball anfangs auch ein Akademiker-Sport. Der Antisemitismus war aber nicht nur bei »dummen Jungs« zu Hause, sondern kursierte auch und gerade in akademischen Kreisen. Zumal im Milieu der studentischen Verbindungen, zu denen Juden häufiger der Zutritt verwehrt wurde. Eine Reihe der neuartigen Fußballvereinigungen eiferten deren Status nach. Dies äußerte sich u.a. in der Wahl des Vereinsnamen und der strapazierten Riten. Die Sport- und Fußballvereine waren gewissermaßen Studentenverbindungen ohne Antisemitismus.

Der FC Bayern und seine Juden

Der FC Bayern der Jahre 1900 bis 1933 war ein – zumindest für die damaligen Verhältnisse – weltoffener und liberaler Klub, in dem auch Juden eine Heimat fanden. Religiöse und nationale Zugehörigkeit spielten in seinen Reihen keine Rolle.

Zu den Gründern der Fußballabteilung des Männer-Turn-Vereins von 1879, der Keimzelle des späteren FC Bayern, gehörte der bereits vorgestellte Walther Bensemann. Auch der süddeutsche Fußballpionier und DFB-Mitbegründer Gus Manning gab entscheidende Anstöße zur Gründung des FC Bayern und fungierte in den ersten Jahren des Klubs mit seinem Freiburger FC als Pate. 1913 wurde Manning erster Präsident des nationalen Fußballverbands der USA und nach dem Zweiten Weltkrieg erstes US-amerikanisches Mitglied des FIFA-Exekutivkomitees.

Mindestens zwei der 17 Unterzeichner der Gründungsurkunde des FC Bayern waren Juden: Joseph Pollack, auch erster Schriftführer und erster Torjäger in der Geschichte des Klubs, und Benno Elkan, der später zu einem berühmten Bildhauer avancierte. Nur drei Jahre nach seiner Gründung leistete sich der FC Bayern mit dem niederländischen Sportpionier Willem Hesselink einen ausländischen Präsidenten. 1911 wurde dann der Jude Kurt Landauer erstmals Präsident des FC Bayern. Unter dem langjährigen Präsidenten Landauer errang der FC Bayern 1932 seinen ersten deutschen Meistertitel. Trainer der Meisterelf war der österreichisch-ungarische Jude Richard Dombi, drei seiner Vorgänger – Izidor »Dori« Kürschner, Leo Weisz und Kálmán Konrád – waren Glaubensbrüder. Die Nachwuchsarbeit des FC Bayern wurde in den Jahren der Weimarer Republik maßgeblich vom Münchner Juden Otto Albert Beer geprägt. Und unter dem Dach des Klubs kickten auch die Betriebsmannschaften der jüdischen Kaufhäuser Hermann Tietz und Uhlfelder.

Bensemann, Manning, Pollack, Elkan, Landauer, Beer, Dombi, Kürschner, Weisz und Konrád waren nicht die einzigen Juden, die mit dem FC Bayern in irgendeiner Weise assoziiert waren. Fünf Jahre nach dem Zweiten Weltkrieg führt eine Festschrift des Klubs namentlich sieben Bayern-Mitglieder auf, die Opfer des NS-Regimes wurden. Ein achtes Mitglied wurde vergessen. Mindestens sechs der acht Opfer – darunter der bereits erwähnte Otto Albert Beer sowie die Landauer-Brüder Leo und Franz – waren Juden.

Weiterhin heißt es, dass »eine *nicht unerhebliche* Anzahl alter und bewährter Mitglieder aus ihrem einstigen Vaterland und aus München vertrieben (wurde). Sie mussten draußen sich neue Existenzen gründen und sind uns dadurch *vielfach* verloren gegangen.« (Hervorhebungen durch den Autor)

Ein »Judenklub« waren die Bayern aber nicht. Juden bildeten stets nur eine kleine Minderheit im Klub. Andere Adressen wie beispielsweise Ungarns Nummer eins MTK Budapest, der für die spielkulturelle Entwicklung des FC Bayern eine wichtige Rolle spielte, wiesen erheblich mehr Juden in ihren Reihen auf. In Deutschland gilt dies vermutlich für Eintracht Frankfurt und vor allem für Tennis Borussia Berlin. Der Berliner Klub, erste Trainerstation der späteren Reichs- bzw. Bundestrainer Otto Nerz und Sepp Herberger, verlor durch die nationalsozialistische Machtübernahme etwa ein Drittel seiner Mitglieder. Und schon gar nicht darf man den FC Bayern mit exklusiv-jüdischen Zusammenschlüssen wie den Hakoah- und Makkabi-Vereinen verwechseln.

Die Bedeutung des FC Bayern bestand darin, dass er Juden in seinen Reihen nicht nur willkommen hieß, sondern ihnen auch keine geringeren Aufstiegs- und Profilierungsmöglichkeiten bot als ihren christlichen Klubkameraden. Das zählte nicht wenig, denn München war eine Stadt, die, gemeinsam mit dem Land Bayern, nach dem Ersten Weltkrieg eine Vorreiterrolle bezüglich antisemitischer Maßnahmen praktizierte. In Münchens Verwaltung wie Öffentlichkeit grassierte schon sehr früh eine antisemitische Stimmung, bereits 1920 wurden Hunderte von Juden vertrieben. Im selben Jahr konstituierte sich dort die NSDAP, die Stadt war im November 1923 Schauplatz eines nationalsozialistischen Putschversuches, begleitet von der Terrorisierung der jüdischen Bevölkerung, und an der Münchner Universität wurde bereits Mitte der 1920er Jahre die Präsenz von Juden ganz offen in Frage gestellt. In einer Stadt, in der sich – als Reaktion auf die Repressalien – ein jüdisches Eigenleben in einem stärkeren Maße entwickelte als in vielen anderen deutschen Städten, wirkt ein mehrheitlich christlicher Klub mit jüdischen Funktionsträgern und vermutlich mehr jüdischen Mitgliedern als die Konkurrenten TSV 1860 und FC Wacker zumindest aus heutiger Sicht wie ein liberaler Fels in einer zusehends stärker werdenden antidemokratischen Brandung.

Dass dieser von einem »urbayerischen« Juden geführte Klub mit einer Mannschaft, die von einem österreichisch-ungarischen Juden trainiert wird, im Sommer 1932 die Deutsche Meisterschaft gewinnen kann – zu einem Zeitpunkt also, als die Weimarer Republik bereits kollabiert und Deutschland nur noch ein gutes halbes Jahr von der Ernennung Adolf Hitlers zum Reichskanzler und dem unmittelbar folgenden Ausschluss der Juden aus dem deutschen Sport trennt –, setzt dem Ganzen gewissermaßen die Krone auf.

Zerstörung einer liberalen Fußballkultur und sportlicher Abstieg

Dass der Deutsche Meister von 1932 in den folgenden Jahren einen sportlichen Abstieg erlitt, hatte vor allem drei Gründe:

► Die veränderten fußballpolitischen Rahmenbedingungen nach der nationalsozialistischen Machtübernahme. Zu erwähnen sind hier die Aufwertung der Auswahlmannschaften des Verbandes (auf Kosten des Klubfußballs) sowie die Zementierung des Amateurprinzips und die damit einhergehende »Umstellung vom Spesen-Amateur auf den ›bargeldlosen‹ Amateur« (»Fußball-Woche«), wovon so mancher »Arbeiterverein« profitierte und worunter so mancher »bürgerliche Klub« litt.

In den Jahren der Weimarer Republik gehörte der FC Bayern mit seinem Präsidenten Kurt Landauer zu den Kräften, die ein Ende der Scheinheiligkeit und eine legale Basis für die Bezahlung von Fußballspielern forderten. Im Oktober 1932 schienen diese Kräfte an ihr Ziel gelangt zu sein, aber die DFB-Führung nutzte die nationalsozialistische Machtübernahme und die folgende Neuordnung des deutschen Sports, um die Uhr wieder zurückzudrehen.

► Die Vertreibung der jüdischen Funktionsträger und Mitglieder, namentlich des visionären und energetischen Präsidenten Kurt Landauer und des Meistertrainers und de-facto-Geschäftsführers Richard Dombi. Dadurch verlor der FC Bayern wichtige Mitarbeiter, die den Klub und seinen Aufstieg an die nationale Spitze maßgeblich mitgestaltet hatten. Die Zerstörung einer liberalen Fußballkultur und der Ausschluss der jüdischen Aktivisten bedeutete für den FC Bayern einen »gewaltigen Eingriff in sein innerstes Gefüge«, schreiben die Autoren der bereits erwähnten Festschrift aus dem Jahre 1950, aus der noch viel Verbitterung klingt. Möglicherweise ging damit auch ein Verlust von Sponsorengeldern einher, die Festschrift enthält zumindest einen zarten Hinweis darauf.

► Die gewisse Widerständigkeit des Klubs, der eine dezidiert nationalsozialistische Führung, so lange, wie dies irgendwie möglich war, umging. Auch nach der nationalsozialistischen Machtergreifung sei der »alte demokratische Einschlag überwiegend geblieben«, heißt es in der Festschrift. Hier ist wohl etwas zu stark der Wunsch Vater des Gedanken der unbescholtenen Autoren, aber dass die Nazifizierung des FC Bayern erheblich holperiger und zäher verlief als bei vielen anderen Vereinen, ist offensichtlich. Die Jahre des Nationalsozialismus waren geprägt von einem Ringen zwischen Mitgliedern, die den Klub politisch »auf Linie« bringen wollten, sowie solchen, die sich dem FC Bayern der Zeit vor 1933 verpflichtet fühlten und seine Politisierung zu bremsen suchten.

Anders als beispielsweise in der DFB-Führung gab es beim FC Bayern wohl tatsächlich Menschen, die den Klub auf größtmögliche Distanz zum Regime halten wollten, die versuchten, ein bisschen Weimar hinüberzuretten, und die ihre ehemaligen jüdischen Mitstreiter nicht im Stich ließen. Und die ein Gefühl für den Unterschied zwischen Recht und Unrecht behielten. Allen voran Siegfried »Siggi« Herrmann, der langjährige Mitstreiter von Kurt Landauer, der sicherlich kein erklärter Widerstandskämpfer war, aber auch kein über Leichen schreitender karrieristischer Opportunist und Kollaborateur. Von einem DFB-Boss Felix Linnemann trennte Herrmann so einiges.

Offener Widerstand – mit der Gefahr, weggesperrt zu werden oder gar sein Leben zu riskieren – ist in Diktaturen wie dem NS-Regime für die wenigsten Menschen eine Option. Was (leider) nur allzu menschlich ist. Das Beispiel von Siegfried Herrmann und weiteren nicht-jüdischen Bayern zeigt aber, dass es noch andere Möglichkeiten gab, Anstand zu bewahren.

Die Nazis blieben dem FC Bayern gegenüber bis zum Schluss skeptisch bis ablehnend. Wohl wissend, dass es in dem Klub unverändert Mitglieder gab, die ihren ehemaligen jüdischen Präsidenten nicht vergessen hatten und das Regime nicht mochten. Am 9. April 1943 wurde mit dem Bankier Josef Sauter erstmals ein überzeugter Nationalsozialist an die Spitze des Klubs gehievt. Sieben Monate später bestritten die Bayern ein Freundschaftsspiel im Züricher Hardtturmstadion, auf dessen Tribüne auch der emigrierte Kurt Landauer saß. Die Spieler ließen es sich nicht nehmen, ihrem Ex-Präsidenten zuzuwinken, was einer Ohrfeige für Sauter und seine Hintermänner gleichkam.

Die Rache folgte ein halbes Jahr später. Als der FC Bayern im Mai 1944 südbayerischer Meister wurde, der einzige halbwegs erwähnens-

werte Titel für den Klub in den NS-Jahren, lehnte der nationalsozialistische Oberbürgermeister eine Ehrung der Meisterelf mit der Be-
merkung ab, »dass der FC Bayern bis zur Machtübernahme von einem
Juden geführt worden ist«. Elf Jahre, nachdem Kurt Landauer sein Amt
als Präsident »mit Rücksicht auf die staatspolitische Neugestaltung der
Verhältnisse« niedergelegt hatte, und fünf Jahre nach seiner Flucht in
die Schweiz war für die Nazis noch immer Kurt Landauer – und nicht
Parteigenosse Sauter – die prägende Figur des FC Bayern.

Der verspätete Rekordmeister

Ohne die Jahre des Nationalsozialismus hätte der Aufstieg des heutigen Rekordmeisters zum Branchenführer des deutschen Profifußballs
möglicherweise deutlich eher begonnen. Zumindest aber hätte der FC
Bayern auf seinen zweiten nationalen Meistertitel nicht bis 1969 warten müssen, also 37 lange Jahre.

Obwohl die Nazi-Periode zunächst einmal die weitgehende Zerstörung seiner liberalen Fußballkultur bedeutete, lässt sich beim FC
Bayern doch deutlicher als bei vielen anderen Klubs ein roter Faden
der Geschichte ausmachen. Je intensiver man sich mit der Zeit vor
1933 beschäftigt, desto augenscheinlicher werden die Übereinstim-
mungen des FC Bayern der Ära Kurt Landauer mit dem heutigen Klub.

Der FC Bayern der Jahre 1900 bis 1933, zumal der Jahre 1919 bis
1933, war von seinem Denken her nicht so viel anders als der moderne
FC Bayern. Die Identität des heutigen FC Bayern wurde zu Teilen bereits von Kurt Landauer geprägt. Unter dem »bayerischen Urgestein«
Landauer wurde der FC Bayern ein »Volksverein«, blieb aber vornehm
und bewahrte sich einen Rest an »Anderssein«. Der FC Bayern avancierte zu einer modernen und treibenden Kraft im deutschen Fußball.
Eine Tradition, die spätestens mit dem Manager Uli Hoeneß wieder
aufgenommen wurde. Es sind die Jahre 1933 bis 1945, und in sportlicher Hinsicht noch die sich anschließende Zeit bis 1963, bis zur Einführung der Bundesliga, die aus dem Rahmen fallen.

Dieses Buch erzählt in groben Zügen die Geschichte des FC Bayern
und seiner Juden. Zwangsläufig müssen dabei die politischen Entwicklungen in Deutschland, Bayern und München sowie die allgemeineren
Tendenzen im deutschen Fußball mitbetrachtet werden. Dazu gehören

auch der enorme Einfluss, den das Auftreten ungarischer (und vielfach jüdischer) Spitzenkicker in München auf den FC Bayern hinterließ; und natürlich die Konflikte, die moderne Klubs wie der FC Bayern München mit der Führung des DFB um die Frage des Berufsfußballs ausfochten.

Auch werden einige Klubs gestreift, denen die Münchner auf dem Spielfeld begegneten und die ebenfalls, einige in einem noch stärkeren Maß als die Bayern, als »Judenklubs« galten. So vor allem eine Reihe von Klubs aus Wien (Austria, WAC), Budapest (MTK, VAC) und Prag (DFC, Slavia), den Metropolen des sogenannten Donaufußballs, aber auch die AS Rom, der Racing Club de Paris oder die Tottenham Hotspurs. Selbst in Deutschland stand der FC Bayern mit seinen jüdischen Funktionsträgern und Mitgliedern unter den Spitzenklubs nicht alleine, wie u.a. die Beispiele Eintracht Frankfurt und 1. FC Nürnberg zeigen. Die Begegnungen mit diesen Klubs verdeutlichen, wie reichhaltig die kontinentaleuropäische Fußballkultur vor 1933 war – und wie viel sie durch den Nationalsozialismus und dessen europaweiten Vernichtungsfeldzug gegen die jüdische Bevölkerung anschließend verlor.

Aber die Geschichte des FC Bayern und seiner Juden endet nicht 1933 und auch nicht mit dem Holocaust. Die letzten Kapitel des Buches widmen sich der Zeit nach dem Zweiten Weltkrieg und der Rückkehr Kurt Landauers an die Spitze des Klubs; sie betrachten die Jahre, in denen die Vergangenheit auch beim FC Bayern in Vergessenheit geriet, und schließlich den langen und schwierigen Weg des Klubs zur Anerkennung seines »jüdischen Erbes«.

Frühjahr 2011, Dietrich Schulze-Marmeling

Kapitel 1

Von Freiburg nach München:
Jüdische Fußballpioniere

Im Sommer 1993 stieg der Sportclub Freiburg erstmals in die 1. Bundesliga auf. Seither ist die Studentenstadt, die seit 2002 als erste deutsche Großstadt von einem grünen Oberbürgermeister regiert wird, aus dem deutschen Profifußball nicht mehr wegzudenken.

Die Saison 1994/95 beendete der Sportclub sogar als Dritter, lediglich drei Punkte trennten das vom ehemaligen Studienrat Volker Finke trainierte Team vom Deutschen Meister Borussia Dortmund. Die Breisgauer spielten den attraktivsten und modernsten Fußball der Liga und waren in aller Munde.

Bis Ende der 1970er Jahre war Freiburgs Nr. 1 aber nicht der Sportclub, sondern der um einige Jahre ältere Freiburger Fußball-Club (FFC), der sogar 1907 Deutscher Meister geworden war. In der Saison 1968/69 verpasste der FFC nur knapp den Aufstieg in die Bundesliga. Doch seit der Saison 1981/82, als man aus der 2. Bundesliga abstieg, ist der FFC aus dem Profifußball verschwunden. 1999 musste der von finanziellen Problemen geplagte Klub sein traditionsreiches Möslestadion verlassen, das nun zum Nachwuchszentrum des Lokalrivalen umgebaut wurde.

In der Saison 2010/11 war der FCC nur noch Landesligist und somit siebtklassig. Der Deutsche Meister von 1907 ist weitgehend in Vergessenheit geraten. Eine andere historische Leistung der Freiburger Fußballpioniere ist weithin völlig unbekannt: Der FFC stand Pate bei der Gründung und Etablierung des heutigen deutschen Rekordmeisters Bayern München.

Freiburger Paten: Gus Manning und Ernst Schottelius

Dieses Buch wendet sich daher zunächst nicht nach München, sondern nach Freiburg, denn dort beginnt die Geschichte des FC Bayern und seiner Juden. Die Garnisonsstadt im Breisgau zählt zu den ganz frühen süddeutschen Fußballhochburgen. Die ersten Kicker sind junge Briten, die an einer englischen Militärschule auf ihren Dienst als Infanterieoffiziere vorbereitet werden. Fußball, Hockey, Cricket und Rugby sind Teil ihrer Ausbildung, und ab 1889 wird auf zwei gepachteten Wiesen an der Schwarzwaldstraße gespielt.

Am 17. Dezember 1897 gründen einige Studenten den Fußball-Club Freiburg. Sie bilden einen ziemlich polyglotten Zusammenschluss; auch ein amerikanischer Staatsbürger gehört dazu. Ein anderes Gründungsmitglied ist der 24-jährige Medizinstudent Gustav Randolph Manning, den die Versammlung im Gasthaus Allgeier auch zum ersten Präsidenten des jungen Klubs wählt.

Der im Londoner Vorort Lewisham geborene Manning ist britischer Staatsbürger. Sein Vater ist der aus Frankfurt/M. stammende jüdische Kaufmann Gustav Wolfgang Mannheimer, der ein Unternehmen in der Londoner City besaß und auf der Insel seinen Namen zu »Manninger« anglisieren ließ. In den 1880er Jahren verkaufte Mannheimer/Manninger sein Londoner Unternehmen und zog mit der Familie nach Berlin. Dort behielt die Familie den Namen, verkürzte ihn aber später zu »Manning«.

In Berlin traten Gustav Wolfgang Manning und seine drei Söhne Gustav Randolph (genannt »Gus«), Fridrich (genannt »Fred«) und Paul dem Berliner Cricket-Club bei. Gustav Randolph und sein zwei Jahre älterer Bruder Fred kickten in verschiedenen Berliner Vereinen, so auch dem 1893 von Dr. Hermani, dem Leiter der örtlichen »Höheren Knabenschule«, gegründeten VfB Pankow. Einer ihrer Mitspieler hieß Franz John, geboren im mecklenburgischen Pritzwalk und Sohn eines Postsekretärs.

Fred Manning war in den 1890ern auch an den ersten (gescheiterten) Versuchen beteiligt, einen Berliner Fachverband der Fußballer aufzubauen. Später, von 1904 bis 1916, wird er als Herausgeber des Golf- und Tennis-Journals »Der Lawn-Tennis-Sport« fungieren.

Sein Bruder Gustav Randolph Manning beginnt zunächst ein Studium an der Berliner Humboldt-Universität, 1894 geht er nach Freiburg und bezieht dort eine Wohnung in der Katharinenstraße 6. An der Albert-Ludwigs-Universität setzt er sein Medizinstudium fort und promoviert schließlich zum Doktor der Medizin.

Auch die meisten anderen Funktionäre und Spieler des Fußball-Clubs Freiburg sind Studenten der Albert-Ludwigs-Universität. »Es waren Professorensöhne selbst, die Söhne vermögender Freiburger Kaufleute und in erster Linie auch Söhne steinreicher Handelsleute, welche, wie damals im Deutschen Reich üblich, die Stadt Freiburg als Altersruhesitz erkoren«, schreibt FFC-Chronist German Kramer. Nach sportlichen Erfolgen läuft die Mannschaft in Frack, Stehkragen und mit aus Paris importierten großen, weitrandigen, weißen Strohhüten auf dem Kopf durch Freiburgs Straßen, weshalb der Klub als elitärer »Stehkragenverein« firmiert.

Erster Captain in der Geschichte des Vereins wird der 1878 in Würzburg geborene Medizinstudent Ernst Schottelius, Sohn des an der Albert-Ludwigs-Universität lehrenden Prof. Dr. Max Schottelius, der es dort bis zum Direktor des Instituts für Hygiene bringt. 1886 war die gesamte Familie Schottelius nach Freiburg gekommen, wo sie ein Anwesen in der Ludwigstraße 49 bezog. Die Schottelius' sind evangelischen Glaubens. German Kramer: »Nach englischem Vorbild wurde der 1. Captain jeweils für ein Jahr von der Mannschaft gewählt. Schottelius war Trainer, Manager, Spielführer und Spieler in einer Person. Der Captain hatte das alleinige Kommando. Es gab keine Diskussionen.«

Seine Schulzeit hatte Ernst Schottelius – wie auch seine Brüder Bernard und Alfred – u.a. auf der Rotteck-Oberrealschule verbracht. Schüler dieser Lehranstalt riefen den »Verein Freiburger Oberrealschule« ins Leben gerufen, gewissermaßen ein Vorläufer des FFC, der jedoch – wie auch andere Schülervereine – nicht im Vereinsregister eingetragen war. Die Oberrealschulen und Realgymnasien waren auffällig häufig Geburtsort erster Fußballvereinigungen. Anders als das von »lateinischer Buchgelehrsamkeit« geprägte humanistische Gymnasium begnügten sie sich mit grundständigem Latein oder verzichteten ganz auf alte Sprachen. Stattdessen wurde der Fokus auf die naturwissenschaftliche und technische Ausbildung gerichtet.

Freiburger Juden: Die Liefmanns

Im FFC finden auch Juden eine fußballerische Heimat. 1899 wird Harry Liefmann zum Präsidenten des Fußballclubs gewählt, ein Spross des wohlhabenden Kaufmanns Semmy Liefmann, der in Hamburg ein Vermögen mit dem Import von Kolonialwaren erworben hat. In Freiburg bezieht die Familie einen »Prachtbau« (Klubchronik) in der Goethestraße 33. Semmy Liefmann und seine Frau sind noch in Hamburg zum evangelischen Glauben konvertiert und haben auch ihre Kinder evangelisch taufen lassen.

Harry Liefmann schlägt eine akademische Laufbahn ein und lehrt später an der Universität Halle Bakteriologie und Hygiene. Er fällt im Ersten Weltkrieg. Bemerkenswert sind Lebenslauf und Schicksal seiner Geschwister. Der Bruder, Prof. Dr. Robert Liefmann, steigt zu einem berühmten Nationalökonomen auf. Die Schwester Else Liefmann wird Medizinerin und eröffnet 1915 im Elternhaus eine Praxis für Säuglings- und Kinderkrankheiten sowie eine »Ärztliche Erziehungsberatung«. In der Weimarer Republik engagiert sie sich als Stadtverordnete für die Deutsche Demokratische Partei (DDP), der Wahlpartei vieler bürgerlicher Juden, ist Mitbegründerin des »Deutschen Ärztinnenbundes« und Gründerin der Ortsgruppe Freiburg des »Deutschen Akademikerinnenbundes«.

Robert, Else und eine weitere Schwester namens Martha werden am 22. Oktober 1940 von der Gestapo in das südfranzösische Lager Gurs deportiert. Die Verschleppung der Liefmanns erfolgt im Rahmen der sogenannten Wagner-Bürckel-Aktion, benannt nach den Gauleitern Robert Wagner (Gau Baden) und Josef Bürckel (Gau Saarpfalz). Nach der Eroberung Frankreichs werden den beiden auch Elsass und Lothringen unterstellt – versehen mit dem Auftrag, diese Gebiete »judenfrei« zu machen. Die eifrigen Gauleiter dehnen die Deportation auf die im südwestdeutschen Reichsgebiet verbliebenen Juden aus. Für den Historiker Peter Steinbach lieferte die »Wagner-Bürckel-Aktion« eine Art »Masterplan« für die weitere Vertreibung der Juden aus Deutschland. 6.538 Deutsche jüdischer Herkunft wurden aufgefordert, sich auf der Stelle reisefertig zu machen. 403 von ihnen, darunter die Geschwister Liefmann, kamen aus Freiburg und den benachbarten Orten Breisach, Eichstetten und Ihringen.

Die Familie Liefmann wird enteignet, und in das Haus in der Goethestraße 33 zieht die Gestapo ein. 1941 erreichen Schweizer Freunde und Verwandte, dass die erkrankten Geschwister in eine Klinik nach Morlaas verlegt werden. Robert Liefmann stirbt kurz darauf an den Folgen der Lagerhaft. Martha Liefmann gelingt die Ausreise, Else Liefman flieht mit Hilfe von Freunden über die Berge in die Schweiz. Nach dem Krieg erhält sie das von den Nazis beschlagnahmte Haus in der Goethestraße wieder zurück, bleibt aber in Zürich, wo sie 1970 stirbt.

Seit 2002 dient das Liefmann-Haus der Freiburger Universität als Gästeunterkunft. Am 22. Oktober 2002, dem 62. Jahrestag der Deportationszüge nach Gurs, wird vor dem Haus der Liefmanns zum Gedenken der erste »Stolperstein« in Freiburg verlegt.

Süddeutscher Pionier: Walther Bensemann

Gäbe es vor der Jahrhundertwende bereits den FC Bayern, so wäre er sicherlich Mitglied im Verband Süddeutscher Fußball-Vereine (VSFV), der sich am 17. Oktober 1897 im Karlsruher Restaurant Landsknecht konstituiert hat. Sein Geltungsbereich erstreckt sich bis zum Ende des Ersten Weltkriegs auf das südliche Hessen, Elsass-Lothringen, die heutigen Bundesländer Saarland und Rheinland-Pfalz (bis auf den Raum Koblenz, der zum Westdeutschen Spiel-Verband gehört), Baden, Württemberg und Bayern.

Im »Landsknecht« sind zwar Vereine aus Karlsruhe (FV, Fidelitas, FC Phönix 1894), Pforzheim (1. FC 1896), Heilbronn (FC 1896), Mannheim (Fußballgesellschaft 1896), Hanau (1. FC 1893) und Frankfurt (FC Germania 1894) vertreten, aber keiner aus Bayern und der Metropole München. Dabei wird auch an der Isar längst Fußball gespielt, so u.a. im Männer-Turn-Verein von 1879 (MTV 1879) München, wo sich 1897 auch eine eigene Fußballabteilung (FA) formiert.

Mit dabei ist auch Walther Bensemann, Deutschlands wichtigster Fußballpionier. 1889 war Bensemann, Sohn einer jüdischen Berliner Bankiersfamilie, als Gymnasiast aus der Schweiz nach Deutschland zurückgekehrt, wo er nun als Spiritus Rector der jungen süddeutschen Fußballbewegung wirkt und an einer Reihe von Klubgründungen beteiligt ist: so in Karlsruhe (KFV, Meister von 1910), Freiburg, Baden-Baden, Frankfurt (Kickers, Vorläufer der Eintracht), Straßburg, Würzburg, Gießen, Mannheim und auch in München. Dort lebt Bensemann, wie er selber schreibt, im Jahr 1897 »in jenem Viertel, wo die Schelling- und die Türkenstraße liegen«, also in der Maxvorstadt bzw. im Universitätsviertel, wo auch einige der späteren Bayern-Gründer residieren. Wie aus späteren Zeitungsberichten hervorgeht, mischt

Bensemann bei den ersten Emanzipationsversuchen der Fußballenthusiasten im MTV 1879 mit. 1897 konstituiert sich im Turnverein eine eigene Fußballabteilung (FA).

Anlässlich seines 60. Geburtstags im Januar 1933 schreibt die »Münchner Zeitung«: »Wenn man von Pionieren im deutschen Fußballsport spricht, dann darf Walther Bensemann, der Herausgeber des in Nürnberg erscheinenden ›Kicker‹, nicht vergessen werden. (…) Unter den vielen Vereinen, die er mit gründen half, befand sich auch die Fußballmannschaft des MTV v. 1879, die während seiner Studienzeit entstand und die im heutigen DSV weiterlebt. So darf Bensemann auch als Pionier des Münchner Fußballs gelten.«

Der DFB ohne München

Bereits 1898 wird in Süddeutschland eine erste Landesmeisterschaft ausgespielt. Im Finale besiegt der FC Freiburg den Karlsruher FV mit 2:0. Rechtsaußen der Meisterelf ist Gus Manning, links neben ihm, in der Sturmmitte, agiert der 18-jährige Josef Pollack, Sohn des Freiburger jüdischen Kaufmanns Elias »Eduard« Pollack.

Den Vorsitz beim FC Freiburg hatte Manning schon ein halbes Jahr nach der Gründung und dem Abschluss seines Studiums an den aus Berlin stammenden Max George abgegeben. Manning will sich stärker dem Aufbau des süddeutschen Verbandes widmen. Berufliche Gründe verschlagen ihn vorübergehend in das damals noch zum Deutschen Reich gehörende elsässische Straßburg, wo er als Assistenzarzt an der Medizinischen Universitäts-Poliklinik arbeitet und sich dem Straßburger Fußballverein anschließt.

Süddeutschlands erste Fußballmeisterschaft ist nur eine halbe Sache: Bayern und die Stadt München kicken nicht mit, da hier noch immer kein Team dem Verband angehört. Auch als am 28. Januar 1900 im Leipziger Volksgarten der 1. Allgemeine Deutsche Fußballtag zusammenkommt, glänzen Bayern und München durch Abwesenheit. Unter den Delegierten finden sich aber die Gebrüder Manning. Gus als Vertreter des Verbandes der Süddeutschen Fußballvereine, Fred als Vertreter des VfB Pankow. Der FC Freiburg hat Ernst Schottelius nach Leipzig geschickt. Und natürlich ist auch Walther Bensemann nach Leipzig gekommen, als Beauftragter des Mannheimer Fußballbundes sowie der Karlsruher Vereine Phönix und Südstadt.

Der Fußballtag debattiert über die Gründung eines nationalen Dachverbands und die Vereinheitlichung der Spielregeln. Die Teilnehmer sind sich uneins darüber, ob man vor einer Verbandsgründung einheitliche Regeln schaffen soll (wozu die Einrichtung einer Kommission genügt hätte) oder ob man sofort einen Verband gründet, der sich dann mit dem Regelwerk befasst. Gus Manning und seine Süddeutschen plädieren für den Verband, Walther Bensemann, die Leipziger und Berliner für die Kommission.

Schließlich stellen Fred Manning und drei weitere Delegierte einen Antrag zur Abstimmung, der »die Gründung eines allgemeinen deutschen Fußballverbands durch die heutige Versammlung« fordert. Dies ist der Durchbruch, denn der Antrag wird mit 64 zu 22 Stimmen angenommen, und 60 Vereine erklären ihren sofortigen Beitritt zum neuen Verband. Dessen Name übrigens geht auf einen Vorschlag Bensemanns zurück, über den gleichfalls abgestimmt wird: Deutscher Fußball-Bund.

Die Leipziger Versammlung wählt zudem einen elfköpfigen Ausschuss, dessen Vorsitz der Senior unter den Anwesenden übernimmt, der 48-jährige Prager Hygiene-Professor Dr. Ferdinand Hueppe. Auch Fred Manning gehört dem Gremium – trotz seines britischen Passes – als Schriftführer an und wird mit der Ausarbeitung eines Verbandsstatuts nach dem Vorbild der bereits 1863 gegründeten englischen Football Association (FA) betraut. Allerdings legt Manning sein Amt bereits im Oktober 1900 nieder. Sein Bruder Gustav Randolph sitzt in einem Komitee, das einheitliche Regeln für Fußball und Rugby ausarbeitet.

Zwei Juden und ein Preuße

Dass mit München die größte süddeutsche Stadt nicht in den Fußballverbänden vertreten ist, mag Pionier Gus Manning nicht hinnehmen. Noch vor der Gründung des DFB bahnt sich allerdings eine Lösung an. Mit Franz John ist Mannings Mitstreiter aus Pankower Tagen in die bayerische Metropole gezogen. Dort lebt er in der Amalienstraße 62 in der Maxvorstadt; zuvor hatte er sich in Jena zum Fotografen ausbilden lassen. Außerdem residiert seit Anfang 1899 Mannings ehemaliger Freiburger Sturmkamerad Josef Pollack in München. Der jüdische Kaufmannssohn kickt für die Fußballer des MTV von 1879.

Es ist nur eine Frage der Zeit, bis die beiden Manning-Vertrauten zusammenfinden. Ein Vierteljahrhundert später, zum 25-jährigen Bestehen des FC Bayern, erinnert sich John daran, wie er in die Münchner Fußballszene eingestiegen ist: »Als ich vor mehr als 25 Jahren nach München kam, war es für mich als alten Fußballer und Rasensportler natürlich eine selbstverständliche Sache, sofort Umschau zu halten, wo kannst du für deinen geliebten Sport tätig sein. Da fand wenige Tage nach meiner Ankunft in München anlässlich einer Sportausstellung auf der Kohleninsel ein Fußballwettspiel zwischen einer kombinierten Mannschaft des bekannten Bensemann gegen den MTV statt.« Die Kohleninsel, auf der sich heute das Deutsche Museum befindet, war damals ein Ausstellungsgelände mit Ausflugslokal.

Das Spiel bietet John »die Gelegenheit, um mit Münchner Fußballern in Fühlung zu treten. Ich machte mich dort bekannt und lernte verschiedene Herren vom MTV kennen. Vor allem war es Josef Pollack (…), der sich meiner in kameradschaftlicher Weise annahm und beim MTV einführte.«

Als Gus Manning von Johns Ankunft erfährt, sieht er seine Chance gekommen. John: »In jener Zeit war mein Freund und Vereinskamerad Dr. Manning bereits Schriftführer des Verbandes Süddeutscher Fußballvereine. Diesem schrieb ich nun, dass ich in München gelandet sei und Mitglied des MTV geworden sei. Fast postwendend bekam ich von Manning einen Brief mit dem ungefähren Inhalt: ›Gott sei Dank, dass du in München bist; denn Bayern, der größte Bundesstaat Süddeutschlands, fehlt uns noch immer in unserem Verbande. Alle unsere Bemühungen, Bayern in den Verband zu bekommen, sind stets fehlgeschlagen. Du musst nun auf jeden Fall alles dransetzen, um den MTV zu veranlassen, dem Verbande beizutreten, dann kommen die anderen von selbst nach und der Süddeutsche Verband ist dann das, was wir anstreben, ein großes, ganzes Süddeutschland.‹ (…) Mit diesem Auftrag hatte denn mein sportliches Münchener Leben von allem Anfang an seinen Inhalt bekommen.«

Franz John und Josef Pollack werben fortan im MTV für einen Beitritt der Fußballer zum Verband der Fußballer. Die MTVler sind zu dieser Zeit bereits die stärkste Kraft im Münchner Fußball und somit geradezu prädestiniert für eine Vorreiterrolle. Aber ein Antrag auf Anschluss an den Fußballverband wird vom Hauptverein abgelehnt.

Franz John: »Man wendete ein, dass es absolut nicht gehe, denn die Deutsche Turnerschaft erlaube es nicht. Im Übrigen ist die Deutsche Turnerschaft sowieso nicht gut auf uns zu sprechen, denn Reißner, Keyl, Prage und andere sind um Ehrenpreise bei leichtathletischen Wettkämpfen mitgelaufen.« Bei den Genannten handelt es sich um MTV-Fußballer. Die Wettkampforientierung der »english sports« und die Aussetzung von Preisen widersprach dem Denken der deutschen Turnideologen.

Alleine sind wir stärker

John und Pollack entscheiden sich bald dafür, die Trennung von den Turnern und die vollständige Unabhängigkeit anzustreben. Franz John: »Mir war von vornherein klar, dass eine sportliche Entwicklung nur möglich war, wenn München, Bayerns Hauptstadt, dem Süddeutschen Verband nähergebracht wurde. Münchens Sportbetrieb stand damals weit hinter dem anderer Städte zurück und ein Aufschwung war meines Erachtens nur zu erwarten, wenn durch die Austragung von Verbandsspielen das allgemeine Interesse geweckt wurde. Ist der MTV auf Grund seiner Bindung mit der Turnerschaft nicht dazu in der Lage, bahnbrechend voranzugehen, so gab es für mich nur eine Lösung: die Gründung eines Fußballklubs, der, dem Süddeutschen Verband angehörend, die sportliche Führung in München übernimmt und auf diese Weise befruchtend auf das Ganze wirkt.«

Als die Leitung des Hauptvereins von Johns und Pollacks Separationsbestrebungen hört, lädt sie zum 27. Februar 1900 ins Altmünchner Gasthaus Bäckerhöfl an der Schäfflerstraße ein. Auf einer großen Sitzung der Spielabteilung kommt es zum MTV-internen Showdown. Die MTV-Führung signalisiert Entgegenkommen, »der MTV würde das alles bieten, was man bräuchte, ja dass man auf einen Beitritt zum Süddeutschen Verband ohnehin nochmals zurückkommen werde und dass wohl für diesen Beitritt jetzt Stimmung vorhanden wäre« (John). Aber die Rebellen wollen sich nicht mehr länger hinhalten lassen. Franz John: »Ich stellte dem entgegen, dass ich eine sportliche Entwicklung innerhalb des Turnvereins nicht für aussichtsreich halte, da uns die Hände gebunden seien und wir stets eine Reihe von Rücksichten zu nehmen hätten, die bei einem reinen Sportverein niemals vorkommen könnten.« Schließlich trennt man sich friedlich.

Hinter John und Pollack stehen bei Weitem nicht alle MTV-Fuß-baller. Nur elf von ihnen verlassen den Tagungsort und ziehen ins Weinhaus Gisela in der Fürstenstraße um. (Der Abschnitt der Straße, an dem das »Gisela« lag, heißt heute Kardinal-Döpfner-Straße und befindet sich im Herzen der Stadt.)

Möglicherweise wäre es zum Auszug gar nicht gekommen, hätten John und Pollack nicht Garantien aus Freiburg vorgelegen. Als Gustav Randolph Manning von den Plänen der beiden erfährt, schreibt er John: »Wenn du einen Fußballklub dort gründest, so wirst du von uns (gemeint ist der FFC, Anm. d. A.) die weitgehendste Unterstützung erfahren.«

11 + 6 = FC Bayern

Noch am gleichen Abend heben die elf Rebellen den FC Bayern aus der Taufe. Die ersten Klubfarben sind bayerisch »Weiß-Blau«. Der neue Klub allerdings ist alles – nur nicht bayerisch. Seine »Macher« kommen zu einem Großteil nicht aus München oder Bayern, sondern aus Berlin, Freiburg, Leipzig und Bremen.

Erster Präsident des FC Bayern wird der Berliner Franz John, erster Schriftführer der Freiburger Josef Pollack, der auf dem Fußballfeld auch als erster Goalgetter des Klubs reüssieren wird. 1902 wird Pollack außerdem Vorstandsmitglied des Verbandes Süddeutscher Fußballvereine, dem der FC Bayern im Sommer 1900 beigetreten ist.

Paul Francke, der erste Kapitän des FC Bayern, ist Sachse und von Wacker Leipzig zum neuen Klub gestoßen. Als 1. Kapitän ist Francke für das Training und die Aufstellung verantwortlich.

Sein Stellvertreter, Wilhelm Focke, kam aus Düsseldorf in die bayerische Metropole, stammt ursprünglich aber aus Bremen, wo sein Vater, Dr. Johann Focke, Senatssyndikus ist und 1900 das Historische Museum für bremische Altertümer gründet. 1918 wird das Museum zu Ehren seines Gründers in »Focke-Museum« umbenannt und heißt heute offiziell »Focke Museum – Bremer Landesmuseum für Kunst- und Kulturgeschichte«. Passenderweise ist Wilhelm Fockes Mutter Louise eine Nichte des französischen Malers Souchay de la Duboissière.

In Bremen hat Focke beim Bremer SC gekickt, einem der ältesten Fußballklubs Norddeutschlands und um die Jahrhundertwende Bremens Nummer eins. In München studiert Focke an der Königlichen

Akademie für Bildende Künste beim amerikanisch-deutschen Maler Carl von Marr, Sohn eines deutschen Auswanderers und Kupferstechers. Carl Marr nachhaltigster Eintrag in die Kunstgeschichte ist sein 1889 entstandenes Monumentalgemälde »Die Flagellanten«, das sich im Besitz des Museum of Wisconsin Art befindet.

Die Gründungsurkunde des FC Bayern trägt 17 Unterschriften. Sechs davon wurden nachträglich zugeführt. Nr. 16 ist die eines Dortmunders (!): Benno Elkan, Sohn der jüdischen Kaufmannseheleute Salomon und Rosa (geb. Oppenheimer) Elkan. Schneidermeister Salomon Elkan ist Mitinhaber eines Herrentextilgeschäfts in der Dortmunder Innenstadt. Sohn Benno ist seit dem 2. Dezember 1897 in München registriert. Dort bereitet er sich an der privaten Kunstschule des Malers Walter Thor auf die Aufnahmeprüfung der Kunstakademie vor.

Elkan besteht die Prüfung und studiert an der Kunstakademie beim Maler Johann Caspar Herterich. Wie der Historiker Anton Löffelmeier vom Münchner Stadtarchiv recherchiert hat, wohnt Benno Elkan zur Zeit der Bayern-Gründung in der Arcisstraße 54 in der Maxvorstadt – also im Studenten- und Universitätsviertel und in unmittelbarer Nachbarschaft zu Schwabing.

Erster Mäzen des FC Bayern ist der angesehene Kochherd- und Ofenfabrikant Friedrich Wamsler sen., Vater der Bayern-Gründungsmitglieder Fritz und Karl Wamsler.1875 hatte Wamsler eine Werkstatt in München bezogen. Dort arbeitete er zunächst als Kunstschmied. Aber die Tätigkeit ist nur Mittel zum Zweck. Wamsler benötigt Geld für die Verwirklichung seiner Idee eines leicht transportablen Sparherdes. Von der Münchner Presse groß angekündigt, eröffnet Wamsler 1877 eine »Spar- und Kochherdfabrik« (das Unternehmen existiert noch heute als Wamsler Koch und Küchen GmbH). Im selben Jahr kommt der erste transportable Sparherd auf den Markt. Ein Jahr später avanciert Wamsler zum königlichen bayerischen Hoflieferanten.

1901 stellt Friedrich Wamsler dem FC Bayern an der Schwabinger Clemensstraße ein Gelände für den ersten eigenen Platz zur Verfügung. Sohn Fritz, das FC-Bayern-Gründungsmitglied, wird das Familienunternehmen von seinem Vater übernehmen und weiter ausbauen. Er betätigt sich auch politisch und wird von 1928 bis 1932 für die Bayerische Volkspartei (BVP) im bayerischen Landtag sitzen.

In den Inflationsjahren nach dem Ersten Weltkrieg bemüht sich die Firma Wamsler, ihre Kapitaldecke durch Umwandlung in eine Aktiengesellschaft zu vergrößern. Dabei hilft ihr das jüdische Bankhaus H. Aufhäuser. Unternehmensgründer Heinrich Aufhäuser gehörte viele Jahre dem Vorstand der Münchner Israelitischen Kultusgemeinde an. Das Haus Aufhäuser, zeitweise Hausbank des FC Bayern, zählt zu den angesehensten Privatbanken Deutschlands. Zu seinen Kunden gehören auch die Familie von Thomas Mann, Herzog Luitpold von Bayern und der deutsch-amerikanische Musikwissenschaftler Alfred Einstein.

Freiburg, Schwabing und die Maxvorstadt

Gustav Randolph Mannings Pläne mit dem FC Bayern können nur funktionieren, wenn der neue Klub erfolgreich ist und möglichst schnell zur ersten Kraft in der Metropole wird. Daher unterstützt er die Bayern durch Gastspieler seines Freiburger FC. Es handelt sich dabei um die Studenten Ernst Schottelius, August Falschlunger, Theo Schillig, Hermann Geis und Hermann Specht.

Die Rechnung geht auf, denn die Neugeburt startet furios. Die ersten 14 Spiele enden allesamt mit einem Sieg des FC Bayern. So wird beim zweiten Auftritt der Stammverein MTV 1879 mit 7:1 von der Theresienwiese gefegt.

Nachdem Schottelius und Co. ihre Mission erfüllt haben, kehren sie nach Freiburg zurück. Schottelius promoviert 1903 zum Doktor der Medizin. 1904 zieht er nach Berlin und anschließend nach Leipzig. In seiner Freizeit widmet sich der Fußballpionier nun primär dem Skisport, über den er auch einige Fachbücher veröffentlicht.

Wie der Freiburger FC ist auch der FC Bayern ein elitärer und vornehmer Klub. Laut FFC-Chronist German Kramer war es Josef Pollack, der die Freiburger Kleiderordnung in München einführt: Auch über die frühen Bayern wird berichtet, sie hätten aus Frankreich importierte, ausgefallene, einheitliche Strohhüte getragen. Weshalb man sie entweder anerkennend einen »Kavaliersklub« oder ablehnend einen »Protzenklub« nennt.

Und überhaupt dürfen beim FC Bayern bis 1908 nur »Einjährig-Freiwillige« mitmachen. Gemeint sind Wehrpflichtige mit höherem Schulabschluss (Abitur). 1813 hatte Preußen als erste Nation einen einjährig-freiwilligen Dienst als verkürzte Form des Wehrdiensts eingeführt. Der »Einjährig-Freiwillige« diente nur ein Jahr statt der sonst üblichen zwei oder drei Jahre, musste aber seine Ausrüstung und Verpflegung selbst bezahlen. Nach Ableistung des Dienstjahres wurde der »Einjährig-Freiwillige« gewöhnlich zum Offizier des Beurlaubtenstandes (Reserve) ernannt. Mit der Einrichtung des Deutschen Bundes 1867 und Deutschen Kaiserreiches 1871 wurde der Einjährig-Freiwilligen-Dienst nach und nach auf ganz Deutschland ausgedehnt.

Über das 1. Stiftungsfest des FC Bayern 1901 ist in der Festschrift zum 25-Jährigen zu lesen: »Die Abhaltung dieses Festes geschah in einem vornehmen Rahmen, wie überhaupt der Klub stets das Künstlerische und Vornehme bei seinen öffentlichen Auftritten von allem Anfang an betonte. Dazu war er mehr oder weniger verpflichtet, da sich seine Mitglieder in der Hauptsache aus Studenten, Künstlern, Kaufleuten usw. zusammensetzten.«

Die Heimat des FC Bayern ist Schwabing und die angrenzende Maxvorstadt, wo die meisten seiner Gründer wohnen. Seit 1901 hat der Klub an der Schwabinger Clemensstraße seinen ersten eigenen Platz; 1907 zieht er an die äußere Leopoldstraße. Vorausgegangen war eine Fusion mit dem ebenfalls vornehmen Münchener Sport-Club. Erst 1922 wird der Klub Schwabing verlassen.

München hatte sich im 19. Jahrhundert zu einem geistigen Zentrum und schließlich zur Kunstmetropole entwickelt. 1826 war die Universität hier angesiedelt worden; sie erhielt ihr ständiges Zuhause an der Adalbertstraße in der Maxvorstadt, während die Akademie für bildende Künste einen repräsentativen Bau an der Akademiestraße und Leopoldstraße beim Siegestor bezog. Maxvorstadt und das angrenzende Schwabing avancierten bald zum Literaten- und Künstlerviertel der Stadt.

Der FC Bayern wird gewöhnlich mit Schwabing assoziiert, aber man muss wohl die Maxvorstadt, das eigentliche Universitäts- und Studentenviertel, hinzufügen. Anton Löffelmeier: »Die Frage nach der Verortung Schwabings ist eine historisch-topographische und eine philosophische und daher nicht so leicht zu beantworten. Historisch-topographisch beginnt Schwabing hinter dem Siegestor, also mit Beginn der Leopoldstraße, sodass Arcisstraße, Adalbertstraße, Schelling- und Türkenstraße (samt und sonders Straßen, wo die Bayern-Gründer Spuren hinterließen, Anm. d. A.) eindeutig in der Maxvorstadt liegen.

Wenn man Schwabing als Lebensgefühl und eine Lebensart nimmt und so die ganzen Cafés, Studentenbuden und bohemienhaften Erscheinungen mit einbezieht, dann sind wohl große Teile der Maxvorstadt dem Ort ›Schwabing‹ zuzurechnen – was landläufig auch geschieht. Viele sogenannte Schwabinger Künstler in der Zeit um 1900 wohnten in der Maxvorstadt, in den oben genannten Straßen um die Universität, die Akademie der bildenden Künste und die Technische Hochschule. Wenn man jetzt den Gründervätern des FC Bayern gewisse Attitüden des ›schwabingerischen‹ Lebensstils zurechnet – z.B. Inszenierung, Auftreten, Gründungsakt in einem Weinlokal –, kann man sie durchaus auch als ›Schwabinger‹ verorten.«

Um die Jahrhundertwende, also zum Zeitpunkt der Gründung des FC Bayern, leben und arbeiten in Schwabing und der Maxvorstadt u.a. Paul Klee, Wassily Kandinsky und Gabriele Münter aus der Malervereinigung »Blauer Reiter«, Ludwig Ganghofer, Heinrich Mann, Thomas Mann, Oskar Panizza, Ricarda Huch, Frank Wedekind, Rainer Maria Rilke, Ludwig Thoma, Stefan George, Christian Morgenstern, Lion Feuchtwanger, Joachim Ringelnatz, Oskar Maria Graf. Von ihrer Herkunft her ist diese Szene ähnlich gestrickt wie der frühe FC Bayern: Die wenigsten der Schwabinger Kulturschaffenden sind Münchner oder auch nur Bayern. Ihre Freizeit verbringen sie in den zahlreichen Kaffeehäusern Schwabings und der Maxvorstadt. Hier verkehren auch viele der ersten Bayern-Aktivisten. Ähnlich wie in Wien und Budapest kommt es zu einer Melange von Kulturszene und Fußball. Wie einige der Wiener und Budapester Klubs ist auch der in einem Weinlokal gegründete FC Bayern zunächst ein »Kaffeehausverein«.

Das Schwabing der Jahrhundertwende gilt als liberalster Ort Deutschlands und erfreut sich deshalb auch bei politischen Dissidenten großer Beliebtheit. Im Jahr der Bayern-Gründung treffen vier russische Sozialrevolutionäre in Schwabing ein, auf der Flucht vor der zaristischen Geheimpolizei. Einer von ihnen heißt Wladimir Iljitsch Uljanow und nennt sich in München erstmals »Lenin«. Im Künstlerlokal »Café Stefanie« an der Ecke Amalienstraße/Theresienstraße verkehren mit Kurt Eisner, Gustav Landauer und Erich Mühsam einige der späteren Rädelsführer der »Münchner Räterepublik«. Angeblich wurde das revolutionäre Unternehmen hier ausgeheckt.

Die Pioniere verlassen München

Die meisten Studenten oder Kulturschaffenden allerdings werden in München nicht dauerhaft heimisch. Auch die Klub-Pioniere John, Francke, Focke, Elkan und Pollack verlassen nach und nach die Stadt, wie schon zuvor die Freiburger Gastspieler.

Franz John, auch Gründer des Bayerischen Schiedsrichterkollegiums, kehrt 1904 nach Pankow zurück. Dort betreibt er ein Fotolabor und -atelier. Der Künstlertyp ist ein Freund der Frauen. Sein Fotoatelier bietet ihm exzellente Möglichkeiten, diese näher kennenzulernen.

Der Fußball kommt trotzdem nicht zu kurz. John wird Präsident seines Stammvereins VfB Pankow und bleibt dies zwei Jahre. Außerdem sitzt er im Satzungsausschuss des Verbandes Brandenburgischer Ballspielvereine (VBB). Zu seinen Hobbys zählt das Abfassen von Stegreifversen, die er bei kleinen Festen vorträgt. In den 1920er Jahren wird John zum Ehrenvorsitzenden des FC Bayern ernannt, 1936 verleiht ihm der Klub die goldene Ehrennadel. Allerdings werden seine Verbindungen nach München seit der Rückkehr nach Pankow zusehends loser.

Wilhelm Focke studiert noch in Weimar und Berlin. In der Reichshauptstadt gehört er zur Meisterklasse des Historienmalers Prof. Arthur Kampf. Zu seinen Förderern zählt Max Liebermann, der sich vor allem für Fockes Pferdebilder begeistert. In Berlin schließt der ehemalige Fußballpionier Freundschaft mit den Künstlerkollegen Oskar Kokoschka, Max Slevogt, Hans Thoma und Olaf Gulbransson. Zwischenzeitlich betätigt er sich mit seinem jüngeren Bruder Henrich Focke als Pionier der Bremer Luftfahrt. Außerdem entwickelt er das »Doppelboot«, Vorläufer des Katamarans.

Doch die Malerei packt ihn noch mehr als die Technik. Nach dem Ersten Weltkrieg unterrichtet Wilhelm Focke zehn Jahre an der Bremer Kunstgewerbeschule. Anschließend verdingt er sich als freier und unabhängiger Künstler. Focke malt Landschafts-, Meeres-, Tierbilder und Akte und avanciert in Norddeutschland zu einem hochgeschätzten Künstler mit einem großen Freundeskreis, der ihn auch durch schwierige Zeiten bringt. Nach der nationalsozialistischen Machtübernahme wählt Focke die innere Emigration und verkriecht sich auf das mütterliche Gut Mechow in Mecklenburg.

Benno Elkan meldet sich am 8. Oktober 1901 aus München ab. Der Künstler zieht nach Karlsruhe, wo er sich dem Studium der Bildhauerei widmet. Hier lernt er auch seine spätere Frau kennen, die Rabbinertocher und Konzertpianistin Hedwig Einstein, eine Schwester des Kunsthistorikers Carl Einstein. Das erste Werk des Bildhauers (die »Wandelnde«) ist auf dem Dortmunder Ostfriedhof zu sehen. Anschließend lebt und arbeitet Elkan in Paris und Rom. 1911 kehrt er mit Frau und Tochter Ursula nach Deutschland zurück und lässt sich in Alsbach an der Bergstraße nieder.

Nach dem Ersten Weltkrieg, an dem er teilnimmt, zieht der Bildhauer mit der Familie nach Frankfurt/M. 1920 wird dort an der Ecke Kaiserstraße/Gallusanlage sein Denkmal »Den Opfern« eingeweiht. Das den Opfern des Ersten Weltkrieges gewidmete Mahnmal, das zunächst als Skulptur »Heldenklage« in Alsbach stand, besteht aus einer trauernden Mutterfigur. Figur und Inschrift brechen mit der Tradition martialischer und chauvinistischer Kriegerdenkmäler. Nationalistische und militaristische Kreise denunzieren Elkans Werk als »undeutsch« und gehen auf die Barrikaden.

Doch der Künstler lässt sich nicht einschüchtern. 1925 stellt die Stadt Völklingen ein ähnliches Elkan-Mahnmal auf, auf dessen Sockel »Allen Opfern« steht, was Nationalisten und Militaristen erneut in Rage bringt. Elkan ist längst ein viel gefragter und gut bezahlter Künstler. 1930 wird auf dem Mainzer Schillerplatz aus Anlass der Beendigung der alliierten Rheinlandbesetzung ein »Befreiungsdenkmal« enthüllt, das eine große, aus Stein gemeißelte Frauenfigur mit nacktem Oberkörper zeigt, die die Arme gen Himmel streckt. Diesmal ist es weniger die politische Aussage, sondern der entblößte Busen, der Widerspruch provoziert.

Kaum haben die französischen Truppen Mainz verlassen, nehmen die antisemitischen Aktivitäten in der Stadt zu. Im März 1933 lässt der kommissarische Mainzer Oberbürgermeister Philipp Wilhelm Jung das Elkan-Werk abreißen. Im Laufe des Jahres verschwinden weitere Elkan-Werke aus dem öffentlichen Raum. So auch in Frankfurt, wo sein Mahnmal »Den Opfern« aber 1946 in der Taunusanlage wieder aufgestellt wird.

Der Künstler selbst wird von den Nazis mit einem Berufsverbot belegt und emigriert Ende 1934 nach London. In England schafft er u.a. eine Orang-Utan-Büste, die heute im Zoo von Edinburgh zu besichtigen ist, porträtiert während einer Reise nach Lausanne den Schweizer Minister Stucki und den jungen König von Siam und, zurück in London, den Prinzen Edward von Kent. Zur Erinnerung an Rudyard Kippling, den ersten englischen Literaturnobelpreisträger und Autor des »Dschungelbuches«, gestaltet Elkan ein großes Bleirelief, das Figuren aus dem »Dschungelbuch« zeigt. Im Sommer 1938 wird in den Londoner New Burlington Galleries die Ausstellung »German Twentieth Century Art« eröffnet, aus Protest gegen die Ächtung »entarteter« Kunst im NS-Deutschland. Sie präsentiert Arbeiten fast aller wesentlichen Künstler der Moderne in Deutschland, so von Max Liebermann, Paul Klee, Wassily Kandinsky, Georg Grosz, Max Beckmann, Otto Dix, Oskar Kokoschka – und auch von Benno Elkan.

Im Exil wendet sich der Bildhauer mehr und mehr seinen jüdischen Wurzeln zu und beginnt, siebenarmige Leuchter (hebräisch: Menora) anzufertigen. Nach dem Zweiten Weltkrieg beglückt er Westminster Abbey mit zwei großen Bibelleuchten. Auch dem Fußball schenkt er ein Werk. Für Arsenal London fertigt Elkan einen silbernen Kampfhahn in Lebensgröße an.

Sein größtes und berühmtestes Werk ist aber die große Menora vor dem israelischen Parlament, der Knesset in Jerusalem. Im April 1956 wurde sie von Großbritannien als Geschenk der weltweit ältesten parlamentarischen Demokratie an das zu diesem Zeitpunkt jüngste Parlament übergeben. An den Spitzen der Menora finden sich die großen Propheten des Alten Testaments, am unteren Stammbaum Reliefs zum Warschauer Ghetto und zu den Pionieren in Palästina. Für Benno Elkan ist die große Menora ein Symbol für ganz Israel, »das Hohelied in Bronze von dem unsterblichen Leben unseres Volkes, von seiner langen, tragischen und herrlichen Geschichte«.

1957 erhält Elkan den 1917 von König George V. gestifteten Verdienstorden Order of the British Empire (OBE). Der Mitbegründer des FC Bayern verstirbt 1960 in London.

Im »gelobten Land«

Gustav Randolph Manning, Spiritus Rector der Bayern-Gründung, und Josef Pollack wandern in die USA aus. Die USA sind bereits seit vielen Jahrzehnten bevorzugtes Einwanderungsland vieler europäischer Juden. Nicht Palästina, sondern die USA sind das »gelobte Land«.

Anfang des 19. Jahrhunderts waren zunächst viele deutsche Juden in die USA eingewandert, denen polnische, russische und rumänische Juden folgten. Nach dem tödlichen Attentat auf Zar Alexander 1881, das fälschlicherweise den Juden zugeschrieben wurde, setzte eine Massenflucht aus Russland ein. In Russland und anderen Teilen Osteuropas kam es nun immer wieder zu anti-jüdischen Pogromen. Zwischen dem Ende des 19. Jahrhunderts und 1924, als die Einwanderungsbestimmungen verschärft werden, suchen über zwei Millionen europäische Juden in den USA eine neue Heimat. So auch die aus Kiew stammende Familie der späteren israelischen Ministerpräsidentin Golda Meïr.

Viele der jüdischen Einwanderer lassen sich in New York und Umgebung nieder. Die jüdische Einwanderung trug erheblich zur Verbreitung und Entwicklung von Soccer bei. In den USA war Soccer eine »ethnische« Angelegenheit – ein Hobby europäischer Einwanderergruppen, die auf diese Weise ihre Heimat in die Neue Welt verlängerten.

Josef Pollack geht bereits 1903 in die USA, wo er Verwandtschaft besitzt. In New York findet er zunächst eine Anstellung bei der Firma Max Pollack and Company. Anschließend ist der Bayern-Gründer an der Gründung eines Unternehmerverbandes beteiligt und führt dessen Vorsitz. Außerdem zieht Pollack in den Beirat der Chase Manhattan Bank ein. Den Fußball tauscht er gegen den Golfschläger ein. Der jüdischen Gemeinde von White Plains im Bundesstaat New York dient er als Schatzmeister.

Gus Manning folgt 1905, gemeinsam mit seiner aus Kansas stammenden Frau Louella. Er arbeitet in New York als Arzt, aber anders als Josef Pollack bleibt Manning in der Neuen Welt dem Fußball aufs Engste verbunden. Erneut profiliert er sich als Pionier des Verbandswesens. 1912 wird er Präsident der neu formierten American Amateur Football Association (AAFA), die mit der bereits 1884 gegründeten American Football Association (AFA) um Anerkennung durch die FIFA ringt. Beide Verbände reisen unabhängig voneinander zum FIFA-Kongress nach Stockholm. Anstatt eine Präferenz auszusprechen, fordert der Weltverband die Konkurrenten zum Zusammenschluss auf.

Am 5. April 1913 fusionieren AAFA und AFA zur United States Football Association (USFA, heute: United States Soccer Federation/

USSF). Gus Manning wird deren erster Präsident und führt viele Jahre die außenpolitischen Geschäfte des Verbandes. 1914 kehrt er noch einmal nach Deutschland zurück, als Teilnehmer des olympischen Kongresses in Berlin. Manning erklärt hier die Absicht, zum olympischen Fußballturnier 1916 in Berlin ein US-Team zu entsenden. Doch der Erste Weltkrieg macht den Spielen und Mannings Ambitionen einen Strich durch die Rechnung. Den Krieg erlebt der deutsch-amerikanische Fußballpionier als Commanding Officer des 339. Feldlazaretts der US-Armee.

Es war also ein extrem bunter Haufen, der den FC Bayern ins Leben rief und auf die Spur brachte. Herkunft spielte keine Rolle, man gab sich liberal und weltoffen. Die »Bayern-Macher« waren ambitionierte, kreative, von einem Pioniergeist beseelte und nach neuen Ufern strebende junge Männer, die auch neben dem Fußballfeld bemerkenswerte Karrieren einschlugen.

Kapitel 2

Debüts, Premieren und eine »ansteckende Seuche«

1901 tritt dem FC Bayern Kurt Landauer bei, der bis zum Jahr 1933 zur prägenden Figur des Vereins werden sollte. Der 17-Jährige stammt aus dem vor den Toren Münchens gelegenen Planegg. Seine Eltern sind die sehr wohlhabenden jüdischen Kaufmannseheleute Otto und Hulda Landauer. Die »Münchner Neuesten Nachrichten« beschreiben Otto Landauer als »Kommerzienrat« und »Inhaber des bekannten Modehauses an der Kaufinger Straße«, also in der besten Stadtlage.

Die Kaufingerstraße ist Teil der großen Ost-West-Achse der historischen Altstadt und gehört somit zur alten Salzstraße von Salzburg bzw. Reichenhall über Landsberg in die Schweiz. Münchens Kaufleute hatten hier einst ihre Wohnhäuser errichtet. Im 19. Jahrhundert wurden die barocken Wohnhäuser durch Kaufhäuser ersetzt.

Die Landauers waren in der Kaufingerstraße 19 zu Hause, aber eine Epidemie in der Münchner Universitätsklinik trieb Hulda Landauer zur Geburt ihres dritten Kindes nach Planegg, begleitet von ihrer Hebamme. Wie die Autoren des Films »Kick it like Kurt« herausfanden, ist das Geburtshaus Kurt Landauers die heutige Bahnhofstraße 31 in Planegg. Kurt Landauer bedauert später, als Einziger der Familie kein »echter Münchner« zu sein.

Kurt Landauer hat sechs Geschwister: Gabriele, Henny, Paul Gabriel, Franz, Leo und Alfons. Alfons, der jüngste der Brüder, wird sich 1928 nach dem Börsenkrach am »schwarzen Freitag« das Leben nehmen.

Die großbürgerliche Familie Landauer ist bildungs-, kunst- und kulturbeflissen, denkt standesbewusst und politisch liberal. Man pflegt regen Kontakt zu Künstlern und Literaten. So gehört u.a. die in Berlin geborene expressionistische Malerin Gabriele Münter zum Freundeskreis. Münter ist 1901 nach München gezogen, wo sie in Schwabing der von ihrem Lehrer und Lebensgefährten Wassily Kandinsky gegründeten Gruppe »Der Blaue Reiter« angehört, die bedeutende deutsche und russische Expressionisten vereinigt. Im Nationalsozialismus wird Gabriele Münter mit einem Ausstellungsverbot belegt. Kandinskys Werke werden zur »entarteten Kunst« erklärt und 57 von ihnen aus deutschen Museen entfernt.

Mit seiner Fußballvernarrtheit steht Kurt Landauer in seiner Familie zunächst allein. In der Kommunikation mit den anderen Familiengliedern fehlt es daher häufig an Gesprächsstoff und an gemeinsamen Interessen. Erst einige Jahre später treten auch die jüngeren Brüder Franz und Leo dem FC Bayern bei.

Kurt Landauer beginnt beim FC Bayern als Aktiver, übernimmt aber im Laufe der Jahre mehr und mehr administrative Aufgaben.

Verstärkung aus den Niederlanden

Nicht nur deutsche Juden sind beim FC Bayern willkommen, sondern auch Ausländer. 1902 zieht der aus Arnheim stammende Niederländer Willem Hesselink nach München, um sein Studium der Chemie fortzusetzen. Daheim hat der Sohn eines Weingroßhändlers, der auch Vize-Konsul von Spanien war, bereits an der Universität Leiden unter den späteren Nobelpreisträgern Hendrik Anton Lorentz (1902) und Heike Kamerlingh Onnes (1913) studiert. An der Ludwig-Maximilian-Universität wird nun Conrad Wilhelm Röntgen, Nobelpreisträger 1901, zu seinen Professoren gehören.

Wie viele hinzugezogene Studenten vor ihm schließt sich auch Hesselink dem FC Bayern an. Der Neue erweist sich als Glücksfall für den Klub. Mit seinen 24 Jahren bringt er bereits ein enormes Ausmaß an Erfahrung mit – als Spieler wie als Organisator; 1892 zählte er als 14-Jähriger zu den Gründern von Vitesse Arnheim. Hesselink war ein vielseitiger Athlet. Neben Fußball betrieb er noch Cricket, Tauziehen und Leichtathletik. Über eine Meile und im Weitsprung stellte er Landesrekorde auf. Sein 6,20-Meter-Sprung aus dem Jahr 1898 wird erst 1910 übertroffen. Im Tauziehen wurde Hesselink mit seinem Team niederländischer Meister.

1899 schloss er sich der HVV Den Haag an, der Haagse Voetbal Vereniging. Wie Vitesse Arnheim hatte auch der HVV seine Wurzeln im Cricket. Diese Sportart spielt in den Niederlanden und besonders in Den Haag eine wichtige Rolle. Der in den Niederlanden aufgewachsene Schriftsteller Joseph O'Neill lässt in seinem Roman »Niederland«

seine zentrale Figur, den Bankier und Hobby-Cricketer Hans van den Broek, über Den Haag und Cricket philosophieren: »Ich bin aus Den Haag, wo sich holländisch bürgerlicher Snobismus und holländisches Cricket, durchaus nicht gänzlich ohne Zusammenhang, am stärksten konzentrieren.«

Vor dem Ersten Weltkrieg ist die HVV der erfolgreichste Fußballklub der Niederlande. Von 1900 bis 1914 gewinnt sie achtmal die nationale Meisterschaft. Bei den ersten beiden Titeln, 1900 und 1901, ist auch Willem Hesselink dabei. Das in Berlin erscheinende Sportjournal »Sport im Wort« charakterisiert ihn nach einem Spiel der Berliner Preußen in den Niederlanden als »zweifellos gefährlichsten Spieler«. Mehrfach wird er in die *Bondselftal* berufen, der inoffiziellen Nationalmannschaft der Niederlande.

Ein Ausländer als Star und Präsident

1903 wird Willem Hesselink Präsident des FC Bayern und beerbt in dieser Funktion den Preußen Franz John. Auf dem Feld avanciert er gleichzeitig zum ersten ausländischen Star des Klubs. Daneben agiert das Multitalent auch noch als Trainer.

Sein Studium vernachlässigt er darüber keineswegs. Am 27. Juli 1904 reicht der Bayern-Präsident seine Dissertation ein. Das süffige Thema lautet: »Über die Weine des Weinbaugebietes am Douro, die sog. Portweine«. Es folgt eine Beschäftigung als Doktor der Chemie an der Hohen Philosophischen Fakultät.

Am 14. Mai 1905 läuft Hesselink zum ersten und letzten Mal für die nun offizielle niederländische Nationalmannschaft auf. Es ist das zweite offizielle Länderspiel der Niederlande. Vor 30.000 Zuschauern in Rotterdam fährt die *Elftal* gegen Belgien einen späten, aber klaren Sieg ein. Erst in der 74. Minute erzielt Hesselink die Führung. Zweimal Eddy De Neve, Sohn eines Majors der Königlichen Niederländisch-Indischen Armee und in Jakarta aufgewachsen, und der Arnheimer Guus Lutjens erhöhen in den folgenden zehn Minuten auf 4:0, was auch der Endstand ist.

Nach einem Zwischenaufenthalt in Frankfurt/M. (1907-1908) kehrt Hesselink in die Niederlande zurück, wo er in Arnheim ein gerichtsmedizinisches Laboratorium aufbaut und zum Direktor des Gesundheitsamtes avanciert. Hesselink wird Mitglied der Internationalen

Akademie für Kriminologie und erwirbt den Ruf eines Experten für Blutanalysen, Fingerabdrücke und Schriftvergleiche. Sporthistoriker Andreas Wittner:»Noch heute kann man sich im Niederländischen Polizei-Museum in Apeldoorn über Dr. Willem Hesselink und seine zahlreichen Erfolge in der Verbrecherjagd informieren.«

Dem Fußball bleibt Hesselink weiterhin treu. Er spielt noch einige Jahre für Vitesse und wird 1913 und 1914 mit dem Klub, den er mitgegründet hat, niederländischer Vizemeister. Daneben agiert er auch als Trainer des Teams und Schatzmeister des Klubs. Von 1917 bis 1922 ist Hesselink dann Präsident von Vitesse.

Lehrstunden

Der FC Bayern entwickelt schon früh eine Vorliebe für internationale Begegnungen. Bis zum Ausbruch des Ersten Weltkrieges bestreitet der Klub 361 Spiele, 50 davon sind internationale Freundschaftsspiele – eine erstaunliche Zahl, die Ambitionen und weltoffenes Denken dokumentiert.

Die meisten der internationalen Kräftemessen gehen verloren. Allerdings sind es auch ansehnliche Hausnummern, mit denen man es aufnimmt. Zum Auftakt muss es gleich der Deutsche Fußball-Cub (DFC) Prag sein, der am 25. Mai 1896 von deutschnational gesinnten Juden in der Moldaustadt gegründet wurde und aus dessen Reihen der erste DFB-Vorsitzende Ferdinand Hueppe stammt. Obwohl in Österreich-Ungarn ansässig, werden die Prager 1903 an der ersten deutschen Fußballmeisterschaft teilnehmen und es bis ins Finale schaffen. Auf der Suche nach Mitgliedsvereinen hatte der junge DFB auch »deutsche« Klubs in Österreich und Böhmen zum Beitritt und zur Teilnahme an Meisterschaften eingeladen.

Am 9. Dezember 1900 reisen die Bayern nach Prag, wo ihnen der DFC eine Lehrstunde erteilt. 8:0 siegen die Prager, gegen die man vor dem Krieg noch vier weitere Spiele bestreitet.

Im Mai 1904 wird die DFB-Ära des DFC beendet sein. Nachdem der DFB der FIFA beigetreten ist, dürfen Nicht-Reichsdeutsche dem Verband nicht mehr angehören. Fortan spielt der DFC Ligafußball in Böhmen bzw. ab 1919 in der Tschechoslowakei. Nach dem Einmarsch der deutschen Truppen in Prag im März 1939 wird man den Traditionsklub als »jüdischen Verein« kurzerhand auflösen.

Bis in die 1920er Jahre aber gehört der Klub zu den besten Adressen auf dem Kontinent; insgesamt 16 DFCler tragen das österreichische oder ungarische Nationaltrikot, darunter Adolf Patek, der von 1958 bis 1961 den FC Bayern trainieren wird. Ebenso der jüdische Publizist Dr. Paul Fischl, später Verleger und Herausgeber des »Prager Tageblatts«. Für den österreichisch-jüdischen Schriftsteller Friedrich Torberg war Fischl »einer der besten Fußballer aus der Zeit vor dem Ersten Weltkrieg«. Nach 1933 wird sein Verlag »J. Kittl Nachfolger« vielen von den Nazis verfemten Autoren – so Ernst Weiß, Ludwig Winder, Julien Green, Sinclair Lewis und Louis Ferdinand Céline – eine neue Heimat bieten.

Bayerns zweiter internationaler Auftritt führt den Klub nach Südtirol, wo man sich in Meran dem Akademischen Sportverein Graz mit 1:5 geschlagen geben muss. Von den ersten zehn internationalen Begegnungen gehen neun verloren, einige davon deutlich.

Nach drei Auslandsreisen fungiert am 6. März 1904 erstmals der FC Bayern als Gastgeber. An der Schwabinger Clemensstraße geht man gegen die Blue Stars St. Gallen mit 0:10 unter. Sechs Wochen später endet das zweite Kräftemessen gegen die blauen Sterne mit dem gleichen Ergebnis.

Und die Lehrstunden gehen weiter. Auch die zweite Begegnung mit dem DFC Prag geht im Juni 1906 an der Karl-Theodor-Straße mit 1:11 in die Hose. Sechs Tage später kommt es noch etwas derber, als Slavia Prag, ein 1892 von sportbegeisterten Studenten gegründeter bürgerlicher Renommierklub und der älteste tschechische Verein, an der Karl-Theodor-Straße seine Visitenkarte abgibt. Der vom Schotten John William Madden trainierte Klub der Prager Intellektuellen, der heute von Fans des »proletarischen« Lokalrivalen Sparta als »Judenklub« beschimpft wird, schenkt den Bayern gleich 13 Tore ein. Das 0:13 vom 10. Juni 1906 ist die höchste Niederlage überhaupt, die die Bayern bis heute bezogen haben.

Ein halbes Jahr später zeigen sich die Bayern leicht verbessert. Diesmal behält Slavia »nur« mit 8:0 die Oberhand. Schämen müssen sich die Münchner nicht, denn vom 25. März 1897 bis zum 21. März 1909 gelingt es keiner tschechischen Elf, Slavia zu schlagen. John William Maddens Elf zählt zu den besten Teams Europas.

Im Frühsommer 1903 reist der FC Bayern erstmals in die Schweiz. In St. Gallen verliert man am 31. Mai gegen den heimischen FC (2:3), einen Tag später erreicht man gegen den FC Zürich immerhin ein Unentschieden (2:2). Mit dem schweizerischen Vizemeister FC St. Gallen, bereits 1879 gegründet und damit heute der älteste noch bestehende Klub im Land der Eidgenossen sowie einer der ältesten auf dem europäischen Kontinent, gehen die Bayern eine Sportfreundschaft ein.

Vor dem Ersten Weltkrieg spielen die Bayern besonders häufig gegen Teams aus dem deutschsprachigen Teil der Schweiz – insgesamt 17-mal. Gegen Schweizer Fußballer gibt es dann endlich auch den ersten Sieg in einem internationalen Spiel: Am 9. Mai 1907, beim zwölften Versuch gegen ein ausländisches Team, behalten die Bayern an der Plinganerstraße gegenüber den Old Boys Basel mit 2:1 die Oberhand.

In der Saison 1913/14 tritt der FC Bayern gleich dreimal gegen die Wiener Amateure an, wobei man zweimal verliert (1:2, 0:1). Das einzige Unentschieden (1:1) erreicht man Mitte August 1913, als man sich für einige Tage in der Donaumetropole aufhält (und sich auch mit der Vienna misst). Hinter den Wiener Amateuren verbirgt sich der spätere FK Austria; die Umbenennung erfolgt am 18. November 1926 auf einer Generalversammlung im Wiener Domcafé, zu einem Zeitpunkt, als in Österreich der Profifußball legalisiert wird. Amateure/Austria sind der Klub des assimilierten jüdischen Bürgertum Wiens, ebenso sehr ein Gesellschafts- wie ein Fußballverein.

Kräftig Lehrgeld muss man gegen Teams aus dem »Fußball-Mutterland« bezahlen. Gegen das Amateurteam The Pirates verliert man am 29. April 1908 an der Schwabinger Leopoldstraße mit 0:8, gegen die Profis von den Blackburn Rovers am 18. Mai 1910 an gleicher Stelle mit 0:7. Mit dem FC Sunderland, FC Middlesborough und den Tottenham Hotspurs kommen weitere englische Profiteams nach München. Sunderland gewinnt am 30. Mai 1909 mit 5:2, Middlesborough am 12. Mai 1913 mit 9:1. Die Tottenham Hotspurs, der Klub aus der britischen Metropole, dem viele Londoner Juden anhängen, schlägt die Bayern an der Leopoldstraße mit 6:0. Die »Spurs« sind am 9. Mai 1914 letzter ausländischer Gast, bevor der Erste Weltkrieg die erste internationale Ära des Klubs abrupt beendet.

Es waren also nicht Siege, die der FC Bayern bei seinen internationalen Spielen anstrebte. Vielmehr suchte man sich namhafte Gegner aus, von denen die eigenen Spieler in taktischer und spielerischer Hinsicht lernen konnten und die für die Münchner Zuschauer attraktiv waren. Dass nicht wenige dieser Vereine in einem ähnlichen bürgerlich-intellektuellen Milieu zu Hause waren wie die Bayern und häufig jüdische Akteure in ihren Reihen hatten, dürfte kein Zufall sein. Dies gilt auch für einige der süddeutschen Konkurrenten der Bayern.

Juden im süddeutschen Fußball

Ein Vierteljahrhundert bevor der FC Bayern seinen ersten nationalen Titel feiern darf, gewinnt der FC Freiburg die Deutsche Meisterschaft – jener Verein also, dem die Münchner in den ersten Jahren wesentlich ihr Überleben zu verdanken hatten. Es ist ein illustres Team, das am 19. Mai 1907 in Mannheim Viktoria 89 Berlin mit 3:1 bezwingt. Mit Dr. Paul Goldberger de Budda, Dr. Louis C. de Villiers, Dr. Felix Hunn, Dr. Josef Glaser und Dr. Hofherr laufen gleich fünf Promovierte auf.

Das Tor hütet Dr. Paul Goldberger de Budda, Spross einer jüdischen Großbürgerfamilie in Wien. Die Wurzeln der Familie liegen in Budapest, genauer: Obuda, das 1872 mit Buda und Pest zur Stadt Budapest fusionierte. Vater Edmund Goldberger ist Vizepräsident des Verwaltungsrates der Firma Sam F. Goldberger & Söhne Aktiengesellschaft, Revisor der österreichisch-ungarischen Bank und Präsident des Kreditvereins der Allgemeinen Depositenbank. Sein Abitur hatte Paul Goldberger noch 1899 in Wien gebaut, wo er 1900 mit dem First Vienna Football Club den Challenger Cup gewann. Im Herbst 1901 ging er an die Technische Hochschule in Berlin-Charlottenburg und kickte für Britannia Berlin. Im Frühjahr 1905 zog der Doktorand nach Basel, wo er über das N-Bromphthalimid promovierte. Nach dem Gewinn der Deutschen Meisterschaft wechselt Goldberger zum Frankfurter Kickers FC, für den anfänglich auch Walther Bensemann gespielt hat. Dort hütet er nicht nur das Tor, sondern arbeitet auch im Vorstand mit. 1911 gehört Goldberger zu den treibenden Kräften einer Fusion von Kickers und Frankfurter FC Victoria, die 1920 in die Turn- und Sportgemeinde Eintracht, der späteren Eintracht Frankfurt aufgeht.

Goldberger ist nicht der einzige Jude im siegreichen FFC-Team. Im Mittelfeld führt Max Maier Regie, Sohn eines jüdischen Fettviehhändlers mit Wohnsitz in der Freiburger Rheinstraße 68. 1910 wandert Maier nach Argentinien aus.

Zwei prominente jüdische Kicker bringt auch der von Walther Bensemann gegründete Karlsruher Fußball-Verein (FV) hervor, der 1910

Deutscher Meister wird: den erst 18-jährigen Julius Hirsch und den 20-jährigen Gottfried Fuchs. Mit Fritz Förderer bilden Hirsch und Fuchs den besten Innensturm im deutschen Fußball. Der Fußball-Historiker Hardy Grüne bezeichnet den Champion als erstes »Dream Team« im deutschen Fußball. 1912 wird der KFV nach 1905 und 1910 ein drittes Mal das nationale Finale erreichen, allerdings den »Störchen« von Holstein Kiel unterliegen.

Josef Frey, ein langjähriges KFV-Mitglied, wird in Josef Werners Buch »Hakenkreuz und Judenstern« mit der Aussage zitiert, dass der KFV »wegen der Mitgliedschaft zahlreicher jüdischer Bürger, teils respektvoll, teils missgünstig oder gehässig, als ›Judenverein‹ bezeichnet« wurde.

Am 26. März 1911 läuft erstmals ein Jude für die DFB-Auswahl auf. Beim Länderspiel gegen die Schweiz, dem elften offiziellen Auftritt der DFB-Elf, stürmen die Deutschen mit dem nun 21-jährigen Karlsruher Gottfried Fuchs. Gespielt wird auf dem Kickers-Platz im gediegenen Stuttgart-Degerloch. Die Platzherren sind ein gutbürgerlicher Verein, zu dessen Gründungsmitgliedern 1899 auch jüdische Bürger wie der 2. Vorsitzende Karl Levi gehörten. Im Milieu des Lokalrivalen VfB wird die Anlage einige Jahrzehnte später als »Hebräerwies« und »Golanhöhen« firmieren. Auf diesem Platz also schlägt Deutschland die Schweiz mit 6:2 und Debütant Fuchs gleich zweimal zu.

Am 17. Dezember 1911 feiert auch der nun 19-jährige Julius Hirsch seinen Einstand in der Nationalelf. Auf dem MTV-Platz an der Münchner Marbachstraße unterliegt Deutschland den Ungarn mit 1:4. Debütant Hirsch geht leer aus, trifft aber dafür einige Monate später, am 24. März 1912 im niederländischen Zwolle, gleich viermal – als erster deutscher Nationalspieler überhaupt. Deutschland und die Niederlande trennen sich 5:5, den weiteren deutschen Treffer erzielt Hirschs Freund, Glaubensgenosse und Vereinskamerad Gottfried Fuchs.

Beide fahren auch zum olympischen Fußballturnier nach Stockholm. Die erste Begegnung gegen Österreich geht mit 1:5 in die Hose, vom »jüdischen Duo« ist nur Hirsch dabei. Im folgenden Spiel gegen Russland werden zwei historische Rekorde aufgestellt: Deutschland gewinnt mit 16:0, der höchste Sieg in der Länderspielgeschichte des DFB. Zehn Treffer gehen auf das Konto von Gottfried Fuchs. Auch dieser Rekord steht noch heute.

Townley, Hogan und der saubere Pass

Der Karlsruher FV ist ein ausgesprochen moderner Verein. Im Januar 1909 hatte man mit dem Engländer William J. Townley einen Profi-trainer verpflichtet. Townley brachte seinen Akteuren technische Raffinessen bei, verbesserte ihre Ballbehandlung, ließ sie Spielzüge und Angriffskombinationen einüben und machte sie mit dem schottischen Flachpassspiel vertraut. »Stoppen, schauen, zuspielen« lautete sein Motto. Hardy Grüne: »Townley revolutionierte Deutschlands Fußball. Statt nach dem hierzulande noch üblichen ›möglichst hart und weit schießen‹ zu verfahren, führte ›der alte Blackburn Rover‹, wie er liebevoll von der Presse genannt wurde, britische Errungenschaften ein.« Sämtliche KFV-Teams, ein Novum im deutschen Fußball, spielten nach dem »Townley-System«.

Seine Trainerkarriere hatte der zweifache englische Nationalspieler 1908 beim bereits vorgestellten DFC Prag begonnen. In England gab es einen Überschuss an Trainern – zumal man im »Mutterland« zunächst der Auffassung frönte, dass die Position eines hauptamtlichen Trainers überflüssig sei. Die abwertende Haltung gegenüber dem Beruf des Fußballtrainers entsprang der arroganten Auffassung, dass England in Sachen Fußball eine angeborene und ewige Überlegenheit besitze.

Auf dem Kontinent musste man hingegen lernen und war sich dessen bewusst. Moderne und ambitionierte Klubs rissen sich um englische und schottische Übungsleiter.

Auch einige nationale Verbände engagierten Engländer. So betreute Jimmy Hogan 1910 die niederländische Nationalelf bei ihrem 2:1-Sieg über Deutschland in Kleve und während der Olympischen Spiele 1912 das Team Österreichs. Wie Townley legte Hogan großen Wert auf Passgenauigkeit und Ballkontrolle – Dinge, die man eher mit dem »wissenschaftlichen« Fußball Schottlands denn mit dem englischen Spiel assoziierte. Mit Hilfe der in ihrer Heimat verschmähten britischen Übungsleiter holte der Kontinent nun gegenüber dem »Fußball-Mutterland« England beständig auf.

Erste Schritte zum Professionalismus

1910 versichert sich der FC Bayern der Dienste des österreichischen Profi-Torwarts Karl Pekarna. 1904 war Pekarna vom First Vienna Football Club zu den Glasgow Rangers gewechselt. In Schottland war der

Profifußball bereits seit 1893 legal. Der Weltklassekeeper wurde nur wenige Monate nach seiner Ankunft am Clyde zum schottischen »Fußballer des Jahres« gewählt. Heimweh trieb ihn zurück an die Donau, von wo er 1907 an die Isar und zum FC Wacker München weiterzog.

Beim innerstädtischen Wechsel von München-Laim nach Schwabing fließt viel Geld. Außerdem besorgt der FC Bayern Pekarna die Stelle eines Abteilungsleiters in einem Geschäft für Sportartikel.

Vor der Saison 1911/12 erkennt man beim FC Bayern die enorme Bedeutung der Trainerfrage. In den Spielzeiten 1909/10 und 1910/11 hatten sich die Bayern insgesamt fünfmal mit Townleys Karlsruher FV gemessen und dabei ebenso häufig den Kürzeren gezogen. Insbesondere 1910/11 hatten die Bayern die Überlegenheit der Badenser zu spüren bekommen. In der Saisonvorbereitung endet ein Testspiel in Karlsruhe mit einer 1:4-Niederlage. Im Kampf um die Süddeutsche Meisterschaft gewinnt der KFV in München mit 3:1 und daheim sogar mit 5:0, Bayerns höchste Niederlage in einem Pflichtspiel dieser Spielzeit.

Allerdings haben die 5.000 Zuschauer, die zum Hinspiel an die Leopoldstraße gekommen sind, eine hübsche Summe in die Klubkasse gespült. Was tun mit den Einnahmen? Soll das Geld in ein neues Sportgelände oder in die Mannschaft investiert werden?

Bayerns Präsident ist zu dieser Zeit der Chemiker Dr. Angelo Knorr, der aus einer angesehenen und wohlhabenden Münchner Familie stammt. Der Vater war Inhaber der Handelsfirma Angelo Sabadini, der Großonkel Julius Mitbegründer der Bayerischen Fortschrittspartei und Verleger der liberalen und gegenüber der katholischen Kirche kritischen »Münchner Neuesten Nachrichten«, zeitweise eine der auflagenstärksten Tageszeitungen im Deutschen Reich.

Angelo Knorr plädiert nun für einen Profitrainer: »Durch das von den Karlsruhern im jüngstverflossenen Meisterschaftsspiel gezeigte bestechende Können, dem unsere Mannschaft nicht gewachsen war«, sei nun klar, »dass die Trainerfrage im vollen Umfang aufgerollt ist«. Es sei »nur durch einen englischen Trainer die sportliche Entwicklung unserer Leute möglich«.

Knorr erstellt ein ausführliches Memorandum, in dem er die Chancen und Risiken eines derartigen Weges abwägt. Gute Trainer seien schließlich nicht im Überfluss vorhanden. Auch fallen die Erfahrungen mit englischen Übungsleitern nicht überall positiv aus. In Mannheim und Pforzheim hatten sich die Entwicklungshelfer aus dem »Mutterland« mehr im Wirtshaus als auf dem Trainingsplatz herumgetrieben. Schließlich wird zur Saison 1911/12 der Engländer Charles Griffiths engagiert, allerdings zunächst nur »versuchsweise«.

Griffiths ist nicht der erste Brite bei den Bayern, vor ihm haben bereits die Landsleute Thomas Taylor (1908/09) und Dr. George Hoer (1909/10) bei den Bayern unterrichtet. Aber Griffiths ist der erste hauptamtliche Übungsleiter des Klubs und damit der bis dahin teuerste und professionellste. Andreas Wittner über die Auswirkungen der Verpflichtung: »Mit der Trainerverpflichtung taten sich für die Bayern neue Dimensionen auf – finanziell wie sportlich. Für die Aktiven des Bayern-Kaders standen ab sofort wöchentlich fünf Trainingseinheiten auf dem Programm, täglich um 16 Uhr. Bisher hatten sich die Bayern-Kicker lediglich zweimal pro Woche zum Trainingskick getroffen, jetzt sahen sie sich außer mit mehr Training auch noch mit allerlei Übungen konfrontiert, die bisweilen wenig Freude bereiten: Steigerungsläufe bis zu 800 Meter, Dauermärsche über mehrere Stunden, bei jeder Witterung, Übungen mit Hanteln, turnerische Einheiten an den Ringen und am Barren.«

Als der FC Bayern in die Winterpause geht, steht die Mannschaft mit 23:3-Punkten an der Tabellenspitze. In den Wintermonaten wird in einer Reithalle an der Leopoldstraße trainiert – auf Wunsch des Trainers unter Ausschluss der Öffentlichkeit. Griffiths ist auf die Endrunde zur Deutschen Meisterschaft fokussiert.

Vielleicht war es zu viel des Guten, jedenfalls verlieren die Bayern das erste Spiel nach einer kurzen Winterpause beim FC Pfeil Nürnberg mit 1:2, was dem Klub am Ende die Ostkreismeisterschaft und die Teilnahme an der Endrunde zur Deutschen Meisterschaft kostet. Ostkreismeister (und damit faktisch bayerischer Meister) wird die seit April 1911 von William Townley trainierte SpVgg Fürth.

Am 6. April 1912 beschließt eine außerordentliche Mitgliederversammlung des FC Bayern, den Vertrag mit Griffiths aufzulösen.

Landauer holt Townley

Julius Hirsch, der jüdische Nationalspieler, wird in der Saison 1913/14 noch ein weiteres Mal Deutscher Meister. 1913 war er William Townley zur SpVgg Fürth gefolgt. Hirsch erhielt Arbeit bei der vom jüdischen Kommerzienrat Ignaz Bing geführten Firma »Nürnberger Metallwarenfabrik, Gebr. Bing«, ein Unternehmen mit Weltruf und Absatzgebieten in ganz Europa und Übersee. Am 31. Mai 1914 besiegt die SpVgg den VfB Leipzig im letzten Vorkriegs-Endspiel nach Verlängerung mit 3:2. William Townley, im Frankenland als »Begründer der Fußballhochburg Nürnberg-Fürth« und der berühmten »Fürther Schule« gefeiert, ist da schon in München.

Bei den Bayern fungiert inzwischen Kurt Landauer als Präsident, nachdem sich Dr. Angelo Knorr im September 1913 nach Starnberg verabschiedet hat. Wenige Jahre nach seinem Klubbeitritt hatte Landauer die Ausbildung nach Italien und Lausanne geführt. 1905 kehrte er zurück nach München, wo er zunächst ins elterliche Geschäft in der Kaufingerstraße eintrat.

Unter dem Präsidenten Kurt Landauer wird nun die zwischenzeitlich auf Eis gelegte ambitionierte Trainerpolitik wieder aufgenommen. Am 15. Dezember 1913 unterschreibt mit William Townley der vor dem Ersten Weltkrieg beste und erfolgreichste Trainer im deutschen Fußball beim FC Bayern.

Townleys neuer Arbeitgeber besitzt zu diesem Zeitpunkt bereits den Ruf eines weltoffenen und ambitionierten Klubs, der auch entsprechend zahlen kann. Ansonsten hätte der Engländer Fürth wohl kaum vorzeitig verlassen. Denn bei der Spielvereinigung besaß der »smarte Mann mit Stehkragen, der die Haare streng nach hinten kämmte und in einen Mittelscheitel ordnete« (Chronik SpVgg Fürth), einen Vertrag bis zum 1. Juli 1915; die Ronhöfer allerdings, so die Vereinschronik, wollen Townley »in seinem weiteren Fortkommen nicht schädigen« und lassen ihn zum FC Bayern ziehen.

Erster Weltkrieg

Die Freude über den berühmten Übungsleiter ist nur von kurzer Dauer. Nur wenige Monate nach seinem Amtsantritt muss Townley Deutschland verlassen. Denn mit Ausbruch des Krieges droht dem Engländer die automatische Internierung.

Sein Landsmann Steve Bloomer landet indes in einem Internierungslager in Ruhleben bei Berlin. Bloomer, vor dem Ersten Weltkrieg einer der weltweit besten Spieler (bis heute liegt der Stürmer mit 317 Toren in 536 Erstligaspielen auf Platz drei der »ewigen Torschützenliste« der höchsten englischen Liga), war erst drei Wochen zuvor vom Berliner Klub Britannia 92 als Trainer verpflichtet worden.

Am 28. Juli 1914 hatte Österreich-Ungarn in der Balkankrise Serbien den Krieg erklärt. Am 1. August folgte das Deutsche Reich als Bündnispartner Österreich-Ungarns mit einer Kriegserklärung an Russland. Zwei Tage später, am 3. August, forderten die Deutschen auch noch Frankreich zum Waffengang heraus. Am selben Tag marschierten deutsche Truppen ins neutrale Belgien ein, was England zum Kriegseintritt animierte. Der große Krieg ist Realität, und mit ihm endet Kurt Landauers erste Amtszeit als Präsident des FC Bayern.

Auch viele deutsche Juden folgen mit Begeisterung dem Ruf an die Waffen. Schließlich verspricht der Kaiser, »nur noch Deutsche« zu kennen – »ohne Stammesunterschied, ohne Konfessionsunterschied«. Kaiser Wilhelm II. braucht seine »Kaiserjuden« und ihr finanzielles und geistiges Vermögen. Walter Rathenau, Sohn des AEG-Gründers Emil Rathenau, wird Chef der Kriegsrohstoffabteilung. Albert Ballin, der als Generaldirektor die Hamburg-Amerikanisch-Packetfahrt-Actien-Gesellschaft (HAPAG) zur größten Schifffahrtsgesellschaft der Welt ausgebaut hat, bekommt die Zentraleinkaufsgesellschaft übertragen. Ballin gilt als Berater und Freund des Monarchen und wird auch des »Kaisers Reeder« genannt. Der Großvater des späteren Hamburger-SV-Vizepräsidenten Hans Ballin hatte sich zunächst um einen deutsch-englischen Ausgleich bemüht, was aber durch die deutsche Flottenpolitik torpediert wurde. Ballin gehört zu den wenigen, die schon früh die Katastrophe kommen sehen.

Jüdische Emanzipationsbestrebungen und ein »Evangelium der Intoleranz«

In den meisten westeuropäischen Ländern erreichten die Juden ihre Emanzipation in dem Maße, wie der wohlhabende und gebildete Mittelstand zu einem politischen Machtfaktor aufstieg. Nicht so in Deutschland, wo eine richtige bürgerliche Revolution nie stattgefunden hatte.

Ende des 18. Jahrhunderts hatte insbesondere Berlin zumindest auf kultureller Ebene eine Art Symbiose zwischen reichen jüdischen Familien und aufgeklärteren Kreisen der preußischen Aristokratie und des preußischen Mittelstands erlebt. Die preußische Gesellschaft schien die Juden zunehmend zu akzeptieren, eine Entwicklung, die vor allem mit dem Namen Moses Mendelssohn assoziiert wird. Der Freund Lessings wurde zu einer der führenden Persönlichkeiten der deutschen Aufklärung. Mendelssohn glaubte, die Juden könnten dem Antisemitismus dadurch begegnen, dass sie sich aus ihrem geistigen Ghetto befreiten, in dem sie seit Jahrhunderten lebten. Die Juden sollten aufhören, sich als eigenes Volk zu betrachten, und die deutsche Kultur annehmen. Außerdem sollten sie ihre Religion von überholten rituellen Formen befreien, um sie als ein Bekenntnis unter anderen akzeptabel zu machen.

Doch in den Jahren der napoleonischen Herrschaft über Deutschland wurde selbst in den gebildeten Gesellschaftskreisen die Bereitschaft zur Toleranz gegenüber Juden von patriotischen Gefühlen verdrängt. Den progressiven und kosmopolitischen Anschauungen der Aufklärung wurde nun die Lehre eines integralen Nationalismus mit stark christlicher Beimischung gegenübergestellt. Im Zuge eines rasanten Industrialisierungsprozesses mit schmerzhaften sozialen Verschiebungen und Entwurzelungen erfuhr der Antisemitismus eine neue Konjunktur. Der US-amerikanische Historiker Gordon Craig, der es wie kein anderer seiner Zunft verstand, den Deutschen die Deutschen zu erklären: »Die überlegene Anpassungsfähigkeit der Juden an neue Lebensumstände – die Leichtigkeit, mit der sie sich im Gegensatz zu vielen deutschen Kleinstädtern in das Großstadtleben einfügten – wurde ihnen vorgeworfen und verstärkte den Verdacht, dass sie die soziale Desintegration förderten und von ihr profitierten.«

Juden wurden als Verursacher der Aktienmarktkrise von 1873 denunziert. Da half auch nicht, dass es der jüdische Reichstagsabgeordnete Eduard Lasker gewesen war, der immer wieder auf die Gefahren eines Spekulationsbooms hingewiesen hatte. Und ebenso wenig zählte es, dass noch größeres Unheil durch das energische Eingreifen von jüdischen Bankhäusern wie Bleichröder und Co. verhindert worden war.

Eine neue Art von Antisemitismus betrat nun die Bühne, der die traditionelle christliche Judenfeindschaft rassistisch unterfütterte. Agitatoren wie Eugen Dühring, Paul Lagarde und Wilhelm Marr begründeten das »Undeutschsein« der Juden nun nicht mehr damit, die Juden würden sich dem Christentum verweigern. Vielmehr behaupteten sie, dass Juden von Natur her ein fremdes Element seien. Adolf Stoecker, vom Kaiser zum Hofprediger an den Berliner Dom berufen, versuchte die zur Sozialdemokratie abdriftende Arbeiterschaft durch einen »antikapitalistischen« Antisemitismus für die Kirche zurück-zugewinnen. Mit Stoecker wurde der Antisemitismus zu einer politi-schen Bewegung.

Aber nichts schockierte Deutschlands Juden in diesen Jahren mehr als ein antisemitisches Traktat aus der Feder des zu dieser Zeit pro-minentesten deutschen Historikers. 1879 veröffentlichte Heinrich von Treitschke in den von ihm selbst herausgegebenen angesehenen »Preu-ßischen Jahrbüchern« einen Artikel unter dem Titel »Unsere Aus-sichten«, der rhetorisch ausgefeilt und gehässig Deutschlands Juden attackierte. Der Nationalliberale forderte ein »gekräftigtes National-gefühl«, das aber mit den Juden nicht zu haben sei. Stattdessen drohe ein »Zeitalter deutsch-jüdischer Mischcultur«, denn aus dem Osten würde »Jahr für Jahr aus der unerschöpflichen polnischen Wiege eine streb-same Schar hosenverkaufender Jünglinge« einwandern, »deren Kin-der und Kindeskinder dereinst Deutschlands Börsen und Zeitungen beherrschen sollen. In Tausenden deutscher Dörfer sitzt der Jude, der seine Nachbarn wuchernd aufkauft. Am gefährlichsten aber wirkt das unbillige Übergewicht des Judentums in der Tagespresse.« Das Trak-tat gipfelte in einem Ausruf, der später von den Nazis begierig aufge-griffen wird: »Bis in die Kreise höchster Bildung hinauf (…) ertönt es heute wie aus einem Munde: ›Die Juden sind unser Unglück!‹«

Die folgende hitzige Diskussion ging als »Berliner Antisemitis-musstreit« in die Annalen ein. Im »christlichen Lager« war zunächst Treitschkes einziger prominenter Gegenspieler sein Berliner Historik-erkollege Theodor Mommsen. Wobei es Mommsen in seinem »Wort über das Judenthum« weniger um die Juden ging als um die Zukunft des deutschen Liberalismus. Während Treitschke den nationalistischen Weg einschlug, trat Mommsen als Verteidiger des »klassischen« Libera-lismus auf. So blieb der bittere Nachgeschmack, wie »Zeit«-Autor Uffa Jensen in einem historischen Rückblick konstatiert, »dass sich weder Mommsen noch ein anderer Nichtjude unter den gebildeten Bürgern zum Anwalt ihrer Position, ihrer eigentlichen Emanzipation gemacht hatten. Damit ist eine große Chance vertan worden, ein für alle Mal anzuerkennen, dass Juden Teil des politischen Lebens, der Kultur der Bürger und der deutschen Nation als Ganzes geworden waren – und zwar als Juden.«

Allerdings unterzeichneten ein Jahr später Mommsen und weitere 70 Wissenschaftler, darunter Rudolf Virchow, Rudolf von Gneist und Johan Droysen, eine Erklärung gegen Treitschkes »Evangelium der Intoleranz«, in der sie Antisemitismus, Rassenhass und den »Fanatismus des Mittelalters« geißelten. Der Antisemitismus sei eine »ansteckende Seuche«, eine »künstlich entfachte Leidenschaft der Menge«. Und diese werde »nicht säumen, aus jenem Gerede praktische Konsequenzen zu ziehen«.

Die Debatte ging vorüber, aber die antisemitischen Ressentiments blieben. Im Laufe der 1880er und 1890er Jahre nahm der Antisemitismus vor allem in den deutschen Studentenverbindungen deutlich zu. Die Konservative Partei kündigte 1892 in ihrem Programm den Widerstand gegen »den vielfach sich vordrängenden und zersetzenden jüdischen Einfluss auf unser Volksleben« an, und 1893 saßen im Reichstag immerhin 16 Abgeordnete antisemitischer Splitterparteien.

Die rechtliche Gleichstellung der Juden, wie sie im Wesentlichen mit dem sogenannten Judengesetz von 23. Juni 1847 erfolgt war, blieb von diesen Entwicklungen unberührt. Der Antisemitismus vor 1914 glich mehr, wie Gordon Craig schreibt, »einer hartnäckigen unterschwelligen Infektion, die die Gesundheit des sozialen Organismus nicht ernsthaft gefährdete, sich aber resistent erwies gegenüber allen Versuchen, sie zu überwinden.«

Jüdischer Patriotismus

Der Erste Weltkrieg bietet nun vielen deutschen Juden die Gelegenheit, Vaterlandsliebe unter Beweis zu stellen und ein »Wurzelschlagen im deutschen Wesen« zu belegen. Glaubwürdiger scheint man sein »Deutschsein« kaum demonstrieren zu können: Die christliche Mehrheitsgesellschaft, so hofft man, werde das »jüdische Blutopfer« nach dem Krieg honorieren.

Die bedeutendste Vertretung der deutschen Juden ist der Centralverein deutscher Staatsbürger jüdischen Glaubens (CV), der sich 1893 als Reaktion auf den erstarkenden Antisemitismus im Kaiserreich gebildet hatte. Sein Ziel ist, »die deutschen Staatsbürger jüdischen Glaubens ohne Unterschiede der religiösen und politischen Richtung zu sammeln, um sie in der tatkräftigen Wahrung ihrer staatsbürgerlichen und gesellschaftlichen Gleichstellung sowie in der unbeirrbaren Pflege deutscher Gesinnung zu bestärken«. Der CV betont die deutsche Volkszugehörigkeit und glaubt an die Möglichkeit einer Synthese von Deutschtum und Judentum. Der zionistischen Auffassung von einer jüdischen Nation mit eigener Geschichte steht man kritisch gegenüber. Der CV beschwört nun seine Mitglieder: »In schicksalsschwerer Stunde ruft das Vaterland seine Söhne zu den Fahnen. Dass jeder deutsche Jude zu den Opfern an Gut und Boden bereit ist, die die Pflicht erheischt, ist selbstverständlich. Glaubensgenossen! Wir rufen Euch auf, über das Maß der Pflicht hinaus Eure Kräfte dem Vaterland zu widmen.« Auch das national-jüdische Lager macht fürs Vaterland mobil. So heißt es in der Zeitschrift »Der deutsche Zionist«: Wer »gegen Deutschlands Feinde die Waffen führt, handelt nicht nur in Erfüllung einer staatlichen Pflicht, sondern im Bewusstsein, dass er (…) damit zugleich für die eigene Persönlichkeit, die unlöslich im deutschen Wesen Wurzeln geschlagen hat, kämpft, wie jeder andere Deutsche.«

Jüdischer Patriotismus wird zusätzlich dadurch motiviert, dass es gegen das zaristische Russland geht – den Erzfeind, in dem Juden immer wieder Opfer von Pogromen geworden sind. Sogar aus Palästina kommen deutschstämmige Juden herbeigeeilt, um dem »Vaterland« beizustehen.

Landauer an der Front

Für Golo Mann war der gewöhnliche deutsche Jude, ob getauft oder ungetauft, deutsch in seinen Tugenden, deutsch in seinen Lastern, deutsch in Kleidung, Sprache und Manieren, patriotisch und konservativ. Auch für Gordon Craig gab es »nichts Deutscheres als jene jüdischen Geschäftsleute, Ärzte, Anwälte und Gelehrten, die sich 1914 ganz selbstverständlich freiwillig zum Kriegsdienst meldeten«.

Zu ihnen gehört auch Bayerns Präsident Kurt Landauer. Er erlebt den Ersten Weltkrieg im Dienstgrad eines Vize-Feldwebels und stellvertretenden Offiziers. Am 23. Juli 1917 bekommt Landauer vom Königlichen Bezirkskommando II München ein Zeugnis ausgestellt, das ihn »nach seinen bürgerlichen und sonstigen Verhältnissen für würdig und geeignet zur Beförderung zum Offizier erachtet«.

Landauer-Neffe Uri Siegel: »Er war in diesem Rang beim Train (eine Art Ausbildungs- und Nachschubkompanie, d. A.), ab 1917 Leutnant bei einer Minenwerfer-Kompanie. Er nahm an Stellungskämpfen an der Somme, Kämpfen an der Aisne und an der Doppelschlacht an der Aisne-Champagne teil. Landauer erhielt den Verdienstorden 4. Klasse mit Schwertern und das EK II.«

Auch Otto Albert Beer, der spätere jüdische Jugendfunktionär des FC Bayern, ist Kriegsfreiwilliger; zuletzt dient er als Leutnant der Reserve. Ebenso Julius Hirsch, Deutschlands zweiter jüdischer Nationalspieler, der das EK II und die Bayerische Dienstauszeichnung verliehen bekommt.

Während der Krieg unter fürchterlichen Opfern auf der Stelle tritt, versucht »Kaiserjude« Albert Ballin seine Kontakte zu nutzen, um die USA vom Kriegseintritt abzuhalten und Kaiser Wilhelm II. zum Verzicht auf einen uneingeschränkten U-Boot-Krieg zu bewegen. Beides scheitert. Am Ende des Krieges gehört Ballin zu den wenigen führenden Kräften Deutschlands, die im Ausland noch als integre Personen betrachtet werden. Auf Wunsch der Obersten Heeresleitung führt er Friedensgespräche mit England. Eben jene Herren werden später die Dolchstoßlegende strapazieren, derzufolge oppositionelle »vaterlandslose« Zivilisten in der Heimat (sprich: Sozialdemokraten) und das »internationale Judentum« die militärische Niederlage verursacht hätten. Als Albert Ballin 1918 sein diplomatisches und unternehmerisches Lebenswerk zerstört sieht, setzt er seinem Leben mit Gift ein Ende.

Urheber des »Dolchstoß«-Begriffs ist nach Recherchen des Historikers Boris Barth übrigens der spätere langjährige TSV-1860-Funktionär Dr. Ernst Müller-Meiningen, der am 2. November 1918 im Münchner Löwenbräukeller den zur räterepublikanischen Revolution bereiten Zuhörern entgegenruft: »Wir müssten uns vor unseren Kindern und Enkeln schämen, wenn wir der Front in den Rücken fielen und ihr den Dolchstoß versetzten.«

Eine Zählung und ihre Folgen

Die Hoffnungen der deutschen Juden werden also bitter enttäuscht. Je aussichtsloser sich das Kriegsgeschehen für die Deutschen entwickelt, desto stärker wird die Welle des Antisemitismus. 1916 ordnet das Kriegsministerium eine sogenannte Judenzählung im Heer an, angeblich um dem Vorwurf nachzugehen, die Juden drückten sich vor dem Kriegsdienst. Die für die Zählung zuständigen Beamten sind Antisemiten, und de facto bedeutet die Aktion, dass der bisherige Burgfrieden aufgekündigt wird.

Für den Antisemitismus-Forscher Peter Pulzer trug »kein anderer Akt des Krieges mehr dazu bei, die Juden zu entfremden und an ihren Status als Stiefkinder zu erinnern«. Der Militärhistoriker Wolfram Wette sieht in der Zählung eine neue Stufe des Antisemitismus im deutschen Offizierskorps, der sich von der Kaiserzeit bis zur Zeit des Nationalsozialismus gehalten und die Verbrechen der Wehrmacht im Osten, besonders ihre Beteiligung am Holocaust, ermöglicht habe.

Unter den deutschen Soldaten, die am Krieg beteiligt waren, befanden sich rund 100.000 Juden, von denen 78 Prozent »Frontdienst« leisteten und etwa 12.000 ums Leben kamen. Mehr als 10.000 waren Freiwillige, fast 30.000 wurden ausgezeichnet, über 19.000 befördert und über 2.000 zu Offizieren ernannt.

Doch die Antisemiten lassen sich durch diese Zahlen nicht beeindrucken. In Schmähschriften wird behauptet, die Juden seien »Drückeberger« gewesen und das »jüdische Blutopfer« habe nicht seinen »pflichtgemäßen Anteil« erreicht. Gordon Craig: »Es war das tragische Dilemma der deutschen Juden, dass sie (…) die Feindseligkeit ihrer Mitbürger umso mehr entfachten, je ähnlicher sie ihnen wurden. (…) Ihre Leistungen und ihre Hingabe (brachten) ihnen nicht die erstrebte Anerkennung ein; und Wohlhabenheit und Bildung, die die Aufklärung als Schlüssel zur Integration betrachtete, nützten ihnen nichts.«

Walther Rathenau hatte bereits 1911 erkannt: »In den Jugendjahren eines jeden deutschen Juden gibt es einen schmerzlichen Augenblick, an den er sich zeitlebens erinnert: wenn ihm zum ersten Mal voll bewusst wird, dass er als Bürger zweiter Klasse in die Welt getreten ist, und dass keine Tüchtigkeit und kein Verdienst ihn aus dieser Lage befreien können.«

Nach dem Ersten Weltkrieg nimmt der Antisemitismus erst richtig an Fahrt auf – auch und gerade in München. Die Politik des FC Bayern wird dadurch kaum beeinflusst. Der Klub wird sich in den Weimarer Jahren nicht nur einen jüdischen Präsidenten, sondern auch gleich vier jüdische Trainer leisten.

Kapitel 3

Antisemiten und »Pioniere der Moderne«

Wenige Monate nach dem Ende des Ersten Weltkriegs kehrt William J. Townley nach München und zum FC Bayern zurück. Der Trainer-Pionier aus England findet ein Land und eine Stadt vor, die sich seit seinem kriegsbedingten Fortgang im August 1914 grundlegend verändert haben.

Am 9. November 1918 gibt Reichskanzler Max von Baden eigenmächtig bekannt, Kaiser Wilhelm II. habe abgedankt. Der Adelige will die Monarchie retten, aber noch am selben Tag proklamiert der Sozialdemokrat Philipp Scheidemann von einem Fenster des Berliner Reichstagsgebäudes aus die Republik. Am 11. November wird der Erste Weltkrieg mit der Unterzeichnung eines Waffenstillstandsabkommens beendet. Wenige Stunden später schweigen an allen Fronten die Waffen – nach über vier Jahren des blutigen Kampfes, den fast zehn Millionen Menschen mit ihrem Leben bezahlten.

Aus den Wahlen zur verfassungsgebenden Nationalversammlung am 19. Januar 1919 gehen die Mehrheits-Sozialdemokraten von der SPD mit 37,9 Prozent als stärkste Partei hervor. Die linksliberale Deutsche Demokratische Partei (DDP) kommt auf 18,5 Prozent. Das katholische Zentrum wird von 19,7 Prozent gewählt, der sozialistischen USPD, einer Linksabspaltung von der SPD, geben 7,7 Prozent ihre Stimme. Die großen Verlierer sind die dezidiert republikfeindliche Deutschnationale Volkspartei (DNVP), die auf nur 10,3 Prozent kommt, und die nationalliberale Deutsche Volkspartei (DVP), für die sich lediglich 4,4 Prozent erwärmen.

SPD, DDP und Zentrum bilden die »Weimarer Koalition«. Erster Reichspräsident wird der Sozialdemokrat Friedrich Ebert, erster Reichsministerpräsident sein Parteikollege Philipp Scheidemann.

Die bürgerlichen deutschen Juden votieren zunächst vor allem für die DDP, der u.a. Albert Einstein, Walther Rathenau, Rudolf Mosse,

Theodor Wolff und Hugo Preuß, der »Schöpfer« der Weimarer Verfassung, angehören. Zu Beginn des kurzlebigen Aufstiegs der linksliberalen Sammelpartei geben »mindestens die Hälfte, wenn nicht sogar zwei Drittel (…) der jüdischen Wähler« (Hans-Ulrich Wehler) der DDP ihre Stimme. Die »linken« deutschen Juden bevorzugen die SPD, zugleich die pro-westlichste Partei in Weimar, die bis zum Ende der Republik am durchgängigsten und – vergleichsweise – unmissverständlichsten Position gegen den Antisemitismus bezieht. Mit Eduard Bernstein und Rudolf Hilferding haben die Sozialdemokraten prominente jüdische Politiker in ihren Reihen. Als die DDP 1930 mit völkischen Nationalisten und anderen Kräften fusioniert und in der Deutschen Staatspartei aufgeht, suspendiert sie ihre Kritik am Antisemitismus, ist für die deutschen Juden nicht mehr wählbar und verschwindet in der Bedeutungslosigkeit.

In Teilen der katholischen Zentrumspartei lebt der christliche Antijudaismus weiter. Bei aller Abgrenzung zum antisemitischen Radikalismus werden Juden hier vielfach als Urheber der zerstörerischen Tendenzen der Moderne betrachtet.

Die DVP verfolgt in Sachen Antisemitismus zunächst einen »Mittelweg«. Die Führung bezieht zwar dagegen Stellung, will aber gleichzeitig keine völkisch geprägten Mittelstandswähler verprellen. Nach dem Tod von Gustav Stresemann schwenken die Nationalliberalen ins Lager der offenen Antisemiten über. Die DNVP ruft bereits in ihrem Programm von 1920 zum Kampf gegen die »jüdische Vorherrschaft« auf und schließt Juden von einer Mitgliedschaft aus.

Die Republik ist von Beginn an eine fragile Angelegenheit, denn es mangelt ihr an überzeugten Demokraten und Republikanern. Für die deutschen Juden bedeutet Weimar zunächst einen hoffnungsvollen Neubeginn, doch der Antisemitismus ist von Anfang an Dorn im Fleische und ständiger Begleiter der ersten deutschen Demokratie.

»Judenrepublik«

Die Weimarer Verfassung wird vom liberalen Juristen und DDP-Politiker Hugo Preuß ausgearbeitet, einem profilierten Kritiker des Obrigkeitsstaates. Preuß wird anschließend auch erster Reichsinnenminister der Republik. Seine Gegner beschimpfen den in Berlin geborenen Sohn einer jüdischen Kaufmannsfamilie als »Hugo Preuß aus Jerusalem«.

Bei der nationalistischen Rechte gelten die demokratischen Ideen der Französischen Revolution als »dem deutschen Wesen« fremd. Und dass ein Jude bei der Formulierung der Verfassung die Feder geführt hat, bestärkt sie nur in ihrer Meinung, dass es sich bei der Demokratie um eine »undeutsche« Angelegenheit handelt. Die neue Ordnung wird als »Judenrepublik« denunziert.

In München wird die »Republik-Werdung« von einer ersten antisemitischen Gewaltorgie begleitet. Im November 1918 wird auch die bayerische Metropole von revolutionären Wirren heimgesucht. Am 7. November 1918 erklärt der USPD-Politiker Kurt Eisner, ein aus Berlin stammender Sohn eines jüdischen Textilfabrikanten und Intellektueller – insbesondere seine geschliffenen Nietzsche-Kritiken genießen hohe Anerkennung –, auf einer Versammlung der Arbeiter- und Soldatenräte im Mathäserbräu die Dynastie Wittelsbach für abgesetzt und ruft die Republik Bayern als Freistaat aus.

Die Räte wählen Eisner zum ersten Ministerpräsidenten der bayerischen Republik, der kurz darauf ein Regierungskabinett aus Mitgliedern der SPD und USPD bildet, in dem die Mehrheitssozialdemokraten die wichtigsten Ressorts besetzen. Eisners Programm ist moderat, besteht in seinem Kern aus bürgerlich-demokratischen und sozialen Zielen.

Erster Kultusminister des Freistaats wird Gustav Landauer, Vertreter eines undogmatischen Sozialismus und Anarchismus und wie sein Ministerpräsident Jude.

Die führende Rolle einiger Juden reicht vielen Münchnern, um die Revolution als »jüdisches Projekt« zu betrachten. So auch Thomas Mann, der am Tag der Revolution in seinem Tagebuch notiert: »München, wie Bayern, wird regiert von jüdischen Literaten. Wie lange wird es sich das gefallen lassen? (…) Das ist Revolution! Es handelt sich so gut wie ausschließlich um Juden.«

Aber auch große Teile der jüdischen Gemeinde begleiten die revolutionären Ereignisse mit tiefem Unbehagen. Ein Großteil der Gemeinde zählt zum bürgerlichen Milieu, ist mitnichten radikal gestimmt, denkt liberal oder konservativ. Wie die Münchner Stadthistorikerin Heike Specht schreibt, waren »nicht wenige treue Wähler der Bayerischen Volkspartei«. Die BVP war gewissermaßen eine bayerische Ausgabe der Zentrumspartei, von der sie sich vor allem in der

Föderalismusfrage und durch einen noch größeren Konservativismus unterschied, und eine Interessenvertretung von Besitzbürgertum und Industrie. Bis 1933 wird die BVP Bayerns stärkste politische Partei bleiben.

Antisemitischer Furor

Münchens Fußballmacher plagen andere Sorgen. Die politische Umwälzung bedroht die Unabhängigkeit ihres Spiels. Schließlich sind die neuen Machthaber nicht gerade als Freunde des bürgerlichen Sports bekannt, sondern frönen ganz eigenen Vorstellungen.

Walther Bensemann, weiterhin häufig zu Gast in München, ersucht deshalb um eine Audienz bei Eisner, die ihm zu seiner Überraschung auch prompt gewährt wird. Dem bürgerlich-liberal gesonnenen Bensemann, der für die Sozialisten wenig übrig hat, ist der Revolutionär Eisner nicht unsympathisch. Wie Bensemann besitzt auch Eisner ein Faible für die Boheme-Kultur. Bensemann nennt ihn später »den fähigsten Kopf seiner Partei«. Der Ministerpräsident versichert dem Fußballemissär, dass die neue Regierung die Unabhängigkeit des Sports nicht anzutasten gedenke.

Wenig später erleidet das sozialistische Experiment einen schweren Rückschlag. Bei den Landtagswahlen vom 19. Januar 1919 wird die USPD vernichtend geschlagen. Nur fünf Prozent votieren für die Linkssozialisten. Am 21. Februar will Eisner seinen Rücktritt erklären. Doch auf dem Weg von seinem Amtssitz zum Landtag feuert ein Attentäter aus unmittelbarer Nähe zwei Schüsse auf Bayerns ersten Ministerpräsidenten, die ihn tödlich treffen.

Geschossen hat der völkisch-nationalistische Student Graf Anton Arco-Valley, ein mit der Absetzung der Wittelsbacher beurlaubter Leutnant des bayerischen Infanterie-Regiments. Über sein Motiv schreibt er vor der Tat: »Ich hasse den Bolschewismus, ich liebe mein Bayernvolk, ich bin ein treuer Monarchist, ein guter Katholik. (...) Er (Eisner) ist Bolschewist. Er ist Jude. Er ist kein Deutscher. Er verrät das Vaterland.«

Im folgenden Chaos konstituiert sich ein provisorisch regierender Zentralrat der bayerischen Republik. In der Folgezeit streitet man heftig über die Frage »Parlamentarismus oder Räterepublik«, wobei die Räte-Befürworter bald durch die Ausrufung einer sozialistischen Räterepublik in Ungarn Auftrieb erhalten. Am 7. April wird in München die Räterepublik proklamiert, und Thomas Mann schreibt in sein Tagebuch: »Wir haben ›Räteregierung‹ à la russe.«

Viele Münchner Juden fürchten nun einen antisemitischen Furor. Einer von ihnen ist Sigmund Fraenkel, der langjährige Vorsitzende des orthodoxen Synagogenvereins Ohel Jakob und Propagandist eines »bodenständigen bayerischen Judentums«. Fraenkel verfasst einen offenen Brief an einige jüdische Köpfe der Räterepublik, in der er diese als »landfremde, des bayerischen Volkscharakters unkundige Phantasten und Träumer« denunziert. Man habe geschwiegen, »weil wir fürchteten, unsere Glaubensgemeinschaft zu schädigen, wenn wir Sie in der Öffentlichkeit abschütteln. (…) Der heutige Tag, an dem Tausende und aber Tausende von aufreizenden antisemitischen Flugblättern in Münchens Straßen verteilt wurden, zeigt mir mit aller Deutlichkeit die Größe der Gefahr, die nicht die Bekenner unserer Glaubensgemeinschaft, sondern das Judentum selbst bedroht, wenn die große Masse von Münchens werktätiger Bevölkerung die erhabenen Lehren und Dogmen der jüdischen Religion in ideellen Zusammenhang mit den bolschewistischen und kommunistischen Irrlehren bringt, die Sie seit Wochen den durch die viereinhalbjährige Kriegsdauer zermürbten und verwirrten Volksmassen predigen. (…) Dieses Judentum hat Sie und Ihre verworrenen und krausen Phantasien nicht gebraucht.«

Sigmund Fraenkel behält mit seinen Befürchtungen recht, verkennt aber, dass der Antisemitismus auch dann bestens funktioniert, wenn Judentum nicht mit »bolschewistischen und kommunistischen Irrlehren« assoziiert wird. Einige Jahre später, Deutschland und München werden durch die Inflation malträtiert, wird man den Münchner Ostjuden nunmehr »kapitalistische Raffgier« vorwerfen: Sie hätten sich zum Schaden der bayerischen Bevölkerung an der heimischen Wirtschaft bereichert.

Am 30. April 1919 begehen Freikorps in den Vororten Münchens grausame Massaker an Angehörigen der »Roten Armee« der Räterepublik und unbeteiligten Zivilisten. Gustav Landauer, der der Räterepublik längst den Rücken gekehrt hat, wird inhaftiert, geprügelt, gefoltert und, wehrlos am Boden liegend, erschossen. Anschließend wirft man seinen Körper in die Waschküche des Gefängnisses. Am 2./3. Mai 1919 wird München von der Reichswehr und rechtsradikalen Freikorps eingenommen.

Die meisten führenden Mitglieder der Münchner Räterepublik werden vor Standgerichten des Hochverrats angeklagt. Gegen Ernst Toller und Erich Mühsam, aus Posen (Deutsches Reich, später Polen) bzw. Berlin stammende jüdische Literaten, werden fünf bzw. 15 Jahren Festungshaft verhängt. Eugen Lévine, Sohn einer jüdischen Kaufmannsfamilie aus St. Petersburg und Kopf der zweiten Münchner Räterepublik, wird sogar zum Tode verurteilt und am 5. Juni 1919 im Gefängnis Stadelheim erschossen. München hat seinen ersten antisemitischen Furor, kaschiert als Niederschlagung des Bolschewismus.

Die Räterepublik verschwindet, und mit ihr das »linke Judentum« Münchens. Der Antisemitismus aber bleibt und wird im Laufe der Weimarer Republik weiter zunehmen. München wird zu seiner Hochburg. Heike Specht: »Krieg, Revolution und Räterepubliken (veränderten) die Atmosphäre in der Stadt und damit auch die Parameter jüdischen Lebens in ihr dauerhaft. Mehr und mehr wurde München zum Sammelbecken für chauvinistische, revisionistische und antisemitische Kräfte und Gruppierungen.«

Die Niederschlagung der Räterepublik ist nur ein erster Prolog für das, was nach dem 30. Januar 1933 kommen wird. Weitere werden folgen.

Pioniere der Moderne

Wie sich ein Jude definiert, primär als Deutscher oder primär als Jude, als Deutscher jüdischen Glaubens oder als Jude deutscher Staatsangehörigkeit, ist auch abhängig vom Verhalten der nicht-jüdischen Mitbürger. Auf den Sport bezogen heißt dies für den amerikanischen Soziologen Andrei Markovits: »Wie in Politik, Gesellschaft und Kultur verfolgen Juden auch im Sport eine zweigleisige Strategie, die im wirklichen Leben zwar Wechselwirkungen untereinander gestattet, deren Konzepte sich aber von ihrer jeweiligen Anlage her ausschließen: einerseits die Segregation, auf der anderen Seite die Assimilation. Welche von beiden dominierte, bestimmte auch das Verhalten der nicht-jüdischen gesellschaftlichen Umwelt.«

Trotz der bitteren Erfahrungen des Ersten Weltkriegs, trotz Judenzählung, Dolchstoßlegende und der Ermordung von Außenminister

Walter Rathenau im Juni 1922, als, wie Gordon Craig schreibt, »eine Grenze überschritten wurde und Deutschland ein neues und erschreckendes Gebiet betreten hatte, in dem Jude-Sein nicht mehr nur ein Handikap und gesellschaftlicher Nachteil war; jetzt bedeutete es Gefahr, möglicherweise für Leib und Leben«: Auch in den Weimarer Jahren dominiert unter Deutschlands Juden das Streben nach Assimilation, und ihr gesellschaftlicher Aufstieg scheint ihnen recht zu geben. In den meisten deutschen Ländern gibt es jüdische Minister, zwischen 1919 und 1924 sogar sechs Reichsminister. Viele Neuerungen im Film, im Theater, in Literatur, Malerei, Musik, Architektur und Wissenschaft verdanken sich den Berliner oder Wiener Juden.

Auch im Fußball agieren Juden als »Pioniere der Moderne«, oder, wie Adorno und Horkheimer es in ihrer »Dialektik der Aufklärung« formulieren: als »Kolonisatoren des Fortschritts«. Bis zur nationalsozialistischen Machtübernahme sind nur ein bis zwei Prozent der ca. 500.000 deutschen Juden in exklusiv jüdischen Sportvereinen organisiert. Dies entspricht ihrer politischen und kulturellen Orientierung: Die national-jüdische Bewegung findet nur bescheidenen Zuspruch. Dagegen zählt der assimilatorisch orientierte Centralverein deutscher Staatsbürger jüdischen Glaubens 1926 bereits über 60.000 Mitglieder. Seine seit 1922 erscheinende Verbandszeitung trägt den programmatischen Titel »Im deutschen Reich«.

Wo Europas Juden sportliche Erfolge erringen, tun sie dies nicht in exklusiv-jüdischen, sondern in überkonfessionellen Vereinen. Die Ausnahmen bilden der Wiener Sportklub Hakoah (»Hakoah« ist das hebräische Wort für »Kraft«), Makkabi Brünn (Brnó) und VAC (Vivo Atlètikai Club) Budapest.

Die Hakoah gehört zeitweise zu den weltbesten Vereinsmannschaften und wird 1925 Österreichs erster Profimeister. Bereits 1923 schlagen die Wiener Juden den englischen Cup-Finalisten West Ham United auf eigenem Platz sensationell mit 5:0. Der Berichterstatter der »Daily Mail« sieht eine Vorführung »wissenschaftlichen Fußballs«: »Kein Kraftfußball, kein ›kick and rush‹, dafür hatten sie nichts übrig. Dagegen kombinierten sie prächtig, ohne dem hohen Spiel zu frönen.«

Das tschechische Makkabi Brünn (Brnó) besteht in seiner Blütezeit fast ausschließlich aus Ungarn, darunter die ungarisch-jüdischen Nationalspieler Gyula Feldmann, Alexander Neufeld (ungarisch: Sándor

Nemes), Ernö Schwarz, Arpád Weisz, Reszö Nikolsburger und Jószef Eisenhoffer. Letzterer ist zum Judentum konvertiert und gehört später – wie Alexander Neufeld und Ernö Schwarz – zur Meisterelf der Wiener Hakoah. Die Mannschaft, de facto eine der ersten waschechten Profitruppen auf dem Kontinent, unternimmt ausgedehnte Tourneen durch Europa und schlägt dabei Real Madrid mit 3:1. Als der Klub mit Ferenc Hirzer und Gábor Obitz auch nicht-jüdische ungarische Internationale verpflichtet, gerät er in Konflikt mit dem tschechoslowakischen Verband und muss diese Spieler wieder abgeben.

VAC Budapest hält sich in den 1920ern immerhin sechs Jahre (1921/22-1925/26) in der höchsten Liga Ungarns.

Der »Schlappe-Stinnes« und andere Mäzene

Auch in Deutschland existieren vielerorts jüdische Sport- und Turnvereine, aber in der Organisationsgeschichte des deutschen Sports sind deren Dachverbände Makkabi, VINTUS und Schild lediglich Marginalien. Und Fußball ist in den jüdischen Vereinen häufig nur eine Randsportart. Dies wird sich erst nach der nationalsozialistischen Machtübernahme und dem folgenden Ausschluss der Juden aus den »normalen« Vereinen radikal ändern.

Bis dahin erfolgt die fußballerische Aktivität ganz überwiegend in Vereinen wie dem FC Bayern München, die deshalb von ihren Gegnern zuweilen als »Judenklubs« denunziert werden, obwohl der Anteil jüdischer Mitglieder in der Regel gering ist.

Entscheidend ist nicht ihre Zahl, sondern ob sie im Klub Funktionen bekleiden und Einfluss besitzen. In den meisten Fällen sind es keine »Arbeitervereine«, sondern »bürgerliche Klubs«, in denen Juden ein Betätigungsfeld finden.

Bei Eintracht Frankfurt heißt der Hauptsponsor seit Mitte der 1920er J. & C.A. Schneider, mal als »größte Schuhfirma des Kontinents«, mal sogar als »größte Schuhfirma der Welt« beschrieben. Besitzer des Unternehmens, in dem täglich mehr als 3.000 Angestellte bis zu 75.000 Paar Schuhe (und »Hausschlappen«) produzieren, sind die drei jüdischen Geschäftsleute Lothar Adler, Fritz Adler und Walter Neumann. Insbesondere Walter Neumann, genannt der »Schlappe-Stinnes«, hat sich der Eintracht verschrieben, deren Spieler man bald »Schlappe-Kicker« nennt. 1949 heißt es in der Festschrift »50 Jahre

Eintracht« rückblickend: »Der Mann, der die Eintracht führte, ohne auf dem Präsidentenstuhl zu sitzen, hieß Walter Neumann.« Auf der Lohnliste der Firma stehen Leistungsträger wie Nationalspieler Rudi Gramlich und Willi Lindner, ebenso Eintrachts jüdischer Schatzmeister Hugo Reiß.

Lokalrivale FSV Frankfurt, in den 1920ern eine große Nummer im deutschen Fußball, wird von zwei Juden geführt: zunächst vom Mediziner Dr. David Rothschild und anschließend von Alfred Meyers, Direktor der IG Farben und Erbauer des FSV-Stadions am Bornheimer Hang. Einer der wichtigsten Förderer des VfR Mannheim ist der jüdische Textilgroßhändler Max Rath, der 1921 den jungen Sepp Herberger vom »Arbeiterverein« Waldhof zum bürgerlichen VfR lockt.

Bei den Stuttgarter Kickers engagieren sich als Mäzene die Bettfederfabrik Rothschild & Hanauer, der Schuhfabrikant Moritz Marx und der Lederfabrikant Hugo Nathan. Als die Kickers 1929 und 1933 württembergischer Meister werden, heißt der Meistercoach Fritz Kerr. Als Aktiver hat Kerr für die Wiener Hakoah und die österreichische Nationalelf gespielt. Seine erste Trainerstation war der jüdische Sportklub Hasmonea im polnischen Lemberg (heute Ukraine) gewesen.

Bei Tennis Borussia Berlin ist die zentrale Figur des Vereinslebens bis 1933 der Jude Alfred Lesser. Lesser ist nicht der einzige jüdische TeBe-Funktionsträger. Der englische Sozialwissenschaftler Mike Ticher kommt in einer Studie zu dem Schluss, dass weit über zehn Prozent der Mitglieder Juden waren. Für die Führungsetage vermutet er das Doppelte oder gar Dreifache. Im Oktober 1924 ist »TeBe« der erste deutsche Verein, der nach dem Ersten Weltkrieg gegen eine Elf des französischen »Erzfeindes« antritt – die heikle außen- und sportpolitische Mission wird vermutlich von Außenminister Gustav Stresemann angeregt. Star des Teams ist der Jude Simon »Sim« Leiserowitsch, Vorbild der späteren Berliner Fußballlegende Hanne Sobeck.

Der Aufstieg des 1. FC Nürnberg zu einem deutschen Spitzenklub ist eng mit dem Namen des jüdischen Rechtsanwalts Dr. Leopold Neuburger verbunden. Unter dem Club-Präsidenten Neuburger (1912-14 und 1919-21) werden »in entscheidenden Phasen der Entwicklung des Vereins die Weichen gestellt« (Club-Chronist Bernd Siegler). Dazu gehört der Bau der berühmten Kampfbahn »Zabo« wie der Aufbau einer spielstarken Mannschaft, die 1920 die erste Deutsche Meisterschaft für den Club gewinnt, der in fast der gleichen Besetzung vier weitere folgen.

Als der 1. FC Nürnberg 1925 sein 25-jähriges Jubiläum feiert, bereichert Neuburger die Festschrift mit einem Beitrag zum Thema »Sport und Politik«, der vielleicht repräsentativ ist für das Denken vieler deutsch-jüdischer Fußballfunktionäre im bürgerlichen Fußball. Neuburger bevorzugt eine Verbands- und Vereinspolitik auf »politisch und religiös neutraler Grundlage«. Der Sportler darf zur Politik Stellung beziehen, aber »während der sportlichen Betätigung muss er vermeiden, Politiker sein zu wollen«. Neuburger grenzt sich sowohl gegen die sozialdemokratische Arbeiter-Sport- und Turnbewegung wie gegen die deutsch-nationalistische und konservative Turnerschaft ab, die »im Gegensatz zu uns von politischen Einflüssen niemals freigeblieben« sei. Er bemängelt die »allzu deutliche Hervorhebung des Wortes ›deutsch‹ (…), als schritte sie (die Turnerschaft) bereits auf einem Wege, der in gerader Richtung auf den Nationalismus zuführt«. Neuburger versteht den Sport als Mittel zur Völkerversöhnung: »Je enger sich die internationale Bande des Sportes knüpfen, umso mehr werden bei den einzelnen Völkern das Verständnis und die Achtung für das Wesen des anderen geweckt und gefördert.«

Die (weiter unten dargestellte) Politik des DFB, den Spielverkehr mit ausländischen Profiteams zu unterbinden, stößt auf völliges Unverständnis: »Wollte man die Sportausübung in den Grenzen des Landes festhalten, wollte man in strenger Durchführung dieses Gedankens alle ausländischen Einflüsse auf das deutsche Sportlerleben unterbinden, der Sport müsste an dieser Inzucht zugrunde gehen.«

Landauer: »Mit weitschauendem Blick…«

Last but not least: der FC Bayern München, wo Kurt Landauer 1919 ein zweites Mal den Vorsitz übernimmt und den Klub schließlich 1932 zum ersten deutschen Meistertitel führen wird. Landauers zweite Amtszeit beginnt im Januar 1919, inmitten der revolutionären Wirren. Der Bayern-Präsident wohnt mit zwei Brüdern (vermutlich Franz und Leo) in einer Wohnung in Schwabing, versorgt von der jungen protestantischen Haushälterin Maria Baumann.

Landauer ist, wie die Macher des Films »Kick it like Kurt« in ihrem Film-Exposé schreiben, »ein lebenslustiger Mensch, Frauen durchaus zugetan, aber eben in erster Linie Präsident des FC Bayern. Heirat und Familiengründung liegen ihm fern.« In München ist Landauer »bekannt wie ein bunter Hund«, berichtet sein Neffe Uri Siegel. An eine »athletische Figur, mehr so tendiert auf einen Gewichtheber als auf einen Fußballer«, und einen »Kavalier der alten Schule (…), tipp topp gekleidet,« erinnert sich Hans Schiefele. Im Stadion habe Landauer »in der ersten Reihe gesessen, im Winter mit einer Pelzmütze und mit einem Pelzkragen im Mantel«.

Schiefele, für die 1. Mannschaft des FC Bayern von 1937 bis 1943 am Ball, von Beruf Journalist im Sport-Ressort der »Süddeutschen Zeitung« und von 1987 bis 2002 Vize-Präsident des Klubs, hat den legendären Vereinsboss schon »als Bub kennengelernt« und »ihn immer bewundert«. Zu dieser Zeit arbeitet Landauer noch als Buchhalter im Familienbetrieb in der Kaufingerstraße 26 (Werbung: »Das erste Haus für Damenmoden«). Seine Spieler versorgt er immer mal wieder mit Textilien.

Das Klischee vom bürgerlichen Juden kann Landauer nur bedingt bedienen. Der Bayern-Boss wird als »bayerisches Urgestein« beschrieben, der die Münchner Lebensart »mit Schweinsbraten und allem« zelebriert habe. Zugleich heißt es aber auch, Landauer sei »überaus ideenreich«, weitblickend«, »akkurat und auf größtmögliche Korrektheit bedacht« gewesen.

Der Bayern-Präsident ist kein gläubiger Jude, geschweige denn Zionist. Für Heike Specht war Kurt Landauer »ein glänzendes Beispiel« jener Münchner Juden, die »sich der Stadt, in der sie lebten, sehr verbunden fühlten. Für viele machte die bayerische Lebensart und Kultur, ja selbst die stolze Abgrenzung gegenüber allem Preußischen einen wichtigen Teil ihres Selbstverständnisses aus. Man liebte die Museen und Theater, die Biergärten und nicht zuletzt die Seen und Berge des Umlandes. Über Jahrzehnte brachten die Juden Münchens, zum Teil sehr erfolgreich, Judentum und Bayerisch-Sein in Einklang.«

Mit Kurt Landauers Rückkehr auf den Präsidentenstuhl brechen für den Klub neue Zeiten an. Man erinnert sich an die Hoffnungen, die man vor dem Weltkrieg an ein Engagement von William J. Townley geknüpft hatte. Ambitionierte Klubs wie der FC Bayern scheren sich nicht um politische Verstimmungen und Feindschaften, Profis wie Townley ebenfalls nicht. Kaum ist der Krieg zu Ende, holt man den britischen Entwicklungshelfer wieder zurück.

Der FC Bayern gibt sich nun ambitionierter denn jemals zuvor. Landauer will an die Spitze des deutschen Fußballs. Investitionen in die Mannschaft haben für ihn vor dem Bau eines eigenen Stadions Vorrang – zum Unverständnis vieler Klubmitglieder.

In diesem Prozess avanciert Kurt Landauer nun zu einem der großen Visionäre und treibenden Kräfte im deutschen Klubfußball. Sein FC Bayern gehört bald zu den fortschrittlichsten Klubs in Deutschland. Damit verbunden sind zum Teil heftige Konflikte mit dem DFB und dessen Konservativismus. Insbesondere in der Profifrage gerät man ein ums andere Mal aneinander. Landauer spricht hier nicht nur für den FC Bayern, sondern agiert auch als »Führer der großen süddeutschen Ligavereine, die in nützlichen Fragen stets immer dem Bayernvorsitzenden die Vertretung gegenüber dem Verband beließen« (»25 Jahre FC Bayern«).

1920 schließt Landauer für seine Spieler eine Unfallversicherung ab, ein erster Schritt in Richtung des von ihm befürworteten Berufsfußballs. Für Landauer sind die Spieler »Angestellte«, die ihren Lebensunterhalt mit Fußball verdienen und deshalb angemessen zu bezahlen sind.

In der Festschrift zum 25-Jährigen steht über den Bayern-Boss Landauer: »Seine überaus große Arbeitsleistung, er bewältigte die vielen Jahre hindurch oftmals neben dem Amt des ersten Vorsitzenden auch alle schriftlichen Arbeiten, haben wir das Ansehen zu danken, dass wir heute in der Sportwelt des In- und Auslandes genießen. Mit weitschauendem Blick war Kurt Landauer stets bemüht, für die FA (Fußballabteilung, Anm. d. A.) und den FC Bayern das zu schaffen, was für ihn von größter Wichtigkeit war.«

»Wer die Jugend hat, hat die Zukunft«

Bereits 1901 hatte der Klub eine Jugendabteilung ins Leben gerufen, die nun in den Weimarer Jahren erheblich ausgebaut wird. »Wer die Jugend hat, hat die Zukunft«, lautet das Motto, unter dem Siegfried Herrmann als Jugendleiter und sein Stellvertreter Otto Albert Beer eine Nachwuchsarbeit betreiben, die in Deutschland einzigartig ist. Und mit der die Grundlagen für den Gewinn der Deutschen Fußballmeisterschaft 1932 gelegt werden.

Otto Albert Beer ist ein Sohn des jüdischen Facharztes Dr. Heinrich Beer, der sich im Januar 1900 in der Münchner Maffeistraße niedergelassen hatte. Später praktiziert Heinrich Beer in der Lindenschmittstraße 25. Beer junior besucht in München das Gymnasium und erlernt anschließend den Beruf des Textilkaufmannes. Der Bayern-Funktionär wird Teilhaber der Firma »Theilheimer & Beer«, einer Warenagentur in der Landwehrstraße 64/I, die später in die Herzog-Heinrich-Straße 10 umzieht.

An der Ungererstraße in Schwabing werden für den FC Bayern Jugendspielplätze geschaffen und große Umkleidehütten mit Waschgelegenheiten aufgestellt, die fast 30 Mannschaften zugleich aufnehmen können. Für die Instandhaltung von Plätzen und Hütten sorgt ein eigener Platzwart. Der FC Bayern lässt sich seine Jugendarbeit einiges kosten. »Über 10.000 Mk. hatte der F.C. Bayern seinem Jugendleiter zur Verfügung gestellt, um das alles schaffen zu können.« (»50 Jahre FC Bayern«).

In der Saison 1927/28 zählt die Jugendabteilung insgesamt 535 Mitglieder, die sich auf 36 Mannschaften verteilen (fünf Junioren, 17 Jugendliche, 14 Schüler). Der FC Bayern darf sich des größten Jugendbetriebs im deutschen Vereinsfußball rühmen, der auch sportlich kräftig abräumt. So gewinnt die Bayern-Jugend 1927/28 zehn der 14 Gruppenmeisterschaften, und von den zu vergebenden neun Jugendmeistern von München entfallen sechs auf die jungen Rothosen. In dieser Saison gibt der Klub allein für seine Jugend die stattliche Summe von 7.949,30 Mark aus.

Beim FC Bayern findet aber auch der »Breitenfußball« ein Zuhause. Unter dem Dach des Klubs tummeln sich zahlreiche Firmen- und Privatmannschaften, so auch die Kicker der Kaufhäuser Hermann Tietz (heute: Hertie) und Uhlfelder, deren Besitzer Juden sind. Der aus Posen stammende Hermann Tietz gehörte zu den Pionieren dieser neuen Form des Warenhandels. Sein erstes Kaufhaus hatte er 1904 am Berliner Alexanderplatz eröffnet. Die Münchner Niederlassung am Bahnhofplatz war das größte Kaufhaus in der bayerischen Metropole, gefolgt vom 1878 gegründeten Kaufhaus Uhlfelder im Rosental. Das Kaufhaus Uhlfelder wandte sich an eher niedrige Einkommensgruppen und war 1931 das erste in München mit einer Rolltreppe.

»Der Kicker«: Völkerverständigung durch Sport

1920 ruft Walther Bensemann den »Kicker« ins Leben. Bensemann-Biograph Bernd-M. Beyer: »Anfangs war die wöchentlich erscheinende Zeitung ein reines Ein-Mann-Unternehmen, chaotisch verwaltet und von ewiger Geldnot verfolgt. Ihre Kernregion war Süddeutschland; die Redaktion residierte zunächst in Konstanz, dann in Stuttgart, Ludwigshafen und schließlich in der Fußballhochburg Nürnberg. Einen Großteil des Inhalts füllten regionale Beiträge, doch für Profil und Aufsehen sorgten vor allem die fundierten Korrespondentenberichte aus dem Ausland sowie Leitartikel, die Bensemann allwöchentlich als ›Glossen‹ veröffentlichte. Diese ›Glossen‹ waren oft journalistische Meisterstücke, in denen Elemente der Nachricht, der Reportage, des Kommentars, der Satire, des Reiseberichts und der Leseransprache kühn miteinander vermengt wurden – nicht selten auf durchaus hohem intellektuellen Niveau und garniert mit Auskünften über die privaten Befindlichkeiten des Verfassers.« 50 Jahre nach der »Kicker«-Gründung wird der bekannte Sportpublizist Richard Kirn Bensemanns »Glossen« als »ungewöhnliche Arbeiten« und »das Bedeutendste, was je ein deutscher Sportjournalist geschrieben hat«, preisen.

Bensemann fühlt sich durch den Ersten Weltkrieg in seiner internationalistischen und pazifistischen Idee vom Sport bestätigt. Den Krieg habe er »doppelt empfunden«. Es seien »Jahre der Trauer« gewesen, »um meine eigenen Landsleute, deren Pyrrhussieg mir das Ende nicht verschleiern konnte; Jahre der Trauer um liebe Kollegen, liebe Schüler aus meiner (…) Tätigkeit in England.« Engstirniges Nationaldenken ist dem polyglotten Fußballpionier nun mehr denn je zuwider: »Auf den Geburtsort des Menschen kommt es so wenig an, wie auf den Punkt, von wo er in den Hades fährt.« Seinen »Kicker« betrachtet Bensemann als »Symbol der Völker-Verständigung durch den Sport«.

In der ersten Ausgabe vom 14. Juli 1920 widmet sich der Ex-Münchner auch dem 20. Stiftungsfest des FC Bayern. »Wenn die ›Bayern‹ Feste feiern, dann geht es fidel zu; ich habe leider nur einen der Festabende der vergangenen Woche mitmachen können; aber ich kenne das System und verneige mich vor Ferdl Weiss und seinen Mitkünstlern.«

Der Mann, dem Bensemann seine Hochachtung entbietet, wird Jahre später sein Publikum mit antisemitischen »Späßen« unterhalten.

Weiß Ferdl zählt zur Zunft der Gesangshumoristen, einer Münchner Spezialität, deren Blütezeit in die 50 Jahre vor und nach der Jahrhundertwende fällt, als sich, wie Klaus Pemsel schreibt, »die Handwerker- und Kleinbürgerseele in aller dumpfen Begrenztheit und geselligen Amüsiersucht breitmachte, nur am Rande von der Schwabinger Boheme angegriffen«. Die komischen Vorträge, Parodien und Possen »blieben immer ausgesprochen volkstümlich, ortsverbunden und stereotyp, kurz, sie blieben auf dem Erwartungsniveau des Publikums und dienten dem einfachen Unterhaltungsbedürfnis.«

Internationaler Sportverkehr

1921 schreibt Walther Bensemann: »Wenn man die Unmenge der internationalen Spiele betrachtet, möchte man fast doch daran glauben, dass wir endlich wieder in unserem zerfleischten Europa einen wirklichen Frieden haben; nicht mehr den, der nur ein verdeckter Krieg ist, sondern einen wirklichen, wahrhaftigen Frieden. Unser Fußballsport hat den Frieden gemacht – das ist einmal gewiss.«

Die DFB-Führung steht Bensemanns Sport-Internationalismus und -Pazifismus eher feindselig gegenüber. Als Bensemann im April 1923 den Verband bezichtigt, er habe in Verhandlungen über Länderspiele gegen Ungarn und Schweden einen »Mangel an Diplomatie« gezeigt und ein »Kabinettstück an Taktlosigkeit« abgeliefert, kontert der angesprochene DFB-Funktionär Felix Linnemann, zuständig für internationale Beziehungen und ein zum Gärtner gemachter Bock, der »Kicker«-Herausgeber »denke zu international. Sie wissen ja selbst, dass Sie nicht nur in fremden Sprachen träumen. Sie fühlen leider nach meinem Empfinden auch zu stark in fremder Mentalität.«

Als der Verband 1925 sein 25-jähriges Bestehen feiert, verzichtet man erst nach harscher Pressekritik auf das Hissen der angestammten Verbandsfahne in den Kaiserreich-Farben Schwarz-Weiß-Rot. Dafür verunziert man die Festschrift mit diesen. Ein Jahr später verkündet der Vorstand des Deutschen Reichsausschusses für Leibesübungen (DRA), darunter der mittlerweile zum DFB-Vorsitzenden aufgestiegene Linnemann, die Turn- und Sportwelt bilde für die ersehnte neue Reichswehr eine »freiwillige Kerntruppe«, »die durch keinen Friedensvertrag verboten ist«.

Auch beim Bayern-Rivalen TSV 1860 hält sich die Begeisterung für den »Sport-Internationalismus« in Grenzen. So fordert im April 1923 der »Löwen«-Vorsitzende Dr. Ernst Müller-Meiningen laut »Kicker«: »Sportliche Wettkämpfe dürften zurzeit nicht nur nicht mit Frankreich und Belgien, sondern auch nicht mit Italien, Polen, Tschechoslowakei usw. ausgetragen werden. Wer nicht so viel nationalen Stolz habe, schade der deutschen Turn- und Sportbewegung und gäbe denen recht, die in dieser Bewegung zersetzende Einflüsse feststellen möchten. Jetzt heißt es: nationale Interessen über alles andere.«

Walther Bensemann und Kurt Landauer haben mit diesem engstirnigen Nationalismus nichts am Hut. Zumal beide wissen: Um den deutschen Fußball qualitativ voranzubringen, bedarf es internationaler Kräftemessen jetzt – und nicht erst zu einem Zeitpunkt, wo man dem Gegner auf Augenhöhe begegnet oder gar überlegen ist.

Bei einigen der internationalen Begegnungen des FC Bayern hilft Bensemann Landauer mit seinen zahlreichen internationalen Kontakten – u.a. nach Prag und Budapest, wohin er wiederholt gereist ist. Der FC Bayern ist nicht der einzige Klub, dem der »Kicker«-Herausgeber außenpolitisch unter die Arme greift. Auch der Bayern-Pate FC Freiburg kommt in den Genuss Bensemann'scher Hilfe. FFC-Chronist German Kramer: »Er war derjenige, der die vielen Auslandseinsätze des FFC organisiert und angeleiert hat. Es gibt viele Belege hierzu in den Clubnachrichten des FFC.«

Dass es Kurt Landauer und Walther Bensemann nicht nur um ein sportliches Kräftemessen geht, sondern auch um Völkerverständigung, dokumentiert ein Bericht Bensemanns über ein Bankett im »Bayerischen Hof«, das sich dem Spiel der Bayern gegen die Northern Normads, ein Team von Kickern aus Liverpool und Manchester, anschließt: »Die Worte des englischen Präsidenten erhoben sich über das übliche Niveau derartiger Festreden. (…) Dieser Mann, der den Krieg in Frankreich vom August 1914 bis November 1918 an der Front mitgemacht hatte, schloß mit den Worten: ›Das Vergangene ist vergangen, für uns sind Sie wieder liebe Kameraden. Kameraden im völkerversöhnenden Sport.‹ Überhaupt waren die Engländer von dem Empfang, den ihnen der F.C. Bayern bereitet hatte, gerührt und begeistert. (…) Die Münchener Hotelindustrie braucht eine sorgfältige, ausgedehnte und nie ermüdende Propaganda, um das in Jahrzehnten gutzumachen, was die Fremdenpolizei in Jahren verpatzt hat. Und Deutschland braucht Tausende und Abertausende ausländische Sportleute der guten Klasse, die sich bei uns wohlfühlen können und in ihren Ländern die Überzeugung von den faustdicken Lügen feindlicher Propaganda mit zurücknehmen und verbreiten können.«

Im Zeitraum vom 8. Juni 1919 bis 29. Juni 1933 bestreitet der FC Bayern die beeindruckende Zahl von 56 internationalen Begegnungen. Eingeläutet wird diese Serie bereits am 6. Juni 1919 mit einem Spiel gegen den FC St. Gallen, Bayerns erster ausländischer Gast seit dem 9. Mai 1914. An der Leopoldstraße gewinnen die Hausherren mit 4:1.

Der FC St. Gallen bleibt mit acht Begegnungen bis 1933 Bayerns häufigster ausländischer Gegner. Lausanne Sports, FC Basel, FC Bern, Young Fellows und Grasshoppers Zürich und Servette Genf bringen die Zahl der Spiele gegen Teams aus der Schweiz auf 20. Zehnmal geht es gegen Klubs aus Wien (Rapid, Amateure/Austria, WAC und Vienna), viermal gegen Klubs aus Prag (Slavia, Sparta, DFC) und dreimal gegen Klubs aus Budapest (MTK, MAC, Ferencváros). Aus England kommen noch der FC Chelsea, West Ham United, Bolton Wanderers und Birmingham City, aus Südamerika die Boca Juniors Buenos Aires und Penarol Montevideo.

Die meisten Zuschauer mobilisiert Penarol. 1924 hatte Uruguay das olympische Fußballturnier gewonnen, mit 22 Nationalteams die bis dahin größte dieser Veranstaltungen und mit den südamerikanischen Teilnehmern das erste interkontinentale Länderturnier. Für die Münchner Presse sind die Penarol-Kicker »Weltmeister«. Am 10. April 1927 besiegt der FC Bayern Penarol Montevideo vor der Rekordkulisse von 30.000 Zuschauern an der Grünwalder Straße durch ein Tor von Josef Pöttinger und ein Eigentor des Uruguayers D'Agosto mit 2:1.

»Markstein in der Geschichte des Sports«

Sein 25-jähriges Wiegenfest feiert der FC Bayern nicht irgendwo, sondern im Deutschen Theater, was vor ihm noch kein Münchner Fußballklub gewagt hat. »Kicker«-Korrespondent Kraus: »Es darf ruhig behauptet werden, dass wohl noch kein Fußballverein mit einer solch glänzenden Veranstaltung in der breiten Öffentlichkeit aufgetreten ist. (…) Anwesende Vertreter von Staat, Gemeinde, Reichswehr und Polizei u.s.f. gaben beredtes Zeugnis davon, welchen guten Ruf und guten

Klang der FC Bayern überall besitzt.« Das Orchester des Deutschen Theaters spielt, ein Festspiel mit dem Titel »Beim himmlischen Torwächter« wird aufgeführt, Rezitationen werden vorgetragen, und ein Sänger der Staatsoper tritt auf.

Der stilvolle Festakt ist ganz nach dem Geschmack von Walther Bensemann. Landauer hebt den Fußballsport auf ein kulturell und gesellschaftlich neues Niveau und führt ihm neue Kreise zu, was der »Kicker«-Herausgeber in seiner Zeitschrift zu würdigen weiß: »Dieser Festabend wird jahrelang im Gedächtnis der Tausende von Teilnehmern haften bleiben, denn er bot gar Vielen, als da sind: Bürgermeister, Generäle, Stadträte, Industriemagnaten, Gelehrte aller Observanzen und andere Freundlichkeiten, einen bisher ungeahnten Kontakt mit unserem Sport. (...) In farbenreichen Bildern wurde uns und den Andern illustriert, was Curt Landauer in seiner sehr einfachen, sehr ausgezeichneten Rede zuvor erläutert hatte: die ethische Macht des Sports. Dies war keine Jubiläumsfeier eines großen Clubs mehr, sondern ein Appell an das Gewissen einer großen, berühmten und künstlerisch hervorragenden Stadt. Am 13. Juni 1925 ist der Münchener Fußballsport, vertreten durch den F.C. Bayern München, in jene Kreise eingedrungen, die ihm bis jetzt vielleicht nicht feindselig, aber herablassend oder neutral gegenüberstanden. Die Festvorstellung im Deutschen Theater war ein Markstein in der Geschichte des Sports. Genau wie das Erscheinen der Corinthians in Hamburg, genau so wie der erste Besuch der Freiburger in Straßburg nach dem Kriege; nur dass sich der Appell diesmal nicht ans Ausland, sondern an die oberen Kasten der eigenen Volksgenossen richtet. (...) Hier hat zum erstenmal im deutschen Sport die Theorie die Praxis überflügelt.«

Antiliberalismus

Doch das »Gewissen einer großen, berühmten und künstlerisch hervorragenden Stadt« beginnt sich zu dieser Zeit auf ganz andere Art zu belasten: München zeigt sich früh anfällig für nationalsozialistische Propaganda. Am 24. Februar 1920 war im Münchner Hofbräuhaus die Nationalsozialistische Partei Deutschlands (NSDAP) aus der Taufe gehoben worden, durch Umbenennung der 1919 im Café Gasteig gegründeten kleinen Deutschen Arbeiterpartei (DAP). Knapp drei Jahre später, Ende Januar 1923, hält die Partei im Münchner Löwenbräukeller ihren Reichsparteitag ab. München, Bayern und Österreich sind Adolf Hitlers erste Rekrutierungsgebiete.

Im Herbst 1923 werden in München eine Reihe antisemitischer Attacken registriert. Die Fenster der großen Synagoge werden eingeschlagen, die Laubhütte eines Juden wird angezündet, und in einer anderen Münchner Synagoge werden Gottesdienstbesucher beleidigt und belästigt.

Am 8./9. November 1923 kommt es in München zu einem rechtsextremistischen Putschversuch, angeführt von Adolf Hitler und Erich Ludendorff. Ex-Quartiermeister Ludendorff war nach dem Ersten Weltkrieg zu einem Idol der völkischen, chauvinistischen und antirepublikanischen Kreise aufgestiegen. Auf einer bierschwangeren Versammlung im Haidhausener Bürgerbräukeller proklamiert Hitler eine »provisorische deutsche Nationalregierung« und bricht – nach dem Vorbild der italienischen Faschisten um Mussolini – mit seinen Getreuen zum »Marsch auf Berlin« auf, der allerdings in einer Schießerei vor der Feldherrnhalle am Odeonsplatz endet.

So operettenhaft das Unternehmen, bei dem vier Polizisten und 16 Putschisten ums Leben kommen, auch anmuten mag: Für Münchens Juden bedeutet es Stunden der Angst. Und es liefert einen weiteren Vorgeschmack auf das, was noch kommen wird. So wird der Rabbiner Baerwald von Nazis aus seiner Wohnung geholt und vor die Stadt gefahren, wo man ihn an einen Baum fesselt, einen Revolver auf ihn richtet und mit seiner Erschießung droht.

Nach dem verlorenen Krieg hatte sich das politische Klima in München gründlich verändert. Einst war die bayerische Metropole – nicht zuletzt dank der Bayern-Heimat Schwabing und Maxvorstadt – zum geistigen Gegenpol des wilhelminischen Berlin avanciert. Um die Jahrhundertwende galt München als heimliche Hauptstadt für alle, die das wilhelminische Preußen als Inbegriff des Anti-Liberalen ablehnten. Thomas Mann, der von 1910 bis 1913 zunächst in der Mauerkircherstraße und anschließend in der Poschingerstraße (heute: Thomas-Mann-Allee) im Stadtteil Bogenhausen lebte, charakterisierte die Atmosphäre als eine »der Menschlichkeit, des duldsamen Individualismus, der Maskenfreiheit«.

Doch im Zuge der 1920er setzt ein radikaler Wandel ein. Münchens Juden erleben »früher als Juden in anderen Teilen Deutschlands (...), wie sich die Atmosphäre in ihrer Heimatstadt veränderte, wie sich die Stimmung radikalisierte und sich die bayerische Staatsregierung auf dem rechten Auge als blind erwies« (Heike Specht).

Entsprechend milde werden die nationalsozialistischen Putschisten behandelt: Hitler kommt mit fünf Jahren Festungshaft davon, sein Mitstreiter Ludendorff wird mit Verweis auf seine »Verdienste« im Ersten Weltkrieg sogar freigesprochen. Von einer Ausweisung des Ausländers Hitler wird abgesehen, da, so das Gericht, »auf einen Mann, der so deutsch denkt und fühlt wie Hitler, (…) die Vorschrift des Republikschutzgesetzes ihrem Sinn und ihrer Zweckbestimmung nach keine Anwendung finden« kann.

Am 6. April 1924, wenige Tage nach Hitlers Haftantritt, wird der Bayerische Landtag gewählt. Sämtliche demokratischen Parteien erleiden Verluste, insbesondere die liberale DDP, die zehn ihrer bis dahin 13 Sitze verliert. Hingegen kann der aus Nationalsozialisten und völkischen Sympathisanten geschmiedete Völkische Block die Zahl seiner Abgeordneten von zwei auf 23 erhöhen. Bereits am 20. Dezember 1924 ist Adolf Hitler wieder ein freier Mann und kehrt auf Münchens Straßen zurück.

»Nicht nur, dass die Münchener Juden Adolf Hitler und andere Nazi-Funktionäre quasi als Nachbarn ertragen mussten – der zukünftige ›Führer‹ im braunen Mantel und mit seinem Schäferhund an der Leine gehörte zum Leidwesen vieler ab Mitte der zwanziger Jahre zum Straßenbild – man musste auch mit ansehen, wie die SA die Plätze der Stadt als Aufmarschgebiet benutzte, darauf erpicht, aus ihr die ›Hauptstadt der Bewegung‹ zu machen.« (Heike Specht)

Zur Hochburg des lokalen Antisemitismus gerät die Universität, wo bereits Mitte der 1920er Jahre die Präsenz von Juden, ob als Lehrende oder Lernende, ganz offen infrage gestellt wird. An der »Zweiten Philosophischen Fakultät« der Ludwig-Maximilian-Universität kommt es seit dem Hitler-Putsch zu antisemitischen Aktionen gegen den Chemiker Richard Willstätter, dem 1915 für seine »Untersuchungen der Farbstoffe im Pflanzenreich, vor allem des Chlorophylls« der Nobelpreis verliehen wurde. 1925 schlägt Willstätter für einen frei werdenden Posten den Osloer Wissenschaftler Viktor Moritz Goldschmidt vor. Doch das Kollegium votiert mehrheitlich gegen Goldschmidt, denn der Kandidat ist wie Willstätter Jude. Willstätter gibt seine Professur ab. Einigen Kollegen wirft er vor, sie würden antisemitischen Erwägungen ein höheres Gewicht einräumen als wissenschaftlichen Leistungen. Ohne Professur setzt er seine Forschungstätigkeit an der Uni München fort, auch noch nach der nationalsozialistischen Machtergreifung. Am 4. März 1939 wird er in Schweiz emigrieren, wo er in der chemischen Industrie, bei Sandoz in Basel, arbeitet.

Bereits Mitte der 1920er Jahre sind mehr und mehr Intellektuelle, Schriftsteller, Schauspieler und Regisseure der sich radikalisierenden Atmosphäre überdrüssig und verlassen München, das sie »jahrzehntelang (…) wegen seiner Offenheit und Hochschätzung der Kunst so geliebt hatten« (Heike Specht). Bertolt Brecht zieht 1925 nach Berlin, Lion Feuchtwanger, Sohn eines jüdisch-orthodoxen Margarinefabrikanten, und seine Frau Maria folgen ihm wenig später. 1928 wählt auch Heinrich Mann die Reichshauptstadt zum neuen Wohnsitz.

Thomas Mann, der bis 1933 in München bleibt, gehört zu den Ersten, die vor rechtsradikalen Tendenzen in Schwabings Schickeria warnen. Denn auch das einst so liberale Schwabing wird vom Antisemitismus durchdrungen. Mitte der 1920er ist die NSDAP-Sektion Schwabing die stärkste in der Stadt. Nicht von ungefähr eröffnet Hitler seine Parteizentrale (das »Braune Haus«) in der Briennerstraße in der Maxvorstadt (zuvor saß die Partei in der Schellingstraße).

In seinem 1930 erscheinenden Roman »Erfolg«, einem Porträt Münchens der 1920er, beschreibt Lion Feuchtwanger den Wandel seiner Heimatstadt seit dem Ersten Weltkrieg: »Früher hat die schöne, behagliche Stadt die besten Köpfe des Reiches angezogen. Wie kam es, dass die jetzt fort waren, dass an ihrer Stelle alles, was faul und schlecht war im Reich und sich anderswo nicht halten konnte, magisch angezogen nach München flüchtete?«

Der FC Bayern mit seinem jüdischen Präsidenten erscheint in diesen Jahren fast wie ein Fels in einer anschwellenden antisemitischen und antiliberalen Brandung.

Kapitel 4

Ungarn in München

Keine der vielen internationalen Begegnungen, die der FC Bayern in
den Jahren der Weimarer Republik bestreitet, ist von so großer, ja geradezu schicksalhafter Bedeutung und Nachhaltigkeit wie der Besuch
von MTK Budapest am 27. Juli 1919.

MTK (Magyar Testgyakorlók Köre) gilt bis heute als »jüdischster«
Profiklub Europas. Viele der MTK-Väter waren bürgerliche Juden,
Kaufleute und akademische Selbstständige. Ihre Vision: ein von Diskriminierung freier Sportklub, in dem jeder die Chance besitzt, seine
Disziplin auf höchstem Niveau zu betreiben. 1905 wurde der Jude Alfréd Brüll, ein Pionier des ungarischen Sportfunktionärswesens, Präsident des Klubs, dem er auch als Mäzen diente. Vor dem Ersten Weltkrieg besteht etwa die Hälfte des MTK-Kaders aus Juden. Im Zeitraum
1901 bis 1918 tragen etwa 30 Juden das Trikot der ungarischen Nationalelf. Unter Ungarns Juden ist Fußball das populärste Spiel.

Der FC Bayern empfängt die Ungarn auf dem MTV-Platz an der
Marbachstraße in Sendlingen. Ein richtiges Stadion besitzt München
noch nicht, doch wäre eine größere Spielstätte für diese Begegnung
angemessen gewesen. Denn mit dem MTK begrüßen die Bayern die zu
diesem Zeitpunkt wohl beste kontinentaleuropäische Fußballmannschaft. Die »Blauen« kommen als frischgebackener ungarischer Champion. Bereits in den Spielzeiten 1916/17 und 1917/18 hat Ungarns
Meister MTK geheißen, trainiert vom bereits erwähnten Engländer
Jimmy Hogan, dem vielleicht bedeutendsten der englischen Entwicklungshelfer auf dem Kontinent.

Nach Ausbruch des Ersten Weltkriegs war der damals in Wien tä-
tige Engländer als Bürger eines feindlichen Staates interniert worden.
Als MTK davon erfuhr, nutzte man persönliche Verbindungen nach
Wien und erwirkte Ende 1916 Hogans Ausreise nach Budapest.

»Elegant« und »wissenschaftlich«

Hogan gehört zu den wichtigsten Architekten des »Donaufußballs« oder »calcio danubiano«. Dessen Metropolen sind Budapest, Prag und Wien. Im Laufe der 1920er wird er im Schmelztiegel Wien, der ersten multikulturellen Stadt auf dem Kontinent, seine höchste Stufe erreichten. Der »Donaufußball« ist gewissermaßen ein moderner Gegenentwurf zum englischen Fußball mit seinem »Kick-and-Rush«. Sein hervorstechendes Merkmal ist ein Spielstil, der sich an das schottische Flachpassspiel anlehnt, aber auch dem Individualismus Raum lässt.

Andreas Wittner über Hogans Wirken in Budapest: »Hogan war ein großer Verfechter des ›Schottischen System‹, das entgegen dem englischen ›Kick-and-Rush‹ neben der technischen Fertigkeit auf präzisem Flachpassspiel und gutem Stellungsspiel basierte. Diese Spielauffassung eignete sich hervorragend zur Ergänzung der technisch filigranen österreichisch-ungarischen Spielauffassung.« Dem MTK wird attestiert, dass seine Spieler mit dem »Gehirn« spielen, »elegant« und »wissenschaftlich«.

Der schottische Flach- und Kurzpass, der in den frühen 1920ern zum Inbegriff moderner Fußballtechnik und -philosophie avanciert, ist auch den Wetterverhältnissen im Norden der britischen Insel geschuldet, wo es häufig und andauernd regnet. Auf den permanent nassen Rasenplätzen ließen sich lang geschlagene, »auftitschende« Bälle kaum kontrollieren. Schottische Trainer und Spieler, die das Flachpass- und Kombinationsspiel verbreiten, firmieren als »scotch professors«.

Hogan war aber nicht der Erste, der die schottische Spielphilosophie nach Ungarn trug. Schon 1911 hatte MTK-Boss Alfréd Brüll den Schotten Robertson als Trainer engagiert. Der erste Schotte bei MTK war aber ein Spieler gewesen: Edward Shires.

Hogans Nachfolger wurde im Sommer 1918 der ungarische Jude und ehemalige MTK- und Nationalspieler Izidor »Dori« Kürschner, der wenig später auch den FC Bayern trainieren wird.

Im Zeitraum 1914 bis 1925 heimst MTK zehn nationale Meisterschaften in Folge ein. Die letzte unter dem ein halbes Jahr zuvor zurückgekehrten Jimmy Hogan. Der Kader, mit dem MTK durch Deutschland tourt, ist vom Feinsten, gespickt mit zahlreichen Stars und begleitet von einem phänomenalen Ruf.

Fünf Tage vor dem Auftritt an der Marbachstraße hat MTK den 1. FC Nürnberg mit 3:0 besiegt. Gustav Bark, Nürnbergs Schweizer Nationalspieler, war dermaßen beeindruckt vom Spiel der Ungarn, dass er während des Spiels mehrfach stehen blieb, um sie bei ihrer »Arbeit« zu bestaunen.

Ein Team der Superlative

In München läuft somit eine Ansammlung brillanter Fußballer auf, wie sie die Stadt bis dahin noch nicht gesehen hat. Der größte und schillerndste unter ihnen ist Alfréd »Spezi« Schaffer, Europas erster »Fußballkönig«. 1914/15, 1917/18 und 1918/19 war der Donauschwabe ungarischer Torschützenkönig geworden, seine 42 bzw. 41 Treffer 1917/18 und 1918/19 bedeuteten auch europaweit Platz eins. Richard Kirn beschreibt Schaffers Spielweise so: »Er bewegt sich auf dem Feld fast langsam, aber er geht mit dem Ball um, dass das ganze Spiel um ihn herum zu tanzen beginnt – und wenn er schießt: er hat einen erschreckenden Schuss!« Ein Wiener Fußballlexikon kürt die erste Primadonna des kontinentalen Fußballs zum »wohl attraktivsten europäischen Spieler seiner Zeit. Der Frauenschwarm wollte nicht nur balltechnisch, sondern auch mit sauberem Trikot glänzen. Als der Ball einmal in einer riesigen Pfütze liegen geblieben war, wartete er, bis ihn der Gegner an Land bugsiert hatte, um ihm daraufhin das Leder lässig vom Fuß zu spitzeln.«

Der 29-jährige Innenstürmer Vilmos Kertész, ein taktisch und technisch herausragender Spieler, fungiert zugleich als Kapitän der Nationalmannschaft Ungarns.

Kertész ist Jude – wie auch seine Mitspieler Jenö Konrád, dessen jüngerer Bruder Kálmán, ein dribbelstarker Innenstürmer und Torjäger (der später Trainer bei den Bayern wird), Gyula Feldmann und Jószef Braun. Im Jahr des Auftritts an der Marbachstraße wird Braun in Ungarn zum »Fußballer des Jahres« gewählt. 1924 wird er bei den Olympischen Spielen in Paris die ungarische Nationalelf als Kapitän aufs Feld führen. In den nächsten Jahren werden mit György Molnar, Béla Guttmann und Gyula Mándi weitere junge Juden im MTK-Trikot debütieren und im weiteren Verlauf ihrer Karriere als Spieler und Trainer Fußballgeschichte schreiben.

Aber im MTK-Kader stehen auch eine Reihe nicht-jüdischer Stars. Neben dem bereits erwähnten Schaffer sind dies: Goalgetter Imre

Schlosser, den Richard Kirn im Jahre 1958 als »den populärsten Fußballer Ungarns aller Zeiten« preist; Péter Szabó, für das Fachblatt
»Fußball« der »beste Linksaußen Mitteleuropas in den Nachkriegsjah-
ren um 1920«; der elegante, vielseitige und torgefährliche Györgi Orth,
der sich im Laufe der 1920er Jahre zu einem der herausragenden kontinentaleuropäischen Spieler entwickelt.

Wie die genannten jüdischen Akteure sind auch diese Spieler Internationale. Schlosser bestreitet 68 Länderspiele für die Magyaren, davon
31 mit der Kapitänsbinde. Sein Torausbeute ist phänomenal: Für die
Nationalelf trifft er 60-mal, Statistiker ermitteln für die Gesamtzahl
seiner Auftritte einen Durchschnitt von 1,31 Toren pro Begegnung.

Eine Fußball-Demonstration mit Folgen

In München streiken am Tag des großen Spiels die Buchdrucker, weshalb Bayern-Präsident Kurt Landauer pferdebespannte Wagen mit
handgeschriebenen Ankündigungsplakaten durch die Straßen schickt.
Die Gäste sind nicht billig, und Landauer fürchtet um die Zuschauer-
einnahme.

Am Ende drängeln sich um die 10.000 Zuschauer an der Marbachstraße in Sendling, die bis dahin größte Kulisse bei einem Fußballspiel in München. Die »Münchner Neuesten Nachrichten« in ihrem
Spielbericht: »Der MTV-Sportplatz erwies sich für dieses Treffen als
zu klein. Schon um 2 Uhr standen die Zuschauer Kopf an Kopf in
mehreren Reihen um den Platz, bis zum Beginn des Spiels waren die
gegenüberliegenden Dächer, der Bahndamm usw., kurz jeder höher-
liegende Punkt besetzt.«

»Fußballkönig« Schaffer und seine Mitstreiter gewinnen souverän
mit 7:1, und die »Münchner Neuesten Nachrichten« schwärmen: »Die
Gäste entwickelten eine wunderbare Spieltechnik, ihre Spielstärke ist
in jeder Hinsicht vorbildlich. Ungemein schnell im Lauf und in der
Ballbehandlung, einzig im Ballabnehmen mit systematischem Ballver-
teilen bei gut ausgeprägtem Flügelspiel, vornehm in jeder Lage, stellte
sich hier dem Münchener Vertreter ein Gegner, der den Sieg vollauf
verdiente. Die Stürmer sind ungemein gefährlich, man weiß nicht, soll
man die Außenstürmer mit ihren schnellen Läufen und prächtigen
Flanken, oder das Innentrio, in dem neben dem sechzigfachen Internationalen Schlosser noch ganz besonders der Mittelstürmer Schaffer

hervorsticht, loben. (…) Der Münchener Fußballsport ist der Massensport der Münchener Bevölkerung. Der FA (Fußballabteilung, d. A.) Bayern aber dankt die ganze Münchener Bevölkerung für die Schaffung dieses echten Werbespiels, das auch in den Eintrittspreisen solchen und nicht geschäftlichen Charakter trug.«

MTKs beeindruckende Demonstration wird nicht ohne Folgen bleiben. Der FC Bayern bemüht sich nun intensiv darum, die Schule des »Donaufußballs« zu durchlaufen, wozu auch die Verpflichtung entsprechender Lehrer gehört.

1920 ist der MTK Budapest erneut auf Tournee, und Walther Bensemann lässt seiner Begeisterung in der ersten Ausgabe des »Kicker« freien Lauf: »Alle diejenigen, welche den M.T.K. auf seiner Tournee haben spielen sehen, werden begriffen haben, dass es zurzeit keinen kontinentalen Verein gibt, der der Spielstärke der englischen Ligavereine so nahe kommt. (…) Die Klasse der Ungarn ist blendend. (…) Schottisches Ligaspiel mit allen seinen Finessen und seiner akkuraten Ballbehandlung.«

Auch MTK-Boss Alfréd Brüll hat es Bensemann angetan. So berichtet der Journalist von einem Bankett, das der Karlsruher Fußballclub Phönix nach einer 0:12-Klatsche gegen die Ungarn gab: »Die Teilnehmer am Bankett des K.F.C. Phönix, Karlsruhe, zu Ehren des M.T.K., Budapest, werden die Rede des Präsidenten der Ungarn, Herrn Brüll, so bald nicht vergessen. Sie war meisterhaft und in einem Deutsch gehalten, das die ungarische Abstammung des bekannten Sportmäcens nicht verriet.«

Die Genfer Tageszeitung »La Suisse« schwärmt nach einem Auftritt der Ungarn in Zürich: »Der M.T.K. hat ein konkurrenzloses Spiel, sowohl was Technik, wie auch Schnelligkeit betrifft, vorgeführt, ein Spiel, das die zahlreichen Zuschauer lebhaft impressionierte.«

Profis und Antisemiten

Der Auftritt an der Marbachstraße ist einer der letzten dieser MTK-Formation. Am 1. August 1919, vier Tage nach dem Besuch Münchens, ist auch in Ungarn das rätekommunistische Experiment beendet. Revolutionsführer Béla Kun, der einer in einfachen Verhältnissen lebenden jüdischen Familie Siebenbürgens entstammt, flüchtet zunächst nach Österreich und geht von dort in die Sowjetunion, wo er für die

Komintern arbeitet. 1939 wird Kun im Rahmen der stalinistischen »Säuberungen« in der UdSSR ermordet. Mit den Fußballtrainern Richard Dombi und Fritz Kerr hat Kun gemeinsam, dass er als »Kohn« geboren wurde.

Wie in München, so wird auch in Budapest das Ende der Räterepublik von einem antisemitischen Furor begleitet. Als Vorwand dient, dass 161 von 203 ihrer höchsten Amtsinhaber Juden gewesen sind. Als Verlierer des Ersten Weltkriegs musste auch Ungarn Gebiete abtreten. Das Land verlor zwei Drittel seines Territoriums und drei Fünftel seiner Bevölkerung. Wie in Deutschland machte man auch in Ungarn die Juden dafür verantwortlich.

Nach der Niederschlagung der Räterepublik rufen die Antisemiten zum Kampf gegen die »Judäo-Bolschewisten« auf. Etwa 3.000 Juden werden Opfer des »weißen Terrors«. Die meisten von ihnen haben mit der Rätebewegung nichts zu tun. Am 16. November 1919 übernimmt der rechtsgerichtete Admiral Miklós Horthy mit der Armee die politische Macht. Horthy gilt als »moderater Antisemit«, aber mit seiner Machtübernahme wird der Antisemitismus zur offiziellen Politik.

Dass sich einige jüdische MTK-Akteure in dieser politischen Atmosphäre nicht mehr heimisch fühlen, liegt auf der Hand. Jenö Konrád und sein Bruder Kálmán wechseln zu den Wiener Amateuren, der späteren Austria. Eingefädelt wird der Transfer von Hugo Meisl, dem neuen Sektionsleiter der Amateure. Der Sohn einer wohlhabenden jüdischen Kaufmannsfamilie aus dem böhmischen Maleschau fungiert auch als Verbandskapitän der österreichischen Nationalmannschaft und wird mit ihr noch Geschichte schreiben.

Jenö Konrád, extrem sprachgewandt (er beherrscht sechs Sprachen) und außerordentlich belesen, erhält beim Wechsel eine Bankanstellung mit »todsicheren Nebenverdiensten« – eine Jahreskarte für die Wiener Börse, die er von einem jüdischen Gönner der Amateure bekommt. Auch Bruder Kálmán, im späteren Leben ein Opern- und Operettenfreund, kommt in den Genuss einer Jahreskarte für die Wiener Börse. Kálmán Konrád betätigt sich als Spekulant und lässt in seinen Reisepass als Berufsbezeichnung »Fußballer« eintragen. Die Brüder besitzen außerdem ein Lichtspieltheater in Berlin. Ganz im Gegensatz zum Namen ihres neuen Vereins sind die beiden also waschechte Profis.

In Wien war der Professionalismus – wenngleich auch hier noch nicht offiziell – bereits weiter gediehen als in Deutschland oder Ungarn. Nicht nur Hugo Meisls Amateure bedienen sich am ungarischen Spielerpotenzial, sondern auch der WAC und der national-jüdische SK Hakoah, der u.a. Alexander Neufeld alias Sándor Nemes und Béla Guttmann an Land zieht.

Alfréd Schaffer und Péter Szabó dagegen heuern nach der Deutschland-Tournee beim 1. FC Nürnberg an. Nach ihrer Ankunft in der Frankenstadt werden Schaffer und Szabó erst einmal von Kopf bis Fuß neu eingekleidet. Zwischenzeitlich kursiert das Gerücht, der DFB wolle Schaffer zum »Profi« erklären, was den Entzug der Spielerlaubnis bedeutet hätte.

Die Fan-Seite »glubberer.de« mutmaßt über Schaffers Gründe, der Heimat den Rücken zu kehren: »Er blieb (in Deutschland), weil er rauswollte aus den ärmlichen Verhältnissen, in denen er in Budapest aufgewachsen war. Er hatte die Volksschule besucht und sich in allen möglichen Berufen versucht. Aber er war kein Freund geregelter Arbeit. Er war Fußballspieler und wollte nichts anderes sein. In Budapest war zu jener Zeit, unmittelbar nach dem Ende des Ersten Weltkriegs, mit dem Fußballtalent jedoch nichts oder doch nur wenig zu verdienen. Die Konkurrenz war groß und das wirtschaftliche Elend noch größer. Auch in Deutschland sah es damals nicht zum Besten aus. Aber es war doch ein himmelweiter Unterschied. (…) Schaffer selbst verriet nie, was er vom Club kassierte. Diskretion war für den Pseudo-Amateur (…) Ehrensache. Im vertrauten Kreis konnte es allerdings schon mal passieren, dass er den Schleier etwas lüftete. ›Waren heite nacht wiedärr Heinzelmännchen bei mir‹, erzählte er einmal, als er etwas zu tief ins Glas geschaut hatte. ›Hab ich gemacht Schubkastl vom Nachttischchen auf und woos, bittaschön, war darinnän? Dreihundert Mark.«

In der Saison 1919/20 wird der 1. FC Nürnberg erstmals Deutscher Meister – mit Szabó, aber ohne Schaffer. Dieser hatte die Frankenmetropole nach nur fünf Monaten wieder verlassen und beim FC Basel angeheuert, der ihn an den Zuschauereinnahmen prozentual beteiligt.

Alfréd »Spezi« Schaffer ist nicht nur der erste »Fußballkönig« auf dem Kontinent, sondern auch der erste Fußball-Großverdiener. »Der Schaffer spielt für jede Währung«, wird bald erzählt. Und der »Fußballkönig« selbst: »Bin ich König von Fußball, muss ich, bittaschön, auch bezahlt werden wie ein König.« Der notorische Kaffeehaus-Besucher – in Budapest hielt er Hof im Café Kristall – und Frauenheld genoss das Leben in vollen Zügen.

Ein »Fußballkönig« wird Münchner

Townley bleibt bis zum Jahresende 1920 Trainer der Bayern. Im Januar 1921 heuert er beim SV Waldhof Mannheim an, wo einer seiner Schüler Sepp Herberger heißt. Im März 1921 verlässt der Engländer Süddeutschland und wechselt zu Victoria Hamburg.

Walther Bensemann schreibt im »Kicker«: »Damit scheidet *der* Mann aus Süddeutschland, der dem Fußballsport seine jetzige Technik gegeben hat.« Obwohl Townley nennenswerte Triumphe mit den Bayern nicht vergönnt sind, hinterlässt er nachhaltige Spuren. In einem »Nachruf« attestiert ihm Bensemann, die Bayern »mit feinem, durchdachtem Spiel« beglückt zu haben. »Die Siegeszüge von Prag, Karlsruhe und Fürth sind zwar nicht wiederholt worden; allein, wer Bayern letztes Jahr in Karlsruhe gegen Mühlburg spielen sah (die Bayern gewannen das Spiel mit 7:0, d. A.), musste den Eindruck gewinnen, dass die Dressur erstklassig und alles, nur nicht stereotyp, gewesen war. Trotzdem konnte das Training nicht durchschlagen: das Material war nicht auf der Höhe. (…) Wo die Jahrgänge schlecht sind, versagt auch der beste Lehrer, und die F.A. Bayern wird erst in 1-2 Jahren, wenn die Junioren in der ersten Elf stehen, die Früchte der Townley'schen Arbeit pflücken können.«

Der »Kicker«-Herausgeber wird recht behalten. Mit Townley begann eine intensive Nachwuchsarbeit, die sich ab Mitte der 1920er Jahre auch im sportlichen Abschneiden der 1. Mannschaft niederschlägt. Eine von Townleys Entdeckungen ist der Stürmer und spätere Nationalspieler Josef Pöttinger. Vor allem schuf Townley, Freund und Importeur des schottischen Flachpassspiels, die Basis für jenen gepflegten Kombinationsfußball, mit dem sich die Bayern schließlich in die nationale Spitze spielen.

Man kann über Münchens Fußball der Weimarer Jahre nicht reden, ohne immer wieder Alfréd »Spezi« Schaffer zu erwähnen. Der »Fußballkönig« ist ein ständiges Thema in der Münchner Fußballöffentlichkeit.

Ende 1920 kehrt Schaffer aus der Schweiz nach Deutschland zurück, wo ihn in München der FC Wacker unter die Fittiche nimmt. In Basel waren die Zuschauer nur so ins Stadion geströmt, um den »Fußballkönig« zu sehen. Schaffer verdiente bestens, aber der Vorstand wollte die Vereinbarung, die den Spieler an den Einnahmen beteiligte, nicht mehr einhalten. Man mokierte sich darüber, dass der Star ansonsten mehr verdiene als der Bundespräsident. Woraufhin der schlagfertige Schaffer entgegnete: »Ja, einen neuen Bundespräsidenten können Sie alle Tag' wählen, aber einen neuen Fußballkönig kriegen's so schnell nimmer.«

Für den DFB ist Schaffer ein ausländischer Berufsspieler, weshalb man ihm die Spielerlaubnis verweigert. Der FC Wacker beschäftigt den »Fußballkönig« daher zunächst nur als Trainer. Wenig später erscheint im »Fußball« eine Verlobungsanzeige von Alfréd Schaffer mit einer gewissen Olga Bernstein, angeblich eine Schwester des Wacker-Keepers Alfred Bernstein, der einige Jahre später zum FC Bayern wechseln wird. Olga Bernstein existiert aber nicht, und eine Verlobung gibt es folglich auch nicht. Aber als »Verlobter« erhält Schaffer ein Aufenthaltsrecht und darf nun für die »Blausterne« auflaufen. Auch in München lockt Schaffer die Massen an, die wiederum die »schwarzen Kassen« füllen, aus denen der »Fußballkönig« bezahlt wird.

Anton Löffelmeier: »Die Zuschauer kamen in Scharen, der Verein nahm in einzelnen Spielen oft mehrere zehntausend Mark durch Eintrittsgelder ein und begann mit den Planungen für eine große Sportanlage mit Stadion an der Fürstenrieder Straße im Gesamtvolumen von 2,5 Mio. Mark. Dass ein Teil der Gelder in – vom DFB verbotene – Spielerspesen floss, war dabei ein offenes Geheimnis. Selbst das städtische Sportreferat wollte die Tatsache, dass die Fußballabteilung des FC Wacker ›lukrativ‹ wirtschaftete, nur als internen Vermerk gewertet wissen.«

Vorstände des FC Wacker sind Alfred Bauer, der in den Weimarer Jahren zu den Köpfen der Bewegung für die Einführung des Profifußballs gehört, Eugen Seybold, Herausgeber der Fachzeitschrift »Fußball«, deren Redaktionsanschrift die Kaulbachstraße 88 in der Maxvorstadt ist, und der legendäre Sportjournalist Josef Kirmeier. Kirmeier gehört zu den Ersten in seinem Fach, die die großen Möglichkeiten der Radio-Sportreportage erkennen. 1925 wird er für die erste Direktübertragung eines Eishockeyspiels (vom Rießersee) verantwortlich zeichnen.

Schaffer – Ludendorff 1:0

Wo Schaffer in München auftaucht, stellt er alle anderen Anwesenden in den Schatten. Dies muss auch Erich Ludendorff erfahren, als er am 21. Mai 1921 ein Spiel des FC Bayern gegen Blauw Wit Amsterdam besucht; Blauw Wit ist der Klub der wohlhabenderen Juden im Süden der niederländischen Metropole.

Auch Schaffer erscheint auf dem Teutonia-Sportplatz an der Lerchenauer Straße, woraufhin sich das Publikum gegen die Reaktion und für die Moderne entscheidet. Sehr zur Freude von Walther Bensemann, der im »Kicker« berichtet: »Die Aufmachung stand ganz unter dem Zeichen des alten Regimes. In der Festloge saßen Exzellenz von Kahr und Exzellenz von Ludendorff, der in Abwesenheit des Monarchen die Schildführer der beiden Mannschaften zu sich entbot und ihnen mitteilte, dass er in unserem Sport ein Novize sei. (…) Fünf Minuten vor der Pause erhob sich Exzellenz von Ludendorff und verließ den Platz. Allgemeines Erstaunen: aber die Lösung des Rätsel war eine sehr einfache. Schaffers Anwesenheit hatte sich herumgesprochen, und der bekannte Heerführer sah ein, dass der Platz die beiden bekanntesten Leute von Europa nicht zugleich beherbergen konnte.«

Mit Schaffer geht Wacker zum Jahreswechsel auf Italien-Reise und besiegt hier Internazionale Mailand mit 5:2. Daheim werden die »Blausterne« in der Saison 1921/22 nach einer beispiellosen Siegesserie als erster Münchner Verein Süddeutscher Meister und dringen anschließend bis ins Halbfinale der Deutschen Meisterschaft vor, wo man allerdings gegen den Hamburger SV mit 0:4 untergeht. Schaffer gerät in die Kritik und quittiert dies mit seiner Kündigung. Zum Bedauern der »Münchner Neuesten Nachrichten«: »Der Münchener Fußballsport, ganz besonders aber der FC Wacker, verdanken Schaffers Trainertalent ungemein viel. Er hat in verblüffend kurzer Zeit die gesamte Spielklasse zu heben verstanden, da alle Vereine von dem seiner Wackermannschaft übermittelten feinen System zu lernen sich bemühten.«

Der »Fußballkönig« zieht weiter, seine nächsten Arbeitgeber heißen Sparta Prag, MTK Budapest, Wiener Amateure, wo er als Spielertrainer mit Kálmán Konrád einen Traumsturm bildet, und erneut Sparta Prag. Mit Sparta wird Schaffer in der Saison 1925/26 als Spielertrainer Meister. Anschließend kehrt er nach München zurück, wo er zunächst den DSV trainiert. In der Saison 1927/28 ist Schaffer wieder ein »Blaustern«.

Zur Saison 1923/24 kann sich Wacker zwar der Dienste von Péter Szabó versichern, doch eine Finanzkrise beendet bald die Glanzzeit des Vereins, bei dem die Vorstände nun häufig wechseln. Nur 1927/28, als man mit dem Trainer Schaffer zum zweiten Mal bei der Endrunde zur Deutschen Meisterschaft das Halbfinale erreicht, können die »Blausterne« noch einmal reüssieren.

Die Wanderschaft des »Fußballkönigs« geht weiter. 1929 wird er Trainer des Berliner SV 92, 1930 ist er wieder in München bei Wacker und bleibt dort bis 1932. Anschließend erfreut sich Eintracht Frankfurt seiner Dienste, zur Winterpause 1933/34 ist er wieder zurück an seiner ersten deutschen Wirkungsstätte in Nürnberg. 1935 geht es zurück zum FC Hungária, wie sein Stammverein MTK seit der Legalisierung des Profifußballs in Ungarn 1926 heißt, mit dem er 1935 und 1936 die Meisterschaft erringt. Es folgt ein Engagement als Assistenztrainer der ungarischen Nationalelf, mit der er bei der WM 1938 das Endspiel erreicht, das die Magyaren gegen Titelverteidiger Italien mit 2:4 verlieren.

In der Saison 1938/39 springt Schaffer beim Gauliga-Absteiger FC Wacker ein, doch der Wiederaufstieg in die Erstklassigkeit misslingt. Anschließend trainiert Schaffer Rapid Bukarest, wo er 1939 und 1940 den nationalen Pokal gewinnt. Im Sommer 1940 folgt er dem Ruf der AS Rom, die er 1942 zu seiner ersten italienischen Meisterschaft führt. Von Italien geht es dann mal wieder in die Heimatstadt Budapest, wo er mit Ferencváros 1942 und 1943 Pokalsieger wird. Die letzte Station des Fußball-Wanderers wird erneut München heißen.

Ungarische Lehrmeister

Schaffers Wanderzüge mögen ihre spezielle Qualität haben, doch der Einfluss, den sein Stammverein MTK sowie dessen migrationswillige Spieler allgemein auf die Entwicklung des kontinentaleuropäischen Fußballs nehmen, ist enorm. Ungarische Starkicker tragen dazu bei, dass Wien im Laufe der 1920er Jahre zur kontinentalen Fußballmetropole avanciert. Wiens Fußballphilosophie wird durch eine Budapester Komponente komplettiert. Und bis in die 1930er Jahre hinterlassen ungarische Trainer – fast samt und sonders Ex-MTKler und in ihrer

Mehrheit Juden – in einer Reihe von kontinentaleuropäischen Ländern tiefe Spuren.

Lajos Kovács trainiert zunächst den VfB Stuttgart (1927-29) sowie anschließend in Italien Calcio Padova (1930-32), AS Rom (1932-33), FC Bologna (1934, Gewinn des Mitropa Cups), US Triestina (1936-37), US Alessandria (1946) und Cagliari Calcio (1949-50). Jenö Károly, laut zeitgenössischen Zeitungsberichten während der Zeit der Räterepublik stellvertretender Kommandant eines Arbeiterbataillons, wird 1920 Trainer des italienischen Klub Savona Calcio. 1923 wechselt Karoly zu Juventus Turin, wo ihn der neue Präsident Edoardo Agnelli zum ersten hauptamtlichen Trainer in der Geschichte des Klubs ernennt. Als Karoly 1926 in der Aufregung rund um das Saisonfinale einem Herzanfall erliegt, übernimmt sein Landsmann Jószef Viola das Training. Alexander Neufeld, der im September 1923 beim historischen 5:0-Sieg der Wiener Hakoah über die West-Ham-United-Profis drei Tore erzielt hatte, führt 1933 und 1935 den Beogradski SK zum jugoslawischen Meistertitel.

Árpád Weisz trainiert dreimal Inter Mailand (1926-28, 1929-31, 1932-34). 1930 musste der vom Schweizer Enrico Hintermann gegründete Klub, der seinen ersten Meistertitel 1910 mit neun Schweizern auf dem Feld gewann, mit dem US Milanes Milano zum SS Ambrosiana fusionieren. Der Name »Internazionale« klang den Faschisten zu kosmopolitisch und weckte außerdem in ihren Augen »kommunistische Assoziationen«.

Als Inter 1929 die *Scudetto* gewinnt, schreibt sich der 33-jährige ungarische Jude Weisz als jüngster Meistertrainer in die italienische Fußballgeschichte ein – ein Eintrag, der noch heute Bestand hat. 1936 und 1937 führt Weisz auch noch den FC Bologna zum Gewinn der Meisterschaft. Bei Inter wird Weisz von seinem Landsmann und Glaubensgenossen Gyula Feldmann beerbt, der davor den FC Florenz und anschließend noch den AC Turin trainierte.

In Deutschland sind es vor allem Izidor »Dori« Kürschner, Richard »Little« Dombi, Leo Weisz, Kálmán Konrád, Jenö Konrád, Fritz Kerr und Gyula Kertész, die sich einen Namen machen. Allein vier von ihnen auch bei den Münchner Bayern.

Kulturtransfer

Nach der MTK-Demonstration an der Marbachstraße bemüht sich auch der FC Bayern um Lehrmeister des »Donaufußballs«. Die Spielweise seiner Teams wird bald mit ähnlichen Attributen bedacht wie die der Wiener und Budapester Vereine. »Flüssig« und »geschmeidig« würden die Bayern spielen. 1932 wird man den Deutschen Meister Bayern München als die »am schönsten spielende deutsche Elf« feiern.

Mit der englisch geprägten Fußballphilosophie von Reichstrainer Dr. Otto Nerz können die Bayern-Spieler nicht viel anfangen. Nationalspieler Sigmund Haringer: »Uns Bayern behagte damals das neue Nerz'sche System nicht. Wir wollten spielen, stürmen, nicht Fußball rackern oder arbeiten.«

München wird nun zur Bühne eines fußballerischen Kulturtransfers. Bis zur nationalsozialistischen Machtübernahme werden die Bayern von Übungsleitern betreut, die sich dem schottischen Flach- und Kurzpassspiel bzw. den Fußballschulen Budapests und Wien verpflichtet fühlen. Vier von ihnen – Izidor »Dori« Kürschner, Leo Weisz, Kálmán Konrád und Richard »Little« Dombi – sind Ex-MTKler und Juden.

Den Anfang macht Izidor »Dori« Kürschner, der 1921 als Nachfolger von William Townley zu den Bayern kommt. Im Sommer 1919 war Kürschner in Deutschland geblieben und hatte zunächst die Stuttgarter Kickers trainiert. Als in der Saison 1920/21 die Endrunde zur Deutschen Meisterschaft angepfiffen wird, wechselt der Ungar zum 1. FC Nürnberg. Mit Kürschner holen die Franken ihren zweiten Meistertitel, im Finale schlägt man Vorwärts 90 Berlin mit 5:0. Beim FC Bayern reicht es mit Kürschner 1921/22 nur zum zweiten Platz in der südbayerischen Liga, und zur Endrunde zur Deutschen Meisterschaft ist Bayerns erster jüdischer Trainer zurück im Frankenland.

Derartige Wechsel während der Saison waren keineswegs ungewöhnlich, denn für Mannschaften, die die regionale Endrunde nicht erreichten, war das Pflichtspielprogramm bereits Monate vor Saisonschluss beendet. Es war dann schlicht zu teuer, den Trainer weiterzubeschäftigen. Kürschner führt den 1. FC Nürnberg erneut ins Finale, das ohne Sieger endet und als »ewiges Endspiel« in die Annalen eingeht.

»Dori« Kürschner, ein enger Freund Walther Bensemanns, wird weiter erfolgreich als Trainer arbeiten. Gemeinsam mit Jimmy Hogan und dessen Landsmann Teddy Duckworth wird er die Schweizer Fußballer auf das olympische Turnier 1924 in Paris vorbereiten. Dort erreicht die *Nati* das Finale und lässt sich nach einer 0:3-Niederlage gegen Uruguay als »erster Europameister« feiern. Mit dem Grasshopper-Club Zürich, der unter seiner Leitung zu einer der stärksten Mannschaften auf dem Kontinent avanciert, gewinnt Kürschner im Zeitraum von 1925 bis 1934 dreimal die Meisterschaft und viermal den Pokal.

In München ist inzwischen Jim McPherson eingetroffen. Der Trainer kommt aus Schottland, dem Land, das für sich das Urheberrecht in Sachen Flach- und Kurzpasses reklamiert und bei der Entwicklung des Donaufußballs Pate stand.

Als es mit McPherson zunächst nicht nach Wunsch läuft – Anfang Januar 1925 schließen die Bayern die Bezirksliga nur mit einem vierten Platz ab –, bemüht sich Kurt Landauer um den Ex-MTKler (und »Nicht-Juden«) Imre Pozsonyi. Dieser war an gleich zwei Premieren beteiligt gewesen: als Spieler beim ersten Auftritt einer ungarischen Nationalelf am 13. Oktober 1902 in Wien und als Trainer beim ersten Auftritt einer polnischen Nationalelf am 18. Dezember 1921 in Budapest. Zum Zeitpunkt der Landauer-Bemühungen führt Pozsonyi beim FC Barcelona das Kommando, mit dem er in der Saison 1924/25 die katalanische Meisterschaft und den spanischen Pokal gewinnt. Pozsonyi sagt ab und entscheidet sich für ein Angebot des DFC Prag. Zum Bedauern von Walther Bensemann, da der Ungar »nicht nur Sportlehrer, sondern auch ein vollendeter Küchenchef« sei.

So arbeitet der FC Bayern mit McPherson weiter und dies mit Erfolg. Unter dem Schotten erringt der Klub 1926 seinen ersten süddeutschen Meistertitel. Auf McPherson folgt 1927 Leo Weisz, der zuvor Schwaben Augsburg und Wacker München betreut hat. Mit Weisz gewinnt der FC Bayern 1928 seine zweite süddeutsche Meisterschaft.

Kálmán Konrád trainiert die Bayern nur kurz. Den nachhaltigsten Eindruck wird ohnehin Richard »Little« Dombi hinterlassen, der den FC Bayern im Sommer 1930 übernimmt. Er wird den Verein in die Spitze des deutschen Vereinsfußballs führen.

Kapitel 5

Ideologen kontra Pragmatiker

In der Festschrift zum 25-jährigen Bestehen des »Kavaliersklubs« FC Bayern München fand sich im Jahr 1925 folgende bemerkenswerte Feststellung: »Heute denkt man ja bei uns ganz anders und erblickt im Sport ein Allgemeingut aller Bevölkerungsschichten. Jedermann, der sich anständig zu benehmen weiß, ist, ob Arbeiter oder Student, für uns als Sportmann und im Rahmen unseres Klubs willkommen.«

Der Verein folgte damit einem allgemeinen Trend in Deutschland. Nach dem Ersten Weltkrieg wurde Fußball zum Volkssport. Dominierten vor dem Krieg die bürgerlichen Klubs, so mischten nun mehr und mehr sogenannte Arbeitervereine mit. Hierfür war vor allem die Einführung des Achtstundentags verantwortlich. Mehr Freizeit bedeutete mehr Zeit für Sport, und der Fußball war der Industriearbeiterschaft geradezu auf den Leib geschneidert.

Aber nicht nur die Zahl der aktiven Kicker nahm zu, in einem noch viel größeren Ausmaß wuchs die der Konsumenten. Der Publizist Sebastian Haffner: »In den Jahren 1924, 25 und 26 entwickelte sich Deutschland schlagartig zu einer Sportgroßmacht. Nie vorher war Deutschland ein Sportland gewesen wie England und Amerika, und der eigentliche Geist des Sports, das selbstvergessen-spielerische Aufgehen in einer Fantasiewelt mit eigenen Regeln und Gesetzen, ist der deutschen Seelenverfassung ganz fremd. Dennoch verzehnfachten sich in jenen Jahren auf einmal die Mitgliederzahlen der Sportklubs und die Zuschauerzahlen der Sportfeste.«

Deutschland wurde »amerikanisiert«, die Strahlkraft der Neuen Welt – einschließlich ihrer Massenkultur – machte auch vor den Deutschen nicht halt. »In Kunst und Musik, vor allem in der populären Massenkultur, war Deutschland ganz ›Amerika‹ geworden«, schreibt der Historiker Dan Diner.

Weimars Konservative betrachten diese Entwicklung mit großem Unbehagen und beklagen eine »Degeneration durch Moderne«. Im Fußball wird die Frage des Professionalismus und der Kommerzialisierung zum hauptsächlichen Schlachtfeld zwischen konservativen Ideologen und liberalen Modernisierern.

Berufsfußball

Angesichts der Massen, die nun zum Fußball strömen, ist seine Entwicklung zum kommerziellen Profisport vorgezeichnet. Mit dem Interesse steigen die Erwartungen. Um diese zu befriedigen, muss mehr und besser trainiert werden, was aber nur auf Kosten der eigentlichen Berufstätigkeit geht. Lohnausfälle müssen kompensiert werden, und einige Kicker gehen nur einer Scheintätigkeit nach. Um die Mannschaft noch stärker zu machen, sieht man sich auch bei anderen Vereinen nach guten Spielern um. Diese werden mit üppigen Handgeldern, der Vermittlung eines attraktiven Arbeitsplatzes oder einer Geschäftsübernahme, der Bereitstellung einer Wohnung und deren Einrichtung oder mit Prämien gelockt.

Gleichzeitig spülen die Zuschauermassen Geld in die Kassen der Vereine. Und die Spieler, die Hauptakteure der Show, wollen an diesen Einnahmen partizipieren – zumal in Zeiten wirtschaftlicher Krise.

Spitzenfußball bedeutet unter diesen Bedingungen nahezu zwangsläufig auch Berufssport. Aber nicht das Geschäft ist die eigentliche Wurzel des Profisports, sondern der Wille zur Qualitätsverbesserung und der sportliche Wettbewerb.

Ein Bayern-Gründer als Freiburg-Retter

Vor dem Ersten Weltkrieg begnügten sich in der Regel selbst Top-Klubs mit besseren Sportplätzen. Großzügigere Anlagen hatten eine kleine überdachte Holztribüne, auf der vor allem die Vereinsfunktionäre, Mäzene und sonstigen Honoratioren Platz nahmen.

Münchens erste Sportanlage mit überdachter Sitzplatztribüne liegt an der äußeren Leopoldstraße in Schwabing und gehört dem MSC, dem sich der FC Bayern am 1. Januar 1906 angeschlossen hatte. Im September 1907 wurde die Leopoldstraße zur hauptsächlichen Spielstätte der Bayern und blieb dies bis 1922.

Die 12.000 Zuschauer, die im Juni 1911 in Dresden Viktoria 89 Berlin gegen den VfB Leipzig siegen sahen, waren vor dem Ersten Weltkrieg Rekord für ein Endspiel um die Deutsche Meisterschaft. Es war das einzige Mal, dass sich eine fünfstellige Zahl zum Finale einfand.

Dies ändert sich nun gewaltig. Im Juni 1920 drängeln sich beim Meisterschaftsfinale Nürnberg gegen Fürth 35.000 auf dem Germania-Platz in Frankfurt. Zwei Spielzeiten später pilgern 50.000 zur zweiten Auflage des Endspiels zwischen dem Hamburger SV und dem 1. FC Nürnberg auf dem VfB-Platz in Leipzig-Probstheide.

In den Weimarer Jahren erlebt der Bau von Sportstätten einen Boom. Bis 1925 werden 850 öffentliche und 400 vereinseigene Stadien gebaut. In München entsteht das Stadion an der Grünwalder Straße, wo der FC Bayern ab der Saison 1925/26 die meisten seiner Spiele austrägt. Die Anlage bietet 40.000 Zuschauern Platz. Die Münchner Presse schwärmt von »Deutschlands schönster Vereinsanlage«.

In Freiburg weiht der Fußball-Club, der Pate des FC Bayern, 1922 sein schmuckes Möslestadion ein, das heute dem Lokalrivalen und Bundesligisten SC Freiburg als Jugendinternat und Spielort für die Nachwuchs- und Frauenteams dient. Die Spielstätte ist für 30.000 Zuschauer ausgelegt und kostet den FFC eine halbe Million Mark. Ermöglicht wird der Bau durch – wie ein zeitnaher FC-Chronist berichtet – »valutastarke Vereinsmitglieder aus New York«. Gemeint sind Gus Manning und Josef Pollack, die jüdischen Mitbegründer des FC Freiburg bzw. des FC Bayern.

Am 26. Juni 1922 hatte die Städtische Sparkasse Freiburg dem FFC den Betrag von 300.000 RM für den Stadionbau geliehen. Am 1. Juli 1923 übernimmt Josef Pollack die Grundschuld in voller Höhe auf seinen Namen. Hierfür lässt er sich im Grundbuch eine Sicherungshypothek in Höhe von einer Million Mark eintragen. Als der Klub weder Schulden tilgen noch Zinsen zahlen kann, begibt sich im April 1925 eine zweiköpfige Delegation des FFC auf eine lange Schiffsreise in die USA. An Bord sind der FFC-Vorsitzende Prof. Emil Schmidt, Lehrer der Rotteck-Oberrealschule, und der weltgewandte Freiburger Verleger Eduard Poppen. Mit einer vorbereiteten Streichbewilligung des Freiburger Grundbuchamtes im Gepäck wollen Schmidt und Poppen in New York Gus Manning und den mittlerweile sehr wohlhabenden Josef Pollack treffen.

Eduard Poppen notiert in seinen Lebenserinnerungen: »Am Samstagnachmittag 4.00 Uhr bestiegen wir den Express, um direkt nach New York zurückzufahren. Wir folgten der Einladung des Herrn Pollack, eines Mitbegründers des FFC, der uns zum Bau unseres herr-

lichen Stadions am ›Mösle‹ in Freiburg eine größere Summe vorge-
streckt hatte. Pollack ist heute noch Sportmann durch und durch. Herr
Dr. Manning, der Präsident des Amerikanischen Fußball-Verbandes,
holte uns um 9 Uhr im Hotel ab. Wir fuhren durch New York und
hielten weit draußen von New York in einem Klubhaus, wo Freund
Pollack dem Golf huldigte. Wir fuhren zusammen in sein Landhaus
nach White Plains, wo die verehrte Hausfrau ein deutsches Mittag-
essen (Gans mit Sauerkraut und echtem Rheinwein) für uns bereitet
hatte.« Pollack, der »in ausgezeichneter Stimmung« ist (Poppen), setzt
seine Unterschrift unter die Streichbewilligung und verzichtet auf die
Rückzahlung der 300.000 Mark samt aufgelaufener Zinsen. Die Sicherungshypothek mit 1.000.000 Mark wird ebenfalls gelöscht. Der Zweck
der langen Schiffsreise ist damit erfüllt: Der FFC ist schuldenfrei.

1935 werden die Nazis dem FFC das mit dem Geld eines jüdischen
Bürgers gebaute Mösle-Stadion wegnehmen. Als Begründung dienen
Schulden in Höhe von angeblich 45.000 Mark.

Ideologen

»Sport ohne Glanz« überschreibt Christiane Eisenberg in ihrem Klas-
siker »English Sports und deutsche Bürger« das Kapitel über die Vorherrschaft des Amateurismus in den frühen 1920er Jahren. Nach dem
Ersten Weltkrieg habe sich der Amateurgedanke als »neuer Sinnstifter«
erwiesen. »Für diese spezifisch englische Idee hatte in Deutschland vor
1914 kaum jemand Verständnis aufgebracht. (…) Mit Bekanntwerden
des Versailler Vertrages wurde der Amateurgedanke jedoch in der Öffentlichkeit politisch überhöht und gewann an Boden. Im Interesse der
›Wehrkraft‹ und der ›Volksgesundheit‹ komme es darauf an, die ›Massen‹ dazu zu bringen, sich selbst aktiv sportlich zu betätigen, lautete
das Argument, und das sei nur zu erreichen, wenn die beträchtlichen
Einnahmen aus Eintrittsgebühren nicht eigennützigen Unternehmen,
sondern den Vereinen zugute kämen. Der dem Geld widerstehende
Amateurathlet avancierte in dieser Situation zum zivilen Pendant des
von den Freiheitskämpfern glorifizierten Kriegshelden. In seiner ›Persönlichkeit‹ vereinigte er angeblich dieselben Eigenschaften, die auch
schon den idealtypischen Sportsmann des 19. Jahrhunderts ausgezeichnet hatten: Er war dynamisch, erfolgsorientiert, selbstdiszipliniert und
risikofreudig, durchaus auch rücksichtslos, kurz: ein jeder Situation

gewachsener ›Herrenmensch‹, natürlich männlichen Geschlechts. Anders als sein Vorgänger war der Amateurathlet jedoch zugleich selbstlos und ›opferfähig‹ für die Vereinsgemeinschaft und für das Vaterland. Dieses Sportverständnis, dem die englischen Tugenden ›fairness‹ und ›disinterestedness‹ nach wie vor fremd waren, teilten auch die Wehrverbände und der sozialdemokratische Arbeiter-Turn- und Sportbund. Während Erstere das Amateurideal mit dem Langemarckmythos verknüpften, wandten sich Letztere – wie schon im Kaiserreich – gegen ›Materialismus‹ und ›kapitalistische Ausbeutung‹.«

Ambitionierte Klubs wie der FC Bayern waren ganz auf den Sport ausgerichtet und empfanden dessen Ideologisierung und Instrumentalisierung als hinderlich für die eigene Entwicklung. Dies galt auch für den Lokalrivalen FC Wacker, der sich mit dem FC Bayern gewissermaßen einen lokalen Professionalisierungswettlauf lieferte.

Mit Kurt Landauer und dem Wackeraner Albert Bauer kommen zwei der profiliertesten Kritiker der engstirnigen und realitätsfernen Amateurbestimmungen des DFB aus München. Diese Regeln erlauben lediglich einen Spesensatz von 3,50 Mark pro Spiel, und die Erstattung von Lohnausfällen ist strikt untersagt.

Nicht jeder Kritiker will den »schrankenlosen« Berufsfußball. Häufig geht es nur um eine Lockerung der Bestimmungen, um ihre Anpassung an die Realität, mit dem erklärten Ziel, den Übergang zum »echten« Professionalismus gerade zu verhindern.

Jagdszenen

Die DFB-Führung wird hingegen von beinharten Verfechtern eines ideologisch überhöhten Amateurideals geführt. Die Profidebatte zwischen Verband und Klub ist auch Teil eines Ringens um die Hegemonie im deutschen Fußball, das bis heute andauert. Dass der FC Bayern hier weiterhin tonangebend ist, entspringt gewissermaßen seiner Geschichte.

Während Österreich (1924), die Tschechoslowakei (1925), Ungarn (1926), Italien (1926), Spanien (1928) und Frankreich (1933) binnen zehn Jahren den Berufsfußball legalisieren, beschreitet Deutschland einen Sonderweg und hält eisern am Amateurismus fest.

Im Sommer 1920 kommt es zu einer ersten großen Auseinandersetzung, als die Berliner Unternehmer Otto und Ernst Eidinger mit ungarischen und deutschen Spitzenfußballern eine Profitournee planen. Die als »Budapest Ramblers« firmierende Truppe der Ungarn wird vom MTKler Gyula Feldmann geleitet. In ihren Reihen stehen u.a. die Nationalspieler Ferenc Plattkó, der später das Tor des FC Barcelona hüten wird, Alexander Neufeld alias Sándor Nemes, Jószef Ging, Jószef Jeszmas, Jószef Viola, Jószef Fogl und Károly Fogl. Der Gegner, die »Erste Deutsche Berufsspielermannschaft«, besteht vorwiegend aus »Ungarn, die in Deutschland herumlungern«, wie die Zeitschrift »Fußball« abfällig bemerkt. Die Ausnahme bildet der Brauereiarbeiter Fritz »Raupe« Bache von Hertha BSC Berlin, der später zwei Spiele im deutschen Nationaltrikot bestreiten wird.

Die Tournee stößt aber auf ein nur mäßiges Zuschauerinteresse, gerät zum finanziellen Fiasko und muss nach drei Spielen abgebrochen werden. Der DFB hatte schwerstes Geschütz aufgefahren. Mit starken Worten wurde nicht gespart. Der spätere DFB-Präsident Felix Linnemann brandmarkte das Projekt der Gebrüder Eidinger als »Krankheitsstoff«, der geeignet sei, dem »Volkssport als solchem das Lebenslicht auszublasen«. Der »Fußball« entdeckte »Eiter, der am ganzen Körper wuchert«.

Zu den ersten Opfern der Jagd auf die Profis gehört auch der spätere Bundestrainer Sepp Herberger. Ende 1921 wechselt der Mannheimer Herberger vom »Arbeiterverein« SV Waldhof, der sich maßgeblich aus Mitarbeitern der Waldhofer Spiegelfabrik rekrutiert, zu Phoenix 07 Mannheim. Herberger kassiert dabei 10.000 Mark, aber die Zusage für eine Trainerausbildung wird nicht eingehalten. So gelingt es dem jüdischen Mäzen Max Rath, den jungen Nationalspieler zum »bürgerlichen« VfR zu locken. Die erbosten Phoenix-Funktionäre erstatten nun beim Verband Selbstanzeige wegen der verbotenen Geldzahlung. Obwohl Herberger das Geld zurückgibt, erklärt ihn der DFB zum Berufsspieler und verhängt eine lebenslange Sperre.

Max Rath lässt Herberger mit seiner Ehefrau Eva mietfrei in einem seiner Häuser wohnen. Der VfR vermittelt ihm eine Stelle bei der Dresdener Bank. Abends trainiert er mit dem VfR-Kader, außerdem betreut er Jugendmannschaften des Klubs. Am 26. März 1922 wird die drastische Strafe in einer Berufungsverhandlung auf ein Jahr reduziert.

DFB kontra FC Bayern

Im Februar 1925 holt der DFB zu einem weiteren Schlag gegen den Berufsfußball aus. In Hannover beschließt der Vorstand nicht nur die Ablehnung des Profisports »für alle Zukunft«, sondern schränkt auch den Spielverkehr mit ausländischen Profiteams stark ein. Außerdem müssen ausländische Kicker, die in Deutschland spielen wollen, zunächst einmal eine einjährige Sperre absitzen, »um unerwünschte Elemente fernzuhalten«.

Im »Kicker« interpretiert Walther Bensemann die Beschlüsse von Hannover als Kampfmaßnahme gegen die Nachbarstaaten Österreich, Ungarn und Tschechoslowakei und deren Profifußball. Der Boykottbeschluss sei von dem Wunsch getragen, »auf die irregeführten, räudigen Schäflein in Wien und Pest eine ethische Wirkung auszuüben, auf dass sie von dem bösen Profitum ließen«. Unter dem Deckmantel der Abwehr der professionellen »Seuche« treibe der DFB »sportliche Expansionspolitik (…) mit der eigentlichen Absicht, den Professionalismus im Osten zu regulieren und gar zu erdrosseln«. Prophetische Worte, denn von 1938 an wird der DFB im Windschatten der marschierenden Wehrmacht tatsächlich seinen Amateurismus in diese Länder exportieren.

Auch beim FC Bayern stößt die Politik der DFB-Führung auf vehementen Widerspruch, wie der Festschrift zum 50-jährigen Bestehen zu entnehmen ist: »Noch zu Beginn des Jahres 1925 stiegen für den deutschen Fußballsport schwere Wetterwolken am Himmel auf. Der DFB hatte Beschlüsse ausgearbeitet, die eine Verschärfung der Amateurbestimmungen in einem Ausmaße vorsahen, wie sie von den Großvereinen niemals akzeptiert werden konnten. Vom grünen Tisch aus versuchte man, die sich deutlich abzeichnende Wegerichtung zum Professionalismus im Fußball in letzter Minute noch durch drakonische Maßnahmen zu bremsen. Diese Beschlüsse gipfelten darin, dass kein Spieler von seinem Verein irgendwelche geldlichen Entschädigungen mehr erhalten sollte, auswärtige Spieler konnten erst nach zwei Jahren ihrer Ansässigkeit in Deutschland Spielerlaubnis bekommen und der Spielverkehr mit Berufsspielermannschaften wurde verboten. Die Verhältnisse in den Großvereinen waren aber bereits so weit schon vorgetrieben worden, dass man, ohne nicht die Existenz der Vereine aufs Spiel zu setzen, niemals auf diese Bedingungen eingehen konnte. Praktisch wurde damit jeglicher Spielverkehr mit den österreichischen, tschechischen, ungarischen und englischen Mannschaften gesperrt. Die Männer im DFB hatten den Kontakt mit der Wirklichkeit bereits völlig verloren und versuchten eine Entwicklung aufzuhalten, die man niemals aufhalten konnte. Dieser Kampf zog sich die folgenden Jahre hin und musste schließlich auch mit einer Niederlage des DFB enden, wenn auch diese erst reichlich spät (1930/31) sich abzeichnete.«

Den ersten süddeutschen Meistertitel 1925/26 haben Kurt Landauers Kicker als »Halb-Profis« errungen. So schreibt Anton Löffelmeier: »Beim FC Bayern galt unter dem Trainer McPherson in der Saison 1925/26 folgender – verbotswidriger – interner Modus: Bei zweimaligem Training pro Woche erhielten die Spieler der Kampfmannschaft pro Übungstag 2,50 Mark. Dazu kam ein Abendessen, das alle Spieler gemeinsam einnehmen mussten. Für jedes Spiel in München erhielten die Spieler 10 Mark, auswärts gab es 25 Mark. Ein Stammspieler konnte also bei normalem Spielbetrieb – jeden Sonntag ein Spiel – mindestens 90 Mark monatlich verdienen. Die warmen Abendessen (Wert ca. 2,50 Mark) dazu addiert, waren es an die 110 Mark. Rechnet man Sonderprämien für Siege oder zusätzliche Startgelder für Privatspiele dazu, so erscheint ein Einkommen von bis zu 150 Mark im Monat im Bereich des Möglichen. Damit konnte man zwar keine Reichtümer anhäufen, aber wohl doch einen verbesserten Lebensstandard pflegen, wenn man bedenkt, dass Mitte der zwanziger Jahre der Monatsverdienst eines Arbeiters in München etwa 200 Mark betrug und dass 1926 in München die Durchschnittspreise für das Pfund Rindfleisch bei 1,12 Mark und das Pfund Schweinefleisch bei 1,24 Mark lagen.«

Im Tor des Meisters steht der zur Saison 1924/25 vom FC Wacker gewechselte Alfred Bernstein, dessen ominöse Schwester Alfréd Schaffer zur Spielberechtigung verholfen hatte. Bernstein ist der Sohn eines jüdischen Vaters und einer protestantischen Mutter. Vater Nathan stammte aus Ostpreußen und führte wohl ein unstetes Leben. Einige Monate saß er im Gefängnis, 1914 beging er in Wien Selbstmord. Mutter Anna brachte das Kind dann alleine durch. Alfred Bernstein war von Beruf Buchhalter, »ein typisches Fußballer-Soziogramm«, wie Anton Löffelmeier bemerkt.

Auch der große süddeutsche Rivale 1. FC Nürnberg, in den 1920er Jahren fünfmal Deutscher Meister, widersetzt sich dem DFB-Amateurismus. So protestiert der Club vehement gegen das vom DFB »zur

Reinhaltung des deutschen Fußballsports« ausgesprochene Spielverbot gegen ausländische Profiteams.

Ohne Umgehung der Amateurbestimmungen hätten sich die Nürnberger niemals der Dienste eines Alfréd Schaffer oder Péter Szabó versichern können. Es spricht einiges dafür, dass in den 1920er Jahren mitunter mehr gezalt wurde als nach der Einführung des Vertragsspielerstatuts 1948. So gehörte Szabó zu den Spielern, die von den Gebrüdern Eidinger für ihre Profi-Tournee angesprochen worden waren. Der Ungar reiste auch zum ersten Spiel nach Berlin, lief dort aber nicht auf, da die von ihm geforderte Hinterlegung eines Betrags von 50.000 Mark (!) nicht zustande gekommen war.

Wie der FC Bayern legt der 1. FC Nürnberg großen Wert auf Kräftemessen mit international renommierten Mannschaften. Der Club empfängt Sparta und Slavia Prag, den MTK Budapest, Rapid und Amateure/Austria Wien, die Tottenham Hotspurs. In den Inflationsjahren 1921 und 1922 reist man nach Spanien, um sich mit Athletic Bilbao, FC Barcelona und Real Madrid, den drei Großen des spanischen Fußballs, zu messen und die Klubkasse mit Devisen zu füllen.

Etappensiege

Am 2. Oktober 1925 ist Kriminaloberrat Felix Linnemann zum neuen 1. Vorsitzenden des DFB gewählt worden. An die Stelle des vergleichsweise milden Gottfried Hinze trat nun ein Fanatiker, unter dessen Führung die Auseinandersetzung um den Berufsfußball eskalierte.

Mitte 1927 verschärft der DFB die Amateurbestimmungen ein weiteres Mal. Vor der Zulassung zum Meisterschaftsbetrieb müssen die Vereine nun einen sogenannten Amateurschutzvertrag abschließen. Für Felix Linnemann geht es nicht nur um den geliebten Fußballsport. Für den DFB-Vorsitzenden ist »der Professionalismus ein untrügliches Zeichen des Niederganges eines Volkes«. Deshalb seien bereits Symptome, die einen »Übergangsprozess (…) zum Berufssport« signalisieren, »mit allen Kräften zu bekämpfen«.

Ende der 1920er Jahre tritt »der Kampf um die Einführung des Berufsspielertums« (Bayern-Chronik) in ein entscheidendes Stadium. In den Landesverbänden herrschen unterschiedliche Auffassungen. Vor allem in Süddeutschland befürwortet man eine Lockerung der Amateurbestimmungen bzw. die Einführung des Berufsfußballs. Hingegen ist der Westdeutsche Spielverband (WSV), wo man sich, wie die Bayern-Chronik abfällig bemerkt, »nach außen hin ganz dem Edelamateurismus verschrieben hatte und grundsätzlich überhaupt keine Spesen bewilligen wollte«, eine Bastion seiner militantesten Gegner. Die Härtesten unter den Harten sind Josef Klein und Guido von Mengden. Im April 1924 veröffentlicht der damalige WSV-Vorsitzende Klein im westdeutschen Verbandsorgan »Fußball und Leichtathletik« (»FuL«) ein vom Verband abgesegnetes Traktat, in dem er eine deutsche Sportbewegung unter dem Motto »Treu, Teutsch und Tüchtig« fordert. Als Ziele dieser Bewegung proklamiert Klein, dem »hemmungslosen Materialismus« sowie dem »schwachsinnigen Traum von der sportlichen Weltverbrüderung internationaler Fußballer« abzuschwören. Josef Klein wird 1932 für die NSDAP in den Reichstag einziehen, aber eine politische Laufbahn wird ihm nicht beschieden sein.

Guido von Mengden hingegen, Schriftleiter von »FuL« und Geschäftsführer des WSV, wird nach der nationalsozialistischen Machtergreifung eine Karriere einschlagen, die weit über das »Dritte Reich« hinausgehen wird. In den Weimarer Jahren schwingt sich von Mengden zum publizistischen Gegenspieler von Walther Bensemann auf und führt bereits 1928 antisemitische Töne in die Profi-Debatte ein. So wirft er dem »Kicker«-Herausgeber vor, er mache »sehr viel in Sportpolitik, allerdings nicht in deutscher«. Bensemann gehöre zu jenen Menschen, »die Krämer mit Volksseele und Volksgemüt sind«. Den Bensemann-Freund und österreichischen Verbandskapitän Hugo Meisl, Motor einer Professionalisierung des Wiener Fußballs, denunziert der WSV-Funktionär als »Mausefallenhändler«, der »aus den Ländern um Galizien« stamme – seinerzeit ein abfälliger Code für Juden.

Der FC Bayern setzt sich an die Spitze des Kampfes gegen den Boykott ausländischer Profiteams, der in der Praxis mehr und mehr aufgeweicht wird. So lobt Walther Bensemann im Juli 1929 im »Kicker«: »Von allergrößter Wichtigkeit ist ein Antrag des FC Bayern, der sich gegen die Kontingentierung der Professionalspiele wendet. Dieser Teilboykott gehört leider noch zum Inventar des DFB. Er ist ein Überbleibsel jener Beschlüsse von Hannover, die jahrelang das ethische Aushängeschild des Bundes bildeten, in Wirklichkeit aber gar nicht existierten.«

Im Februar 1930 beendet der DFB den Boykott und lässt den Spielbetrieb mit ausländischen Profiteams in eingeschränkter Form, als »Lehrspiele«, wieder zu. Denn das sture Festhalten am »Amateurismus« und das Verbot jeglichen Kontakts mit ausländischen Profis bedrohen mittlerweile auch das liebste Kind des DFB und seiner Regionalverbände: die Nationalmannschaft, deren Qualität in den Boykott-Jahren weiter abgenommen hat. Als Folge des Boykotts musste man zwischen dem 12. Dezember 1926 und 2. Oktober 1927 eine zehnmonatige Länderspielpause einlegen. Beim olympischen Fußballturnier 1928 in Amsterdam unterlag man dann dem späteren Turniersieger Uruguay mit 1:4. 1931 wird man von der großartigen Nationalmannschaft Österreichs, Hugo Meisls »Wunderteam«, in Berlin mit 6:0 und in Wien mit 5:0 überfahren.

Im August 1930 erklärt der WSV 14 Spieler des FC Schalke 04, darunter Fritz Szepan und Ernst Kuzorra, zu Berufsspielern und sperrt sie damit für den Spielbetrieb des DFB. Die Schalker reagieren, indem sie ihrerseits verschiedene Konkurrenten wegen Berufsspielertums anzeigen, so auch den FC Bayern. Diese Gegenaktion und eine starke öffentliche Kritik machen die Situation für den Verband schwierig. Nach und nach werden die Sperren der Schalker Spieler aufgehoben, bis die »Knappen« am 1. Juni 1931 in einem Freundschaftsspiel gegen Fortuna Düsseldorf wieder in Galabesetzung auflaufen können – gefeiert von 70.000 in einer offiziell nur 40.000 Zuschauer fassenden Kampfbahn.

Am 26./27. September 1930 erteilt der in Dresden versammelte DFB-Bundestag der Einführung des Berufsspielertums jedoch erneut eine Absage. Die Bayern-Chronik: »Der DFB hatte in seinen Dresdner und Breslauer Beschlüssen (zu niedrige, Anm. d. A.) Höchstsätze an Spesen festgesetzt, die niemals die Billigung der Vereine finden konnten, zumal bei Länderspielen usw. diese Sätze am wenigsten vom DFB selbst eingehalten wurden.« Was seine Nationalmannschaft betraf, so legte der DFB seine Amateurbestimmungen schon mal lockerer aus.

Die großen Vereine nehmen die Sache nun selbst in die Hand. Am 8. November 1930 kommen sie in Eisenach zusammen, um sich über die Frage des Professionalismus auszusprechen. 20 Jahre später berichtet die Bayern-Chronik über dieses Treffen: »Nachdem man förmlich für alle Fälle eine ›Professionalismus-Reichsliga‹ in der Schublade bereithielt, sollte eine gewählte Kommission noch einmal versuchen, mit der DFB-Leitung auf einen für beide Teile tragbaren gemeinsamen Nenner zu kommen.« Nur durch die Einsicht aller beteiligten Kreise hätte man die Einführung des Professionalismus noch einmal verhindern können.

Unverhohlen droht man mit der Spaltung des deutschen Fußballs, und das scheint Wirkung zu zeigen. Am 16. Oktober 1932 erteilt der DFB-Bundestag in Wiesbaden schließlich grünes Licht für die Legalisierung des Berufsfußballs. Eine endgültige Beschlussfassung soll auf dem folgenden DFB-Bundestag im Mai 1933 erfolgen.

In Süddeutschland will man nicht so lange warten und misstraut der DFB-Führung. Am 19. November 1932 gründet Albert Bauer in München einen Süddeutschen Verband für Berufsfußballspiele. Bauer bemüht sich um die Genehmigung für die Veranstaltung von Profispielen in städtischen Stadien. Der DFB droht den Städten, sie nicht länger bei der Vergabe von Länderspielen zu berücksichtigen, sofern sie in ihren Arenen Bauers Kicker spielen ließen. Doch die Drohung verpufft. Der Deutsche Städtetag empfiehlt den Kommunen, ihre öffentlichen Anlagen den Profis zur Verfügung zu stellen. In München erklärt das Stadtamt für Leibesübungen, es werde die Forderungen des DFB künftig ignorieren.

Ein »jüdisches Projekt«?

Unter den Kritikern der Amateurbestimmungen finden sich auch einige jüdische Funktionäre und Journalisten. Daraus zu schließen, es habe sich bei der Förderung des Professionalismus um ein »jüdisches Projekt« gehandelt, wäre aber blanker Unsinn. Tatsächlich geriet so ziemlich jeder ambitionierte Verein in Konflikt mit den Amateurbestimmungen. Erst recht galt dies für die »Großen«. Dabei spielte es keine Rolle, ob in der Führung Juden saßen oder nicht.

Insofern können die Repressalien, die der DFB 1933 gegen jüdische Fußballer unternehmen wird, auch nicht als Abwehr gegen den Professionalismus interpretiert und »entschuldigt« werden, wie dies in Nils Havemanns DFB-offizieller Studie über den Verband in der NS-Zeit geschieht. Dort ist von einem rein wirtschaftlich motivierten, angeblich nicht-rassistischen »Konkurrenzantisemitismus« die Rede – provoziert durch das »starke Gewicht von Juden in Vereinen, die sich für die Einführung des Profifußballs einsetzten«.

Als kurz nach dem Machtantritt der Nazis viele Juden aus den DFB-Vereinen vertrieben werden, fällt es allerdings keinem der Verbandsfunktionäre ein, dies damit zu begründen, die Juden hätten das Profitum befürwortet. Ein Zusammenhang zwischen Judentum und

Profifußball wird erst in den späten 1930er Jahren konstruiert, und zwar nach dem »Anschluss« Österreichs und der damit einhergehenden Zerschlagung des Wiener Profifußballs.

Im Frühjahr 1938 steht in der Wiener Ausgabe des »Völkischen Beobachters« anlässlich eines Besuchs des Reichssportführers zu lesen, dass aufgrund der »Verjudung« die »Verhältnisse im österreichischen Sport (…) untragbar geworden« seien. Nur die »konsequente Reamateurisierung des Profifußballs« könne die »Allgemeinheit der Volksgemeinschaft« wieder dem Sport zuführen.

Guido von Mengden behauptet nach einem 0:9-Debakel für Admira Wien im ersten »großdeutschen« Meisterschaftsfinale 1939: »Das Prinzip des Profitums hat in Wien zwangsläufig seine Spuren in der Bevölkerung hinterlassen. Berufssport ist ein Geschäft und ein Geschäft verlangt geschäftliche Methoden, es verlangt Reklame, Stars, Skandälchen und Sensationen. Dieses Gift ist jahrelang mit teilweise echt jüdischer Geschicklichkeit ins Volk gespritzt worden.«

1941 wird Ernst Werner in der Berliner »Fußball-Woche« noch einmal über den »Fall Eidinger« schreiben und den Gebrüdern »semitische Schläue« attestieren. Dass die Eidingers Juden sind, war aber schon zum Zeitpunkt ihrer Profi-Tournee bekannt. Damals, im Jahr 1920, war dies allerdings kein Thema.

1943 ist es dann der ehemalige Reichstrainer Dr. Otto Nerz, der in einer Artikelserie im Berliner »12 Uhr Blatt« behauptet, dass für »die Tendenz zum Berufsfußball im damaligen Staat (gemeint ist die Weimarer Republik, Anm. d. A.) die Juden und ihre Hörigen« verantwortlich gewesen seien.

Dass sich unter den Funktionären und Mäzenen, die sich für eine Legalisierung des Berufsfußballs oder zumindest eine Lockerung des Amateurstatuts aussprachen, auch einige prominente jüdische Fußballfunktionäre befanden, lässt sich nicht bestreiten – warum auch. Möglicherweise waren Juden als »moderne Bürger« unter den Befürwortern sogar überproportional vertreten. In absoluten Zahlen blieben sie aber eine Minderheit.

Schon gar nicht lässt sich ein solcher Zusammenhang im Falle von Kurt Landauer feststellen. Wer den Sport als Wettbewerb verstand und seinen Klub nach vorne bringen wollte, kam ganz automatisch zum Professionalismus. Dafür musste man kein Jude sein.

Kapitel 6

Ein Meister gegen den Strom der Zeit

Zur Saison 1930/31 übernimmt der 42-jährige Richard »Little« Dombi das Training beim FC Bayern. Die Bayern-Chronik von 1950: »Mit ihm schienen wir endlich den Mann gefunden zu haben, der vor allem den Kontakt mit der Vereinsleitung und mit der ersten Mannschaft fand.«

Wie seine Vorgänger Dori Kürschner, Konrád Weisz und Kálmán Konrád ist Dombi Jude und ein Produkt des »Donaufußballs«. Als Spieler hatte der Wiener Dombi, wegen seines kleinen Wuchses »Little« gerufen, auch einige Male das Nationaltrikot Österreichs getragen, allerdings unter seinem Geburtsnamen Richard Kohn. Die Umbenennung zu »Dombi« erfolgte nach seinem Wechsel nach Ungarn zu MTK Budapest. Andreas Wittner: »Beim Namen Dombi handelt es sich um eine Ableitung des ungarischen Wortes ›Domb‹, was mit den Begriffen ›Hoheit‹ oder ›Eminenz‹ gleichzusetzen ist. Die wörtliche Übersetzung vom Dombi, ›kleine Eminenz‹, lässt nur erahnen, welch hohen Stellenwert man damals schon in der ungarischen Metropole dem Spieler Richard Dombi und seiner Fußballkompetenz beimaß.«

Richard Dombi war nicht der einzige »Kohn« im europäischen Fußball, der seinen stark jüdisch klingenden Namen gegen einen weniger »verfänglichen« eintauschte. Auch Fritz Kerr, der Erfolgscoach der Stuttgarter Kickers, war ein geborener »Kohn«.

Rebell am Ball

Der Spieler Richard Kohn war aufmüpfig und progressiv. Zunächst spielte er für den Wiener Athletiksportclub (W.A.C.). Als der W.A.C. am 20. Mai 1909 den FC Sunderland mit 2:1 schlug, markierte Dombi den Siegtreffer. Das aufsehenerregende Match ging als erster kontinentaler Fußballsieg über ein englisches Profiteam in die Fußballannalen ein.

Im Juni 1910 verließen zehn Spieler – samt und sonders Internationale – nach einem Streit mit der konservativen Klubführung den W.A.C. und gründeten den Wiener Association Football Club (W.A.F.). Einer der Rebellen war Richard Kohn.

Kohn kam auf sechs Länderspiele für Österreich, darunter ein 2:1-Sieg über die deutsche Nationalelf am 9. Oktober 1911 in Dresden. Auf deutscher Seite war vom FC Bayern Max Gablonski dabei. Sein letztes Länderspiel absolvierte Kohn am 22. Dezember 1912 in Genua. Österreich schlug Italien mit 3:1, und Kohn erzielte sein zweites (und letztes) Tor im Nationaltrikot. In der Nationalelf wie später bei MTK Budapest wurde Kohn/Dombi von der Philosophie des mehrfach erwähnten legendären Trainers und Lehrmeisters Jimmy Hogan geprägt.

Dombis erste Begegnung mit dem FC Bayern datiert vom 25. März 1912. In Wien empfängt der W.A.F. die Bayern zu einem Freundschaftsspiel. Die Gäste gehen bereits in der 3. Minute in Führung. Dann nehmen Richard Dombi und sein Sturmkollege Johann Andres, Österreichs bester Linksaußen vor dem Kriege, das Heft in die Hand. In der 21. Minute erzielt Dombi den Ausgleich, als er, wie das »Neue Wiener Tageblatt« berichtet, »auf eigene Faust bis ans gegnerische Goal vorgeht und aus guten Gründen das Leder so lange behält, bis er mit scharfem Schuss zwischen den Pfosten platzieren kann«. Am Ende gewinnen die Wiener mit 3:2.

Der Begehrte

Richard Dombis Trainerkarriere beginnt bei Hertha BSC Berlin, wo er Anfang der 1920er Jahre die Grundlagen für die bis heute erfolgreichste Ära des Vereins legt. Von 1926 bis 1931 erreicht Hertha sechsmal in Folge das Finale um die Deutsche Meisterschaft, zweimal verlassen die Hauptstadt-Kicker das Feld als Sieger.

1924 gewinnt Dombi mit Gradjanski Agram die Zagreber Verbandsmeisterschaft. Als Österreich zur Saison 1924/25 den Profifußball legalisiert, ist Dombi zurück in seiner Geburtsstadt Wien und trainiert den Vienna Football Club. Mit den Wienern tourt Dombi durch Belgien, Frankreich und Spanien, was zur Folge hat, dass der FC Barcelona ihn abwirbt. Gemeinsam mit dem Engländer Ralph Kirby betreut Dombi nun den Stolz Kataloniens.

Ab 1928 ist Dombi wieder in Deutschland tätig und rettet die Sportfreunde Stuttgart vor dem Abstieg. Die nächsten Stationen sind der TSV 1860 (1928/29) und der VfR Mannheim (1929/30).

Zuvor hatte er noch in Warschau Station gemacht und dort im März 1927 den von zwei sehr wohlhabenden Familien Luxemburg und Loth gegründeten KS Warszawianka übernommen. Der Klub ist Gründungsmitglied der neuen nationalen polnischen Liga, und Dombi erhält ihm die Klasse. Der KS Warszawianka bringt auch eine Reihe exzellenter Leichtathleten und Fechter hervor, von denen einige später Opfer der deutschen Okkupation werden. So Tadeusz Friedrich, Silbermedaillengewinner im Fechten bei den Olympischen Spielen 1928, der 1944 am Warschauer Aufstand teilnehmen wird. Oder Janusz Kusociński, der 1932 über 10.000 Meter olympisches Gold holt. Er wird nach Kriegsbeginn mit anderen polnischen Persönlichkeiten im Rahmen der sogenannten AB-Aktion ermordet.

Teuer und modern

Als Dombi sein Amt beim FC Bayern antritt, ist er bereits europaweit bekannt und einer der teuersten Trainer auf dem Kontinent. Allerdings soll Dombi die Hälfte seines Gehalts in die Betreuung der Spieler investiert haben. Außerdem ist er nicht nur teuer, sondern auch einer der modernsten und vielseitigsten Vertreter seiner Zunft. Im Zentrum seiner Übungseinheiten steht die Ballkontrolle auf engstem Raum und unter gegnerischem Druck. Dombi: »Vor allem kommt es darauf an, das Training mit dem Ball dem Spiel im Wettkampf anzupassen. Ich lasse nur in Bedrängnis köpfen oder stoppen, wie es eben während eines ernsten Spiels der Fall ist. Es gibt Spieler, die einwandfreie Ballbeherrschung besitzen, solange sie nicht angegriffen werden. Beim Wettspiel versagen sie dann meist trotz allen technischen Könnens.«

Der Coach verfügt zudem über enorme sportmedizinische und sportpsychologische Kenntnisse. Bayerns Rechtsaußen Josef Bergmaier schwärmt nach der Saison 1931/32, der Trainer sei ein »Meister in der Behandlung von Verletzungen, die uns die Ligakämpfe leider in so überreichem Maße ›bescheren‹.« Mental angeschlagene Spieler werden vom Trainer in »Privatstunden« wieder aufgerichtet.

Und wie ein früher Felix Magath übernimmt der Trainer auch noch die Aufgabe des Geschäftsführers. Am 1. Januar 1932 eröffnet der FC Bayern in der Weinstraße 14 eine neue Geschäftsstelle. Das Hauptverdienst an deren Einrichtung gebührt Richard Dombi und Siegfried Herrmann, vermerkt später die Bayern-Chronik. Trotz aller Wirtschaftsmiseren habe sich der Klub eine »ideale Stätte« geschaffen, »in einer Form und Aufmachung, um die wir von den meisten Sportvereinen beneidet wurden. Den Hauptraum bildete ein großes Sitzungszimmer, das zugleich auch in seiner Behaglichkeit Möglichkeiten für kleine Besprechungen gab. Hier waren in Vitrinen die vielen Ehrengeschenke, Pokale usw. aufbewahrt, während ein Meer von Erinnerungswimpeln die Wände schmücken. Ein großes Bilder- und Zeitungsarchiv, wohl geordnet, war für Chronisten eine Freude. Dann gab es ein Büro für die Geschäftsführung, ein Arbeitszimmer für die Vereinsfunktionäre, das zugleich auch die Clubakten enthielt, ein eigener Massageraum mit Umkleidemöglichkeiten war eine besondere Einrichtung unseres Allerweltsdoktors Dombi geworden. (…) Wohl kein Trainer war mit seiner gesamten Zeit so für den Club tätig, als es Dombi war. Er war Trainer, Fitmaker, Masseur, Geschäftsführer und Organisator in einer Person.« (»50 Jahre FC Bayern«)

Auf dem Weg ins Meisterschaftsfinale

Aus Mannheim, Dombis vorheriger Trainerstation, folgt schon bald mit dem 19-jährigen Oskar Rohr eines der größten Sturmtalente im deutschen Fußball. In Mannheim ist man nun auf Dombi nicht mehr gut zu sprechen; man vermutet, der Trainer habe den jungen Spieler mit mehr als guten Worten nach München gelockt.

In der Saison 1931/32 gewinnen Dombis Bayern zunächst mit einem Punkt Vorsprung auf den 1. FC Nürnberg die Südoststaffel in Süddeutschland. Im Endspiel um die Süddeutsche Meisterschaft geht es im April 1932 in Stuttgart gegen Eintracht Frankfurt, Sieger der Nordweststaffel. Zur Halbzeit führt die Eintracht durch zwei Treffer des Schweizer Nationalstürmers Walter Dietrich mit 2:0. Nach dem Wiederanpfiff artet das Spiel zu einer regelrechten Schlacht aus. Weitere Tore fallen nicht, aber die Bayern fühlen sich um zwei klare Handelfmeter betrogen. Nach 80 Minuten stürmen erboste Bayern-Fans das Spielfeld, die Partie wird abgebrochen. Der FC Bayern verzichtet auf ein Wiederholungsspiel, und Eintracht Frankfurt wird zum Süddeutschen Meister erklärt.

Für die Endrunde zur Deutschen Meisterschaft sind allerdings sowohl der Meister wie der Vizemeister qualifiziert, und beide erreichen das Halbfinale. Hier trifft Eintracht Frankfurt auf den FC Schalke 04 und setzt sich mit 2:0 durch, während der FC Bayern gegen den 1. FC Nürnberg antreten muss.

Die Franken werden von Jenö Konrád trainiert. 1925 musste der ehemalige MTKler und Austrianer seiner Spielerkarriere wegen einer Meniskusverletzung vorzeitig beenden. Konrád wechselte ins Trainerfach und führte Austria Wien 1925/26 zum österreichischen Double. Anschließend trainierte er den W.A.C. und den SK Hakoah Wien.

In Nürnberg sollte Konrád bei dem überalterten Meisterteam des »Club« den Umbruch bewerkstelligen und war damit zunehmend erfolgreich. Zwar unterlagen die Nürnberger zuletzt Sparta Prag mit 1:2, aber das mit dem Donaufußball vertraute »Prager Volksblatt« lobte anschließend: »Der Club wird von Jenö Konrád trainiert. Man sah es ihm auch an. Jeder einzelne Mann ein brillanter Techniker, kein Zug geschieht ohne Überlegung und ohne bestimmte Absicht.«

Aber gegen Dombis Bayern reicht dies nicht. Vor 35.000 Zuschauern in Mannheim schlägt der FC Bayern den »Club« durch Tore von Oskar Rohr und Welker mit 2:0. »Hier kämpfte Jung gegen Alt«, kommentiert Walther Bensemann im »Kicker«, »und alle Spielpraxis der match- und sieggewohnten Cluberer scheiterte, als die Jugend mit sehr moderner Methode in buchstäblichem Sinne des Wortes an die Tore pochte.«

Vor dem Halbfinale war Bensemann mit Münchens Oberbürgermeister Dr. Karl Scharnagl von der Bayerischen Volkspartei eine Wette eingegangen, bei der »Bense« fünf Reichsmark auf die Nürnberger setzte. Nach dem Sieg der Bayern wird das Geldstück dem Oberbürgermeister vom Bayern-Kapitän Konrad Heidkamp überreicht. Scharnagl bedankt sich bei Bensemann schriftlich und bietet ihm für das Finale eine neuerliche Wette an, die der »Kicker«-Mann aber zunächst ablehnt: »Die Geschichte wird mir zu unsicher und zu teuer.«

Professionelle Vorbereitung

Im letzten Meisterschaftsfinale vor der nationalsozialistischen Machtübernahme stehen sich nun zwei Vereine gegenüber, in denen Juden eine wichtige Rolle spielen und die deshalb als »Judenklubs« firmieren:

der von Kurt Landauer geprägte FC Bayern sowie Eintracht Frankfurt, deren Hauptmäzen nach wie vor die von jüdischen Besitzern geführte Schuhfabrik J. & C.A. Schneider ist. Der Finalort Nürnberg wird somit zur Bühne einer letzten Manifestation des jüdischen Beitrags im deutschen Fußball. Nie wieder in Deutschland werden jüdische Bürger bei einem großen Fußballspiel eine auch nur annähernd so große Rolle spielen wie am 12. Juni 1932.

Die Bayern gelten als Favorit, ja als überreif für den Titel. Allerdings verfolgt die Mannschaft seit der Saison 1925/26, als man bei der ersten Endrundenteilnahme an Fortuna Leipzig scheiterte, der Ruf einer launischen Diva.

Das Team bereitet sich auf das große Finale im Stil einer Profimannschaft vor. Trainer Richard »Little« Dombi schirmt die Mannschaft gegenüber der Öffentlichkeit hermetisch ab. Selbst die Spieler erfahren das Mannschaftsquartier zunächst nicht. Die Bayern-Expedition nimmt den Zug, steigt aber bereits in Fürth aus. Von dort geht es in Taxis kreuz und quer durch die Lande, wobei man auch durch Schwabach fährt, wo die Journalisten die Bayern im Parkhotel vermuten. Doch die Fahrt endet im Herzen Nürnbergs – vor dem Hotel »Württemberger Hof«, unmittelbar neben dem Bahnhof und im belebtesten Teil der Stadt gelegen. Dombi will am Finaltag eine längere Busfahrt vermeiden. »Die Mannschaft hätte vielleicht steif gesessen und durcheinandergerüttelt aufs Spielfeld treten müssen«, meldet die Chronik »50 Jahre FC Bayern« als Motiv.

Dort, wo man sie am allerwenigsten erwartet, bleiben die »Rothosen« zunächst von Presse und Fans unerkannt. Zum Spaziergang im Nürnberger Stadtpark verlässt man das mächtige Gebäude durch einen kleinen Nebeneingang. Der Tagesablauf – von den Mahlzeiten über den Spaziergang bis zum entspannten Kartenspiel – wird allein von Dombi vorgegeben. »Den Anordnungen für die einzelnen Mahlzeiten, wie sie Dombi gab, mussten sich alle fügen, auch die Ersatzspieler und die Herren der Leitung. Landauer schlürfte tapfer seine Schleimsuppe, Harlacher verzichtete auf seinen gewohnten Schoppen Bier und Dr. Berger ließ wehmütig seine so sehr geliebte Havanna ungeraucht. Niemand wollte der Mannschaft einen Anreiz geben«, erinnern sich die Vereinschronisten. Erst am Finaltag »outen« sich die Bayern, als sie um zwei Uhr mittags am Hotel eine

Fahne in den Münchner Stadtfarben und mit dem Münchner Kindl als Wappen hissen.

Per Fahrrad zum Endspiel

55.000 Zuschauer kommen am 12. Juni 1932 ins Nürnberger Stadion und bescheren dem DFB eine Einnahme von 60.000 RM. Vor dem Finale waren die Bayern darum gebeten worden, auch in München verbilligte Eintrittskarten für Erwerbslose anzubieten. Tatsächlich stellt der Verein 500 Karten kostenlos zur Verfügung und sorgt dafür, dass 421 erwerbslose Fans, die über 200 Kilometer per Fahrrad nach Nürnberg strampeln, in Weißenburg ein kostenloses Nachtquartier vorfinden. In München wird der Tross von Siegfried Herrmann verabschiedet.

Unter den Fußballfreunden, die aus Frankfurt angereist kommen, befindet sich u.a. Dr. David Rothschild, ehemals Präsident des FSV und in der Mainmetropole respekt- und liebevoll »der Bornheimer Doktor« genannt. Rothschild über die Anfahrt der Frankfurter (die freilich nicht per Rad, sondern mit dem Automobil erfolgt): »In jedem Ort, durch den sie fahren, erwartet sie eine enthusiastische Menschenmenge, die mit wechselnden Sympathien für eines der beiden Finalteams Partei ergreift, und je näher sie Nürnberg kommen, umso gewaltiger wird die Mobilisierung. Was sehen wir? Da flitzt Hitlers Mercedes mit Eskorte uns entgegen: die Insassen erkennen, dass König Fußball die Massenbegeisterung in steigendem Maße erwirbt, trotz Reichstagsfieber und Notverordnungen.« Ein optimistisches Bild, das nur wenige Monate später von der Wirklichkeit brutal überrollt wird.

In der Ehrenloge des Nürnberger Stadions ist reichlich Prominenz versammelt. Mit Dr. Franz Xaver Goldenberger von der Bayerischen Volkspartei wohnt erstmals ein Kultusminister einem Meisterschaftsfinale bei. Auch Münchens Bürgermeister, Geheimrat Hofrat Küfer, ist angereist. Auf der Pressetribüne nehmen Walther Bensemann und die Frankfurter Journalistenlegende Max Behrens Platz. Wie »Bense« ist auch der »dicke Max« Jude. Der Journalist, ein »lebendes Fußball-Lexikon«, wie später einmal die »Frankfurter Presse« schreiben wird, berichtet für den »Frankfurter Generalanzeiger« und die »Frankfurter Zeitung« (Vorläufer der »Frankfurter Neuen Presse«) über die Auftritte der Eintracht und des Lokalrivalen FSV. Im Stadion herrscht drückende Hitze. Später wird man 43.000 geleerte Limonadeflaschen und 30.000 Maßkrüge einsammeln.

»Die beste Mannschaft Deutschlands«

Beim Anpfiff durch Schiedsrichter Alfred Birlem stehen neun aktuelle Nationalspieler auf dem Platz. Bei den Bayern sind es Bergmaier, Haringer, Heidkamp, Rohr und Welker, bei der Eintracht Schütz, Stubb, Mantel und der bereits erwähnte Schweizer Walter Dietrich. Allerdings muss Eintracht-Coach Paul Oßwald auf den torgefährlichen Linksaußen Bernhard Kellerhof verzichten, der mit einer schweren Knieverletzung ausfällt.

Kapitän des FC Bayern ist der Düsseldorfer Konrad »Conny« Heidkamp. Sigmund Haringer: »Eine solche Persönlichkeit hatte außer uns keiner. Conny Heidkamp war nicht nur als Spieler Extraklasse. Heidkamp (…) schaffte es mit seiner großen Menschenkenntnis, seiner rheinischen Fröhlichkeit und vor allem mit seinem gütigen Herzen, dass jede noch so kleine Reiberei, jedes noch so unscheinbare Missverständnis zwischen uns ausgeschaltet blieb. (…) Heidkamp war wohl einer der vollendetsten Läufer, die wir je in Deutschland gehabt haben. (…) Presse und Zuschauer haben Heidkamp wohl immer geschätzt, aber so richtig verstanden haben sie ihn nie. Wenn ich nach dem richtigen Ausdruck für seine Spielkunst suche, fällt mir nur ein Wort ein: er war einmalig! Er war einer von denen, die in der Lage waren, allein ein Spiel zu entscheiden.«

Doch zunächst bestimmt die Eintracht das Spiel, kann aber ihre Überlegenheit nicht in Tore ummünzen. Nach etwa 20 Minuten können sich die Bayern von dem Druck befreien und ihr flüssig-flaches, geschmeidiges Kombinationsspiel entfalten. Haringer: »Auf beiden Seiten wurde flach gespielt und an MW- oder WM- oder Betonsystem dachte kein Mensch. Stürmen war die große Parole auf beiden Seiten, und zwar stürmen mit fünf Stürmern und einer offensiven Läuferreihe.«

In der 34. Minute schickt Rohr Bergmaier in den freien Raum. Bergmaier düpiert Mantel und drischt den Ball aufs Frankfurter Tor. Eintracht-Verteidiger Stubb wehrt das Geschoss in Torhüter-Manier kurz unterhalb der Querlatte mit beiden Fäusten ab. Schiedsrichter Alfred Birlem zeigt auf den Elfmeterpunkt. Eigentlich soll Kapitän Conny Heidkamp schießen, doch der überlässt die Ausführung dem Benjamin der Mannschaft, dem 20-jährigen Oskar Rohr. Laut Rohr hat ihn Heidkamp angefleht: »Ossi, du musst schießen, ich habe die Nerven nicht.« Der Torjäger nimmt nur kurz Anlauf, will den Ball platziert einschieben, was ihm aber – zum Glück für die Bayern – misslingt. Haringer: »Wie Rohr den Ball tritt, trifft er zunächst den Boden, so dass die Kreidemarkierung nur so staubt. Das war sein Glück, denn durch den Stoß in die Erde bekam sein Fuß eine andere Richtung. Hätte Rohr den Ball direkt (ohne vorher den Boden zu berühren) getroffen, hätte er ihn dem guten und aufmerksamen Schmitt vor den Bauch gesetzt.« So aber fliegt das Leder knapp über Keeper Ludwig Schmitts linker Faust zur 1:0-Führung ins Netz.

Die Begegnung wird nun härter, wobei die Frankfurter etwas mehr austeilen, was das neutrale Publikum mit spürbarem Sympathieentzug quittiert. Die erste halbe Stunde nach dem Wiederanpfiff gehört den Bayern, die nun routiniert ihr Programm hinunterspulen. In der 75. Minute setzt sich Bergmaier auf dem rechten Flügel durch. Stubb eilt herbei, doch Bergmaier passt auf engem Raum zu Krumm. Schon in der Nähe der Torauslinie angelangt, dribbelt sich Krumm an Stubb und Mantel vorbei, vollzieht eine schnelle Wendung und schießt aufs Tor, wo der Ball hart an den linken Pfosten schlägt und von dort ins Netz fliegt.

Die Eintracht bäumt sich noch einmal auf, doch das grandiose Abwehrduo Heidkamp-Haringer lässt nichts mehr anbrennen. Der »Kicker« über das Geheimnis des Bayern-Siegers: »Kein System mit immer den gleichen Mitteln, immer den gleichen Stellungen. Wenn Rohr und Schmid II oder Bergmaier den Ball hatten, dann wusste kein Gegner, was kam, und keiner der Kameraden wusste, was folgt: aber alle stellten sich so, dass sie in erfolgversprechender Position den Ball aufnehmen konnten. Und wenn einer seinen Pass gemacht hatte, dann blieb er nicht stehen, sondern suchte sich sofort einen neuen Platz aus. Mit dieser Spielweise erzwangen die Bayern in den ersten 30 Minuten der zweiten Hälfte eine erdrückende Überlegenheit.«

Der Berichterstatter des Fachblatts »Fußball« ist sich sicher: »Mit den Bayern ist die beste Mannschaft Deutschlands Meister geworden!

Die im entscheidenden Moment beste deutsche Mannschaft. (…) Das Ende war ein Meer von Jubel, ein Beifall, wie er zuvor wohl nur einmal von einem unbeteiligten Publikum einem deutschen Meister dargeboten wurde: 1926 der Spielvereinigung Fürth gegen Hertha BSC Berlin im Frankfurter Stadion.«

München feiert

Schon kurz nach dem Abpfiff treffen die ersten Glückwunschtelegramme ein. Aus München gratuliert Oberbürgermeister Dr. Karl Scharnagl, aus Wien Verbandskapitän Hugo Meisl und aus Zürich Bayerns ehemaliger Trainer Izidor »Dori« Kürschner.

Abends absolvieren die Spieler zunächst das offizielle Bankett, bevor sie sich in die vom Nürnberger Keeper und Rekordnationalspieler Heiner Stuhlfauth betriebene »Selbaldusklause« absetzen. Die Bayern-Leitung folgt, nachdem die letzten Repräsentationspflichten erledigt sind. Zwischenzeitlich schleppt Siegfried Herrmann die schwere Meistertrophäe »Viktoria« ins Mannschaftshotel. Dort zieht man der »Vicky«, wie die Spieler das Ungetüm taufen, Landauers Nachthemd über und legt sie ins Präsidenten-Bett.

Einen Tag später bereitet München der Meisterelf einen triumphalen Empfang. Zehntausende stehen Spalier, als die Mannschaft vom Südbau des Hauptbahnhofes über den Stachus durch die Neuhauser- und Kaufingerstraße zum Marienplatz zieht. Als Transportmittel hat man einen Kutschentyp namens »Landauer« gewählt.

Die Tour endet im Rathaus, wo die Stadt München im großen Sitzungssaal einen offiziellen Empfang ausrichtet. Der »Kicker«: »Mit herzlichen Worten begrüßte und beglückwünschte Dr. Karl Scharnagl den Deutschen Meister, mit dem Wunsche, dass der ruhmreiche und ehrenvolle Erfolg der Bayern richtunggebend für die sportliche Entwicklung Münchens und gleichzeitig als nachahmenswertes Vorbild an Fairness weitere Früchte tragen möge. Landauers Antwort war ein kleines Meisterwerk der Rhetorik. Selbstsicher und doch bescheiden dankte er der Stadt und ihrem Oberhaupt für den überaus herzlichen Empfang und gab das Versprechen ab, dass der FC Bayern getreu seiner bisherigen Tradition auch weiterhin bestrebt sein werde, das Prinzip zu wahren, das lautet: lieber anständig verlieren, als unter Missachtung der Gesetze sportlichen Anstandes zu gewinnen.«

Die Meisterschaftsfeier findet im völlig überfüllten Löwenbräukeller statt. Namhafte Volkssänger und Humoristen treten auf, so auch Weiß Ferdl, der sein Publikum längst auch mit antisemitischen »Späßen« erfreut: »Der Cohn und die Sarah / fahr'n im Auto dahin / Vorn stinkt's nach Knoblauch / und hinten nach Benzin.« Auf der Meisterschaftsfeier des FC Bayern begnügt er sich mit einer Umdichtung seines Schlagers »Und unser Fähnlein ist weiß und blau.«

Anders als sein Kollege Karl Valentin, der komplett auf antisemitische Witzeleien verzichtet und eine Abneigung gegen Hitler hegt, wird Weiß Ferdl der nationalsozialistischen Versuchung nicht widerstehen und deren Machtübernahme zum Karrieresprung nutzen. Schon früh gibt er sich als Sympathisant der braunen Bewegung zu erkennen und pflegt den Umgang mit Münchner Parteigrößen. Der lokale Held avanciert zu einem in ganz Deutschland berühmten Star. Der NSDAP tritt Weiß Ferdl allerdings erst 1940 bei. Während der Kriegsjahre eckt er mit seinem Humor zuweilen bei den Oberen an.

Der zweite Bühnenstar des Abends ist der Mundartdichter und »Krügelredner« Michl Ehbauer, von der Bayern-Chronik zum »Haushumoristen« des Klubs gekürt. Ehbauers literarisches Hauptwerk ist die in zahlreichen Auflagen erschienene »Baierische Weltgschicht«, eine in Versform erzählte biblische Geschichte der Welt als eine von Bayern dominierte Angelegenheit. (Sein Sohn, der Arzt Michael Ehbauer, schreibt die »Weltgschicht« später fort.) Nach dem Zweiten Weltkrieg wird Ehbauer mit Karl Peukert das Komikerduo »Frauenturmgeister« bilden und Missstände in München und Bayern anprangern.

Oberbürgermeister Scharnagl bekommt von Kurt Landauer ein weiteres Fünfmark-Stück überreicht – mit den besten Grüßen von Walther Bensemann, der entgegen seiner ursprünglichen Absicht doch noch einmal gewettet und gegen den Politiker erneut verloren hatte. Nur neun Monate nach dem feucht-fröhlichen Abend im Löwenbräukeller werden alle drei nicht mehr im Amt sein: der Oberbürgermeister nicht, der Bayern-Präsident nicht und auch der »Kicker«-Herausgeber nicht mehr.

Nachwehen

Zu einem Zeitpunkt, an dem die Weimarer Republik bereits kollabiert, erringt der FC Bayern mit einem jüdischen Präsidenten, einem

117

jüdischen Trainer und einem jüdischen Jugendfunktionär seine erste Deutsche Meisterschaft. Ein Ereignis, das gegen den Strom der Zeit steht – in Deutschland wie in München.

Die Vertreibung der Juden aus dem deutschen Fußball beginnt bereits wenige Wochen nach dem Finale von Nürnberg. Anfang August 1932, gut zwei Monate nach der Halbfinalniederlage gegen den FC Bayern, holt Julius Streichers Zeitung »Der Stürmer« zum Generalangriff auf den »verjudeten« 1. FC Nürnberg und seinen jüdischen Trainer aus. Das in der Franken-Metropole erscheinende Nazi-Hetzblatt schlagzeilt: »Der 1. Fußballklub Nürnberg geht am Juden zugrunde.« Weiter heißt es: »Es geht mit dem verjudeten Klub bergab. Sein Name verliert den berühmten und guten Klang. Die Zuschauer werden weniger und weniger. Der Ruf der Stadt Nürnberg als Sporthochburg ist gefährdet. Und das alles um der Juden willen.« Der durch »jüdische und sonstige Gazetten hochgepriesene Jude Konrad« besäße »nicht das Können, um den Klub ins Ziel zu bringen«. Ohnehin sei »ein Jude (…) als wahrer Sportsmann nicht denkbar. Er ist nicht dazu gebaut, mit seiner abnormen und missratenen Gestalt. (…) Vor zweieinhalb Jahren nahm er (der Verein, Anm. d. A.) sich den Ostjuden Konrad als Lehrmeister für die erste Mannschaft. Er zahlte ihm 800 Mark monatlich und wollte unter ihm die sechste Deutsche Meisterschaft heimholen. Voriges Jahr und heuer erlebten wir aber eine große Pleite. (…) Konrad kann wohl sein Riesengehalt einstecken, aber den Klub zum Siege führen, das bringt der Jude nicht fertig.« Der Artikel mündet in einer unmissverständlichen Aufforderung: »Klub! Besinne Dich und wache auf. Jag Deine Bar-Kochba- und Tennisjuden zum Teufel. Gib Deinem Trainer eine Fahrkarte nach Jerusalem. Werde wieder deutsch, dann wirst du wieder gesund!«

Am Abend des 5. August 1932 wird Konrád vom »Club« verabschiedet. Wenige Stunden später packt Jenö Konrád seine Koffer und verlässt mit Frau Grete und seiner dreieinhalbjährigen Tochter Evelyn die Stadt.

»Der Stürmer« triumphiert in seiner nächsten Ausgabe: »Jud Konrad ist abgedampft. (…) Der ›Club‹ hat entgegen den vertraglichen Abmachungen den Abzug des beschnittenen ›Trainers‹« genehmigt und sei »anscheinend froh, den Fremdrassigen so schnell und glimpflich wegzubekommen«.

Dem war mitnichten so. So schreibt die »Vereinszeitung«: »Die Bemühungen der Vereinsleitung, ihn zum Bleiben zu bewegen, sind ohne Erfolg gewesen.« »Club«-Legende und Ex-Nationalspieler Hans Kalb, Tennis-Partner Konráds und enger Freund der Familie, rät dem Trainer vergebens, nicht auf »das Bellen des Gesindels« zu hören. Für Vereinsvize Karl Müller ist einem »untadeligen Menschen (…) bitteres Unrecht« angetan worden, »an dem der Verein kein Teil hat«.

In der Saison 1932/33 wird Jenö Konrád mit dem rumänischen Klub Ripensia Timisoara die Landesmeisterschaft gewinnen. Nach Deutschland wird er nie wieder zurückkehren.

Kapitel 7

Neuordnung in Politik und Fußball

18.000 Zuschauer sehen am 12. März 1933 das Derby zwischen dem FC Bayern und dem TSV 1860, angesichts der Spielstärke beider Mannschaften eine absolute Spitzenbegegnung in der Gruppe Ostwest der Süddeutschen Meisterschaft. Nach dem Schlusspfiff begleitet tosender Beifall die Teams in die Kabinen. Hans Welker hat die Bayern in Führung geschossen, aber am Ende gewinnen die »Löwen« mit 2:1. Es ist bereits der zweite Sieg des TSV 1860 über den amtierenden Deutschen Meister binnen vier Wochen, denn auch das Hinspiel ging an die »Löwen«.

Ungleich mehr Menschen, nämlich 150.000, strömen am selben Tag aufs Oberwiesenfeld. Dort empfangen sie nicht weniger begeistert ein Flugzeug, mit dem der neue Reichskanzler zum Besuch in seine politische Hochburg München kommt. Sein Name: Adolf Hitler.

Der »Führer« war am 30. Januar 1933 von Reichspräsident Hindenburg zum Kanzler ernannt worden. Mit Vertretern der NSDAP, der Deutschnationalen Volkspartei (DNVP), des Stahlhelms und mit Parteilosen bildet er ein »Kabinett der nationalen Erhebung«. Zwei Tage später wird der Reichstag aufgelöst. Nun überschlagen sich die Ereignisse – in der Politik wie im Fußball.

Am 27. Februar 1933 brennt in Berlin der Reichstag. Das neue Regime lässt kurz darauf Kommunisten, Sozialdemokraten und andere Linke verhaften, darunter auch den späteren Friedensnobelpreisträger Carl von Ossietzky. Mit der »Notverordnung zum Schutz von Volk und Staat« (auch »Reichstagsbrandverordnung« genannt) werden die wichtigsten Grundrechte der Weimarer Verfassung außer Kraft gesetzt.

Einen Tag später, am 28. Februar 1933, beginnt das Regime damit, die Büros der kommunistischen Kampfgemeinschaft für Rote Sporteinheit (KG) zu schließen. Die kommunistische Sportbewegung zählt zu diesem Zeitpunkt ca. 200.000 Mitglieder in ca. 4.000 Vereinen. Bis Ende April 1933 wird die Tätigkeit sowohl der KG wie auch des SPD-nahen Arbeiter Turn- und Sportbundes (ATSB) mit seinen 738.048

Mitgliedern (in 6.886 Vereinen) offiziell verboten. Zahlreiche linke Sportfunktionäre werden verhaftet und in Konzentrationslager verschleppt – so auch Paul Zobel, Mitglied der KPD-Reichsleitung, KPD-Abgeordneter im preußischen Landtag und ein bekannter Fußballspieler. Vor der Spaltung der Arbeitersportbewegung hatte er im ATSB die Fußballsparte aufgebaut. Zobel wird im Juli 1944 im KZ Dachau zu Tode gefoltert. An den Fußballer und Widerstandskämpfer erinnert heute noch der Paul-Zobel-Sportplatz des VfB Einheit Pankow (»Einheit« wurde 1951 hinzugefügt) – also des Stammvereins von Franz John und der Gebrüder Gus und Fred Manning.

Haringer und Rohr treffen beim Länderspiel

Bei den Reichstagswahlen vom 5. März 1933 holt die NSDAP in München 176.490 Stimmen und wird damit stärkste Partei. Für die Bayerische Volkspartei (BVP) werden 102.497 Stimmen abgegeben, für die SPD 96.284 und die KPD 55.483. Angesichts zahlloser Repressalien, Verhaftungen und Übergriffe können diese Wahlen nicht mehr als »frei« bezeichnet werden.

Bereits vier Tage später beginnt die Entmachtung und Gleichschaltung der bisherigen bayerischen Regierung mit der Einsetzung des ehemaligen Freikorpsführers General Ritter von Epp als Reichskommissar durch Reichsinnenminister Wilhelm Frick. Seine polizeistaatlichen Vollmachten nutzt Epp umgehend zur Ernennung Ernst Röhms zum »Staatskommissar zur besonderen Verwendung« und Heinrich Himmlers zum kommissarischen Leiter der Polizeidirektion München. In der Folge setzt Epp jedem Ministerium einen Kommissar an die Spitze. Der auf kaltem Wege entmachteten bayerischen Staatsregierung unter Ministerpräsident Heinrich Held (BVP) bleibt am 16. März nur der Rücktritt.

Am 19. März 1933 bestreitet die deutsche Nationalmannschaft in Berlin gegen Frankreich ihr erstes Länderspiel nach den Reichstagswahlen. Der französische FIFA-Präsident Jules Rimet überlegt zunächst, die *Équipe Tricolore* angesichts der politischen Entwicklung in Deutschland daheim zu lassen. Aber sein deutscher Generalsekretär Ivo Schricker rät davon ab. Schricker, ein alter Weggefährte Walther Bensemanns, befürchtet, eine politische Isolierung Deutschlands zu diesem Zeitpunkt könnte die innenpolitischen Verhältnisse dort nur verschlimmern.

Vom FC Bayern sind in Berlin Sigmund Haringer und Oskar Rohr dabei. Vom Lokalrivalen TSV 1860 Ludwig Lachner, der seine Karriere bei der Freien Turnerschaft (FT) Gern begonnen hatte, die dem sozialdemokratischen Arbeiter Turn- und Sportbund (ATSB) angehörte. (Die FT Gern ist auch der Stammverein des aktuellen Bayern-Nationalspielers Philipp Lahm. Mutter Daniela Lahm ist seit vielen Jahren Jugendleiterin des Vereins, für den auch schon der Vater und Großvater des Bayern-Stars gespielt haben.)

In Berlin trennen sich Deutsche und Franzosen 3:3. Die Tore schießen die Münchner: Rohr trifft zweimal, Lachner einmal. DFB-Boss Felix Linnemann gibt sich am Rande des Länderspiels überzeugt, »dass der Kampf gegen den Bolschewismus nicht nur ein Frühling Deutschlands sei, sondern sich später als ein Frühling für alle westlichen Kulturnationen erweisen werde«.

»Rücktritte«

Am 20. März 1933 weicht Münchens Oberbürgermeister Karl Scharnagl der Gewalt und erklärt seinen Rücktritt. Sein Nachfolger wird der NSDAP-Mann Karl Fiehler.

Zwei Tage später, am 22. März, sieht sich auch Bayern-Präsident Kurt Landauer durch die neuen politischen Verhältnisse zum Rücktritt genötigt. Für Dr. Bruno Malitz, den fanatischen Sportreferenten der SA, sind jüdische Sportfunktionäre wie Landauer »schlimmer als die Cholera, die Lungenpest, die Syphilis (…), schlimmer als Feuersbrunst, Hungersnot, Deichbruch, große Dürre, schlimmste Heuschreckenplage, Giftgas«. Offiziell heißt es bei den Bayern, Landauer habe sein Amt »mit Rücksicht auf die staatspolitische Neugestaltung der Verhältnisse in Deutschland« abgegeben. Vor allem aber handelt Landauer wohl mit Rücksicht auf den FC Bayern und sich selbst. So verhindert er, dass der Klub gezwungen wird, ihn offiziell abzusetzen. Und erspart sich selbst die damit verbundene Demütigung. Ähnlich verhalten sich zu diesem Zeitpunkt viele jüdische Fußballfunktionäre. Auch Otto Albert Beer, einer der Baumeister der überaus erfolgreichen Jugendabteilung beim FC Bayern, zieht sich zurück.

Vielleicht glaubt Landauer wie viele andere Juden, dass die nationalsozialistische Machtübernahme nur ein vorübergehender Spuk bleibt. Dies bestätigt auch Hans Schiefele, der spätere Vize-Präsident des Klubs. Schiefele 2003 gegenüber den Journalisten Dirk Bitzer und Bernd Wilting: »Der hat einfach nicht glauben können, was da passiert. Er hatte so viel für Deutschland und den deutschen Fußball getan. Er war ja ein anerkannter, angesehener Mann. DFB-Präsident hätte er werden können. Und wahrscheinlich fühlte er sich dem FC Bayern immer noch viel zu sehr verbunden.« Landauer bleibt dem Klub noch einige Zeit erhalten, wenn auch nicht mehr in offizieller Funktion.

Seit dem 1. September 1930 ist Landauer als Abteilungsleiter der Anzeigenverwaltung des Verlags Knorr & Hirth beschäftigt, Herausgeber der »Münchner Neuesten Nachrichten«. Im Zuge der Arisierung des Betriebs wird Landauer am 30. April 1933 unter Fortzahlung der Gehaltsbezüge auf zwei Monate fristlos entlassen. Kurze Zeit später kommt er bei der Wäschefirma Rosa Klauber unter, die einer jüdischen Familie gehört. Als Abteilungsleiter von Knorr & Hirth hat Landauer noch ein monatliches Gehalt von 550 RM bezogen, nun muss er sich mit 225 RM begnügen.

Einen Tag nach Landauers Rücktritt, am 23. März 1933, verabschiedet der Reichstag das Gesetz zur Behebung der Not von Volk und Reich, kurz »Ermächtigungsgesetz«, das nun gemeinsam mit der »Reichstagsbrandverordnung« die juristische Hauptgrundlage der NS-Diktatur bildet. Der »Totenschein für die Weimarer Republik« (Ernst Pieper) erhält die Zustimmung aller bürgerlichen Abgeordneten, nur die Sozialdemokraten votieren dagegen. Die 81 Vertreter der KPD sind dazu nicht mehr in der Lage, da sie sich widerrechtlich in Haft oder auf der Flucht befinden, untergetaucht sind oder ermordet wurden.

Am selben Tag besetzen SA-Hundertschaften die Bundesschule des sozialdemokratischen ATSB in Leipzig. Die Konten des ATSB werden gesperrt, eine Reihe von Funktionären wird verhaftet, verhört und verprügelt.

Braune »Blaue«

Der TSV 1860 München ist für die neuen politischen Verhältnisse wesentlich besser aufgestellt als der FC Bayern. 1933 übernimmt im Turnverein der nationalkonservative Turnlehrer Wilhelm Hacker den Vorsitz. Turnverein und Sportverein werden am 13. März 1934 zum TSV 1860 wiedervereinigt. Dessen Vereinsvorsitzende sind nun Herren, die sich bereits der Hitler-Bewegung angeschlossen hatten, als diese noch eine Randerscheinung des politischen Spektrums war. Fritz Ebenböck (1934-35) war 1922 der NSDAP und der SA beigetreten. Seit 1921 gehörte er dem Freikorps Oberland an und nahm am 8./9. November 1923 am Hitler-Ludendorff-Putsch teil. Auch der SA-Sturmbannführer Dr. Ludwig Holzer (1935-36) war beim Marsch auf die Feldherrnhalle dabei. Ebenso Dr. Emil Ketterer, der den Verein anschließend bis zum Kriegsende führen wird. Ketterer ist seit 1923 Mitglied des Kampfbundes »Reichskriegsflagge« und der NSDAP, Mitbegründer des nationalsozialistischen Deutschen Ärztebundes München-Oberbayern, seit 1931 SA-Mitglied und Träger des goldenen Ehrenzeichens der Partei. Ab dem 26. April 1933 gehört Ketterer auch dem »gleichgeschalteten« Münchner Stadtrat an. Eberböck, Holzer und Ketterer sind »Blutordensträger«. Der »Blutorden«, die höchste Auszeichnung der Partei, wurde zunächst ausschließlich an überlebende Teilnehmer des Hitler-Ludendorff-Putsches verliehen.

Der SA-Obersturmführer Sebastian Gleixner, der 1941 Leiter der Fußballabteilung wird, war der NSDAP 1928 beigetreten und profiliert sich bei der Zerschlagung der Gewerkschaften. Wie Ketterer ist Gleixner Mitglied des Münchner Stadtrats. Am 2. Februar 1941 wird Ketterer dem nationalsozialistischen Oberbürgermeister Fiehler vermelden, dass »das Führerprinzip (im Verein) immer stark ausgeprägt war und dass ein prozentual großer Anteil der Mitgliedschaft sehr früh bei der Fahne Adolf Hitlers zu finden war. Siehe große Zahl der Blutordensträger.« Und »im Gegensatz zu anderen Vereinen« – gemeint war wohl vor allem der Lokalrivale FC Bayern – seien im TSV 1860 Juden »nie hoch« gekommen.

»Entfernung der Juden«

Für den 1. April 1933 rufen die neuen Machthaber reichsweit einen »Judenboykott« aus. Auch in München kommt es zu gewalttätigen Ausschreitungen gegen jüdische Geschäfte und Einrichtungen. Die bayerische Metropole, der Hitler 1935 den Ehrentitel »Haupstadt der Bewegung« verliehen wird, ist mit besonderem Eifer dabei. Noch im März hatte der neue Oberbürgermeister Fiehler dafür gesorgt, dass kommunale Aufträge nicht mehr an jüdische Gewerbetreibende vergeben werden durften. Den städtischen Angestellten und Beamten wird untersagt, städtischerseits bezuschusste Arbeitskleidung in jüdischen Geschäften zu kaufen.

Dem antisemitischen Aktionstag folgt unmittelbar der Erlass des Gesetzes »zur Wiederherstellung des Berufsbeamtentums«. Einige der Turn- und Sportverbände reagieren umgehend mit der Übernahme des »Arierparagraphen« in ihrem Wirkungsbereich und mit dem Ausschluss ihrer jüdischen Mitglieder. Den Anfang machen die Turner. Am 8./9. April 1933 bekennt sich der Hauptausschuss der Deutschen Turnerschaft (DT) einstimmig zum »arischen Grundsatz« und beschließt die Einführung eines »Arierparagraphen«. Edmund Neuendorff, der neue »Führer« der DT, verpflichtet die Vereine, bis zum Turnfest im Juli 1933 in Stuttgart »alle jüdischen Mitglieder aus ihren Reihen auszuscheiden«. Hitlers rassenbiologischem Antisemitismus folgend, erläutert Neuendorf, dass der Begriff des Juden nicht durch den Glauben, sondern »durch das Blut bestimmt wird. Jude ist, wer von jüdischen Eltern stammt. Dazu genügt, dass ein Teil der Großeltern jüdischen Blutes ist.«

Als Nächster ist der Süddeutsche Fußball- und Leichtathletikverband (SFLV) an der Reihe, dessen Großvereine am 9. April folgende Erklärung verabschieden: »Die unterzeichneten, am 9. April 1933 in Stuttgart anwesenden, an den Endspielen um die süddeutsche Fußballmeisterschaft beteiligten Vereine des Süddeutschen Fußball- und Leichtathletikverbandes stellen sich freudig und entschieden den von der nationalen Regierung auf dem Gebiet der körperlichen Ertüchtigung verfolgten Besprechungen zur Verfügung und sind bereit, mit allen Kräften daran mitzuarbeiten. Sie sind gewillt, in Fülle dieser Mitarbeit alle Folgerungen, insbesondere in der Frage der Entfernung der Juden aus den Sportvereinen, zu ziehen.«

Zu den Unterzeichnern gehören alle bedeutenderen Klubs aus dem Süden. So auch der FC Bayern, an dessen Spitze noch 18 Tage zuvor der Jude Kurt Landauer stand. Die schnelle Distanzierung vom beliebten Präsidenten überrascht, zumal Landauer aus dem Klub-Milieu nicht verschwindet. Überhaupt verwundert dieser Akt des vorauseilenden Gehorsams, der einer Erklärung des DFB vorgreift und an dem neben den Bayern noch weitere Vereine beteiligt sind, die bislang ein liberales Image pflegten und in deren Geschichte jüdische Spieler, Trainer, Funktionäre oder Mäzene eine wesentliche Rolle spielten: so außer dem FC

Bayern auch Eintracht Frankfurt, FSV Frankfurt, Stuttgarter Kickers, 1. FC Nürnberg oder Karlsruher FV. Allerdings ist das konkrete Zustandekommen dieser blamablen Manifestation nicht näher bekannt. Die Erklärung der Süddeutschen bleibt nicht ohne Widerspruch. So erhält Eugen Seybold, der Herausgeber des »Fußball«, den empörten Leserbrief eines Dr. P., der seinen Namen nicht genannt wissen will. »Nationales Empfinden ist eine Selbstverständlichkeit! Wenn die in Stuttgart versammelten ›Großvereine‹ glauben, diese Selbstverständlichkeit in Form einer ›Sonderaktion‹ besonders hervorkehren zu müssen, dann machen sie sich, im Augenblick wenigstens, stark verdächtig, sich dem Zugriff der ›säubernden Staatsgewalt‹ entziehen zu wollen! Sie glauben, in der Erklärung ihrer Bereitwilligkeit, die Juden aus ihren Reihen zu entfernen, den ›versöhnenden‹ Schritt getan zu haben. ›Captatio benevolentiae‹ lautet dafür meine Ansicht! Zu deutsch: übelste Kriecherei!« Fast scheint es, als habe Dr. P. den FC Bayern und Eintracht Frankfurt im Visier, wenn es weiter heißt: »Mancher Führer der genannten Vereine mag aus ›persönlichen Motiven‹ diese Bereitwilligkeit zum Ausdruck gebracht zu haben. Die übrigen aber, wollen sie vergessen, dass es ihrem Verein unter Führung eines jüdischen Vorsitzenden einmal sehr gut ging! Wollen ganze Vereine vergessen, dass es mit Hilfe materieller Opfer jüdischer Vereinsfunktionäre oder Gönner, mit deren ›Hinauswurf‹ sie jetzt ihre ›nationale Ergebenheit‹ dokumentieren wollen, fertigbrachten, sich über Wasser zu halten oder gar ihre Spitzenstellung zu behaupten! Führen Sie (gemeint ist der Verleger der Zeitschrift, Anm. d. A.) Ihren Kampf unbeirrbar fort, gehen Sie den Weg weiter, der nur zur Gesundung des ganzen deutschen Fußballsports führen darf, und nicht der Vormachtstellung einer Minderheit dienen soll, der jedes Mittel recht ist, um ihre ureigensten Interessen zu wahren, wobei es ihnen nicht einmal darauf ankommt, denen, auf die sie noch gestern schwörten, heute den Todesstoß zu versetzen, nur um den ›Beweis‹ ihrer 100prozentigen Bereitwilligkeit zu erbringen!«

Eugen Seybold allerdings wird diesen Kampf nicht weiterführen. Nach den Reichstags-»Wahlen« vom November 1933, bei denen 92 Prozent für die »Liste des Führers« stimmen, jubelt der »Fußball«: »Es war selbstverständlich, dass auch das Sportvolk sich in den Dienst der großen Sache stellte und unbelastet am Abend den gewaltigen Sieg der

Hitler-Regierung mitfeiern wollte! Deutschlands Sportplätze waren tot. Alles stand in der Millionen-Phalanx im Kampf für den Führer.«

Scheinblüte jüdischer Sportvereine

Mit der Erklärung der süddeutschen Vereine endet am 9. April 1933 ein halbes Jahrhundert deutschen Fußballsports, eine Epoche, in der Funktionäre und Spieler, unabhängig von ihrer kulturellen, religiösen oder nationalen Herkunft, die Entwicklung des Fußballs gefördert haben.

Einen Tag später verkündet Ex-Nationalspieler Julius Hirsch seinen Austritt aus dem Karlsruher FV: »Ich lese heute im ›Sportbericht Stuttgart‹, dass die großen Vereine, darunter auch der KFV, einen Entschluss gefasst haben, dass die Juden aus den Sportvereinen zu entfernen seien. Leider muss ich nun bewegten Herzens meinem lieben KFV, dem ich seit 1902 angehöre, meinen Austritt anzeigen.« Mit Verbitterung verweist Hirsch auf den Beitrag der deutschen Juden im Ersten Weltkrieg: »Nicht unerwähnt möchte ich lassen, dass es in dem heute so gehassten Prügelkind der Nation auch anständige und noch viel mehr national denkende und auch durch die Tat bewiesene und durch das Herzblut vergessene deutsche Juden gibt.«

Durch den Ausschluss der Juden aus den paritätischen Turn- und Sportvereinen erfährt die bis dahin marginale jüdische Sportbewegung einen Aufschwung. Ihre Mitgliederzahlen steigen nun beträchtlich. Zählten der Makkabi-Kreis und der Sportbund Schild des Reichsbundes jüdischer Frontsoldaten (RjF) vor 1933 ca. 10.000 bis 15.000 aktive Sportler, so sind dies 1936 gut 40.000. Denn die jüdischen Klubs sind nun der einzige Ort, an dem Juden noch Sport treiben können. Insbesondere die Fußballsparten erfahren einen erheblichen Zuwachs. Was nicht verwundert, denn besonders im Fußball zogen Juden bis dahin die konfessionell ungebundenen Vereine denen der jüdischen Sportbewegung vor. Allerdings müssen jüdische Sportveranstaltungen nun polizeilich genehmigt werden, und in der täglichen Praxis sehen sich jüdische Vereine immer wieder behördlichen Schikanen ausgesetzt.

Der Boom, den die jüdische Sportbewegung erfährt, ist lediglich eine Scheinblüte. Eine schreckliche noch dazu, denn die Segregation von jüdischer und sonstiger Sportbewegung dient nur der Vorbereitung der Vernichtung der Juden. Auch wenn einige sporttreibende Juden glauben, mit den Nürnberger Rassegesetzen einerseits und der

Gewährung eines »getthoisierten Sports« anderseits sei die »Juden-frage« geklärt. Juden dürfen leben, arbeiten und Sport treiben – aber nur noch getrennt von der Rest-Gesellschaft.

1933 ist in München der jüdische Verein Bar Kochba München verboten worden, hat sich aber Anfang 1934 als Jüdischer Turn- und Sportverein München (JTUS) neugegründet. JTUS nimmt einen ra-schen Aufschwung und bestreitet bereits im Juni 1934 sein erstes Meis-terschaftsspiel. Trainiert und gespielt wird an der Marbachstraße. Otto Albert Beer, der ehemalige Jugendfunktionär des FC Bayern, wird im Juni 1936 zum Sportwart des JTUS München gewählt.

Ex-Nationalspieler Julius Hirsch spielt 1934 als 42-Jähriger (!) für den jüdischen Turnklub (TK) 03 Karlsruhe. Kapitän der Elf ist Dr. Bill Fuchs, ein Cousin von Gottfried Fuchs, dem ersten Juden im deut-schen Nationaltrikot. 1936 wird Hirsch Trainer des Klubs.

Für die jüdischen Sportler wird nach der Reichspogromnacht vom 9. November 1938 auch in den jüdischen Vereinen Schluss sein. Mit Ausnahme der Reichsvereinigung der Juden in Deutschland werden alle jüdischen Organisationen aufgelöst, so auch die Sportverbände Makkabi und Sportbund Schild.

Streber und Taktierer

Kurz nachdem die Stellungnahme der süddeutschen Vereine im Ap-ril 1933 bekannt wurde, lässt die DFB-Führung über den »Kicker« folgende Erklärung verbreiten: »Der Vorstand des Deutschen Fuß-ball-Bundes und der Vorstand der Deutschen Sport-Behörde halten Angehörige der jüdischen Rasse, ebenso auch Personen, die sich als Mitglieder der marxistischen Bewegung herausgestellt haben, in füh-renden Stellungen der Landesverbände nicht für tragbar. Die Vereins-vorstände werden aufgefordert, die entsprechenden Maßnahmen, so-weit diese nicht bereits getroffen sind, zu veranlassen.«

Die konkrete Umsetzung dieser Vorgabe wird den Vereinen über-lassen, von denen sich nun viele eifrig der »Judenfrage« annehmen. Der DFB-Vorsitzende Linnemann legt eine Mustersatzung für die DFB-Vereine vor, in der von beitrittswilligen Spielern auch die Angabe ihres Glaubens verlangt wird. Worum es dabei geht, wird aus den anhängen-den Erläuterungen ersichtlich: »Die Frage nach der Religion ist so aus-zubauen, dass die Abstammung rassenmäßig überprüft werden kann.«

Die Gründungsurkunde des FC Bayern München mit den Unterschriften der jüdischen Bürger und Gründungsmitglieder Josef Pollack (links, vierte von unten) und Benno Elkan (rechts oben).

Die Mannschaft des Fußball-Club Freiburg, dem Geburtshelfer des FC Bayern.
In der Mitte der vorderen Reihe: Gustav Randolph „Gus" Manning. Rechts
daneben Hermann Specht, später Gastspieler beim FC Bayern, und Harry
Liefmann. Liefmann, Sohn eines jüdischen Kaufmannes, wurde 1899
Präsident des FFC. Obere Reihe, 2. v.r.: Ernst Schottelius, der wichtigste der
Freiburger Gastspieler beim FC Bayern.

Die Mannschaft des FC Bayern 1901 – ein Gruppenbild mit Freiburgern.
2. v.l. in der oberen Reihe: FFC-Gastspieler Hermann Geis. Vordere Reihe
2. v.l.: FFC-Gastspieler Hermann Specht. Rechts daneben: Josef Pollack, der
aus Freiburg stammende 1. Schriftführer und Torjäger des FC Bayern.

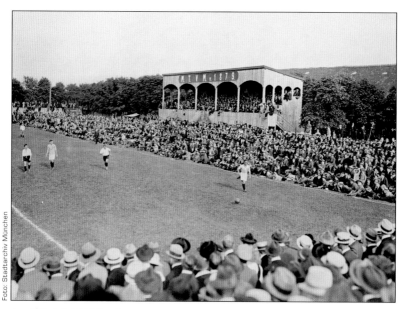

Am 27. Juli 1919 besiegte der „Judenklub" MTK Budapest den FC Bayern vor einer Rekordkulisse an der Marbachstraße mit 7:0. Die Begegnung war von prägendem Einfluss für die weitere spielkulturelle Entwicklung der Bayern.

MTK Budapest gegen Bayern München: „Fußballkönig" Alfréd Schaffer (rechts) düpiert seinen Gegenspieler.

1928 gewann der FC Bayern mit dem Ungarn Leo Weisz als Trainer und dem Auswahlkeeper Alfred Bernstein die Süddeutsche Meisterschaft. Stehend v.l.n.r.: Weisz, Haringer, Hofmann, Pöttinger, Schmid II, Nagelschmitz, Hufsteiner, Pöttinger II. Sitzend: Goldbrunner, Kutterer, Bernstein, Schmid I, Welker.

Sammelbild von Oskar Rohr. Der Nationalspieler und Torschütze im DM-Finale 1932 verließ den FC Bayern 1933 und ging zunächst in die Schweiz. Rohr wollte Profi werden, was in Deutschland nicht möglich war.

Meisterschaftsfeier mit „Viktoria". Hinten links Trainer Richard Dombi,
rechts Kapitän Konrad Heidkamp und Torjäger Oskar Rohr.
Vorne: Siegmund Haringer und Josef Bader.

1932 gewann der FC Bayern unter einem jüdischen Präsidenten und jüdischen Trainer seine erste Deutsche Meisterschaft. Die Meisterelf vor dem
Anpfiff des Finales in Nürnberg (v.l.n.r.): Haringer, Bergmaier, Welker, Heidkamp, Lechler, Nagelschmitz, Breindl, Krumm, Schmid II, Goldbrunner, Rohr.

1913 wurde Kurt Landauer erstmals Präsident bei den Bayern. In den Weimarer Jahren avancierte er zum Begründer des modernen FC Bayern.

Foto: Archiv Heiner Gillmeister

Josef „Joe" Pollack und Gustav Randolph „Gus" Manning vor Pollacks Villa in White Plains, Bundesstaat New York (1925). Der Mitbegründer des FC Bayern und der Initiator der Gründung waren kurz nach der Jahrhundertwende in die USA ausgewandert.

Bayern-Nationalspieler Willy Simetsreiter lernte bei den Olympischen
Spielen 1936 in Berlin den berühmten Jesse Owens kennen. Während der
Amerikaner viermal Gold gewann, erlitt Simetsreiter mit der deutschen
Nationalelf eine Blamage. Simetsreiter benutzte dieses Foto zeit seines
Lebens als Autogrammkarte.

Siegfried Herrmann war vor 1933 sowie nach 1945 der engste Mitarbeiter des Bayern-Präsidenten Landauer. Den Nazis galt der Kriminalbeamte als „politisch unzuverlässig", den Alliierten als „unbescholten".

Sammelbild von Siegmund Haringer. Der Nationalspieler galt als „vorlaut" und bekam deshalb Probleme mit den Nazis.

Otto Albert Beer, Textilkaufmann und langjähriger Jugendfunktionär des FC Bayern, wurde mit seiner Familie im November 1941 nach Kaunas deportiert und ermordet.

Das von jüdischen Bürgern geführte Wäschegeschäft Rosa Klauber in der Theatinerstraße 35 war eines der bedeutendsten seiner Art in München. Hier arbeitete Kurt Landauer nach seiner Entlassung bei den „Münchner Neuesten Nachrichten" und bis zu seiner Internierung in der Reichspogromnacht 1938, als das Geschäft vom Nazi-Mob verwüstet wurde. Die jüdischen Inhaber, die Brüder Klauber, wanderten nach New York aus, wo sie das Unternehmen neu gründeten. Ihre Schwester Maria Klopfer-Klauber ging zunächst nach Genf, wo sie dem ebenfalls emigrierten Kurt Landauer half.

Foto: Stadtarchiv München

Foto: Stadtarchiv München

Uri Siegel, Neffe von Kurt Landauer, wanderte 1934 mit seinen Eltern Julius Siegel und Henny Siegel-Landauer nach Palästina aus. Im Zweiten Weltkrieg kehrte er als Soldat der britischen Armee nach Europa zurück und beteiligte sich an der Befreiung vom Nationalsozialismus. Später ließ er sich in München als Rechtsanwalt nieder.

Nach dem Gewinn der südbayerischen Meisterschaft 1944 überreicht Gausportführer Breithaupt den Bayern einen Lorbeerkranz. Ein Empfang durch den Oberbürgermeister wurde dem Klub aber mit Verweis auf seinen ehemaligen jüdischen Präsidenten verwehrt.

Foto: Privatarchiv Uri Siegel

Foto: Stadtarchiv München

Kurt Landauer im Genfer Exil. Am 17. Mai 1939 war Landauer in die Schweiz emigriert. Anfang Juni 1947 kehrte er nach München zurück und wurde zum vierten Mal Präsident des FC Bayern.

September 2009:
Anlässlich des
125. Geburtstags
von Kurt Landauer
organisieren die Bayern-
Ultras in der Südkurve
der Allianz Arena
eine beeindruckende
Choreographie zu
Ehren des ehemaligen
Präsidenten.

Als Kurt Landauer am
21. Dezember 1961 stirbt,
erscheint er ein letztes
Mal auf dem Titelblatt der
offiziellen „Clubzeitung".
Allerdings ist der Nachruf
auf den ehemaligen jüdischen
Präsidenten mit einem
(christlichen) Kreuz versehen.

CLUBZEITUNG
des FC. BAYERN MÜNCHEN e.V.

Geschäftsstelle: München 15, Sonnenstraße 27/VI · Fernsprecher 59 48 64
Postscheckkonto: München Nr. 19217 · Bankkonto: Aufhäuser München

Nachdruck, auch auszugsweise, nur mit Genehmigung der Clubleitung des FC Bayern gestattet

Jahrgang 14   Januar 1962   Nr. 1

✝

Kurt Landauer

Am 21. Dezember 1961 verstarb Kurt Landauer,
der Ehrenpräsident des FC Bayern, im Alter
von 77 Jahren. Völlig unerwartet traf uns
die Nachricht in einer Stunde, als die Be-
stattung bereits stattgefunden hatte. Es war
der letzte Wunsch Kurt Landauers, dessen
Herz bis zu seinem Tode immer für seine
„Bayern" geschlagen hatte, daß die Beisetzung
in aller Stille stattfinden sollte. So ruhig, wie
es um ihn, der seine Krankheit in größter
Geduld ertragen hatte, in den letzten Jahren
geworden war, so ruhig verließ er uns, die
wir ihm viel zu danken haben.

Kurt Landauer war einer der ältesten und
verdientesten „Bayern", der sechs Jahrzehnte
dem Club angehörte und über lange Jahre an der Spitze unseres Vereins
stand. Seit 1901 war Landauer Mitglied des FC Bayern, dem er ein ganzes
Leben diente.

Vor und nach dem ersten Weltkrieg führte er mit Umsicht rund zwanzig
Jahre das Vereinsschiff. 1913 wurde er erstmals als Nachfolger Dr. Angelo
Knorrs an die Spitze berufen, damals nur für kurze Zeit, da er im ersten
Kriege unter den Fahnen stand. 1919 wurde er wieder 1. Vorsitzender
und bekleidete dieses Amt bis in die dreißiger Jahre; unter seiner Führung
wurde der FC Bayern 1932 deutscher Fußballmeister. Ein Jahr später trat
Landauer aus politischen Gründen von seinem Amte zurück und ver-

Die Grabstätte von Kurt und Maria Landauer auf dem Neuen
Israelitischen Friedhof im Münchner Stadtteil Freimann.

Für die Ultras von der „Schickeria München" ist das „jüdische Erbe" des FC Bayern bereits seit Jahren ein Anliegen. Seit 2006 veranstaltet die Gruppierung ein antirassistisches Turnier um den „Kurt-Landauer-Pokal". Auch ihr Fanzine „Gegen den Strom" widmete dem jüdischen Präsidenten bereits eine Titelstory.

Am 25. Juli 2005 bestreitet die U17 des FC Bayern ein Benefizspiel gegen eine israelisch-palästinensische Auswahl des Peres Center for Peace. Links Schimon Peres, zu dieser Zeit stellvertretender Ministerpräsident Israels, seit 2007 Staatspräsident. Rechts Dr. Edmund Stoiber, seinerzeit Ministerpräsident Bayerns und Mitglied des Verwaltungsrats des FC Bayern. Der FC Bayern erhält für diese Aktion den 2005 erstmals verliehenen „Julius-Hirsch-Preis" des DFB, benannt nach dem in Auschwitz ermordeten ehemaligen jüdischen Nationalspieler.

Am 25. April 2010 weiht der jüdische Sportklub TSV Maccabi München seinen „Kurt-Landauer-Platz" ein. Der FC Bayern unterstützt den Klub mit einer großzügigen Spende. V.l.n.r.: Robby Rajber (Präsident TSV Maccabi), Dr. Fritz Scherer (Vize-Präsident FC Bayern), Uli Hoeneß (Präsident FC Bayern) und Karl-Heinz Rummenigge (Vorstandsvorsitzender Bayern München AG).

Als ersten Gegner auf dem „Kurt-Landauer-Platz" empfängt der TSV Maccabi die Bayern-„All Stars". Welt- und Europameister Paul Breitner kann es noch immer.

Ein Bayern-„All Star" im Trikot des TSV Maccabi München: Rekordnationalspieler Lothar Matthäus, der zuvor den israelischen Erstligisten Maccabi Netanya trainiert hatte.

Selbst den Nazis wird bei diesem Tempo unheimlich. Während sich viele Sportverbände und Vereine gar nicht schnell genug von ihren jüdischen Mitgliedern trennen können, gibt sich die nationalsozialistische Sportführung zunächst zurückhaltend. Denn erst einmal müssen die Olympischen Spiele 1936 in Garmisch-Partenkirchen und vor allem in Berlin über die Bühne gebracht werden. Das Regime fürchtet, dass ein zu militantes und radikales Vorgehen die Vorbehalte im Ausland gegenüber den »Nazi-Spielen« schüren und den geplanten Propagandacoup gefährden könnte. Deshalb ist die Ausgrenzung der Juden aus dem deutschen Sport zunächst diskret zu betreiben. Und auch der sonstige Personalaustausch darf nicht zu massiv ausfallen.

Am 24. Mai verkündet der zum Reichssportkommissar gekürte SA-Obergruppenführer Hans von Tschammer und Osten Leitsätze zur »Neuordnung des deutschen Sports«: »Turn- und Sportverbände sind nicht dazu da, um das persönliche Wohlergehen von Privatleuten zu fördern; die Leibesübungen bilden vielmehr einen wichtigen Teil des Volkslebens und sind ein grundlegender Bestandteil des nationalen Erziehungssystems. Das Zeitalter des individualistischen Sportbetriebs ist vorbei. In das Eigenleben dieses meist gesunden und wertvollen Gemeinschaftslebens soll möglichst wenig eingegriffen werden. Es ist jedoch die selbstverständliche Pflicht jedes Vereins, nur solche Männer an die Führung zu berufen, deren Gesinnung, persönliche Eignung und Untadeligkeit außer Zweifel steht, was jedoch nicht bedeutet, dass alle alten und bewährten Führer entfernt werden sollen.« Mit Zufriedenheit quittiert Tschammer die bereits erfolgten Rücktritte jüdischer Funktionäre: »Dass es dem jüdischen Turner und Sportler im neuen Deutschland nicht möglich ist, eine führende oder mitbestimmende Stellung einzunehmen, hat er unterdessen selbst eingesehen.«

Im Juni 1933 wird der »Kicker« über einen Vortrag des Reichssportführers berichten: »Die Arierfrage wird in aller Ruhe gelöst werden. Sie hat einen Charakter, der nicht uninteressant ist. (…) Daher hieße es: Geduld und nichts überstürzen.« »Kicker«-Gründer Walther Bensemann ist zu diesem Zeitpunkt schon nicht mehr im Lande. Anfang April ist »Bense« in die Schweiz ausgereist.

Nach den Olympischen Spielen wird dann auch die nationalsozialistische Sportpolitik eine Radikalisierung erfahren. Bereits im Vorfeld der Spiele hatte Reichssportführer Tschammer in einem Situationsbericht über die »Neugestaltung der Leibesübungen« einen Wandel angekündigt. Man habe auf einen umfassenden Personalaustausch nach der Machtübernahme verzichtet, um die »organisatorischen und praktischen Vorbereitungsarbeiten (...) für die Olympischen Spiele 1936« nicht zu stören. Eine »Zerschlagung der liberalen Verbände im revolutionären Ansturm« hätte zu viele Sportfunktionäre »unnötig« verunsichert und damit die Basis für eine »Neuformung« aufs Spiel gesetzt. Nach den Spielen müsse die »Neuorganisation des Reichsbundes« nachgeholt werden (gemeint ist der Deutsche Reichsbund für Leibesübungen/DRL, aus dem 1938 der Nationalsozialistische Reichsbund für Leibesübungen/NSRL wird, der direkt der NSDAP unterstellt ist; Anm. d. A.), ebenso die Auflösung der Verbände und die »systematische Ausschaltung« des überkommenen Personals, das stärker als die Aktiven »am Alten« festhalte.

Ebenfalls 1936 schreibt SA-Sportreferent Malitz, dass in der nationalsozialistischen Volksgemeinschaft nur derjenige die Leibesübungen gestalten könne, »der den Nationalsozialismus bis in seine letzten Folgerungen durchdacht und erlernt hat«, was »einzig und allein in der SA« möglich sei: »Nur wer diese Schule durchmacht hat, darf Führer sein. Die deutschen Leibesübungen können und dürfen nur von SA-Männern als echten Trägern nationalsozialistischer Weltanschauung geführt werden. Alles andere kann nur Übergang sein.« Beim FC Bayern wird dieser Übergang ziemlich lange dauern.

Die Lehrmeister verlassen das Land

Nach dem Gewinn der Deutschen Meisterschaft im Juli 1932 schrieb der Chronist Sigillus in den »Club-Nachrichten« des FC Bayern über den »Meistermacher« Richard Dombi: »Neben seinen ausgezeichneten Fähigkeiten als Sportlehrer ist er in diesen zwei Jahren der Mannschaft ein aufrichtiger Freund und Berater geworden, und es wäre zu wünschen, wenn er ihr und unserem Club noch lange erhalten bliebe.« Die Saison 1932/33 ist bereits Dombis dritte beim FC Bayern, aber die Nazis werden dem von vielen Fans und Spielern geteilten Wunsch des Chronisten einen Strich durch die Rechnung machen.

Die Spielzeit beginnt verheißungsvoll. In den ersten drei Meisterschaftsspielen kommen die Bayern auf 24 Tore, neun davon erzielt Oskar Rohr. Von seinen 18 Meisterschaftsspielen der Bezirksliga Bayern/

Gruppe Südbayern gewinnt der Deutsche Meister 13. Vier Begegnungen enden unentschieden, nur beim FC Teutonia München müssen die Bayern in eine 0:1-Niederlage einwilligen. Der FC Bayern wird mit sieben Punkten Vorsprung auf den Verfolger und Lokalrivalen 1860 zum sechsten Mal in Folge südbayerischer Meister. Zu diesem Zeitpunkt, im Dezember 1932, existiert noch die Weimarer Republik. Hitlers Machtübernahme (30. Januar 1933) und der Rücktritt von Bayern-Präsident Landauer (22. März 1933) fallen in die Zeit, in der anschließend die Süddeutsche Meisterschaft ausgespielt wird (bis 16. April 1933).

In diese Meisterschaftsrunde startet der FC Bayern mit einem 2:0-Sieg über den 1. FC Kaiserslautern, aber am Ende muss man sich in der Ostweststaffel mit Platz vier begnügen – zwei Punkte hinter dem TSV 1860, dem man zweimal unterliegt (s.o.) und der nun bei der Endrunde zur Deutschen Meisterschaft bis ins Halbfinale vorstößt.

Laut Andreas Wittner ist es vor den letzten entscheidenden Spielen »zu zahlreichen Ungereimtheiten in der Mannschaftsführung gekommen, und der Meistertrainer hatte wohl schon nicht mehr das alleinige Sagen«. Der »Fußball« über das Scheitern der Bayern: »Je näher man dem neuen Ziel kam, desto mehr verlor man den Kopf. Dies zeigt sich am deutlichsten in der Tatsache, dass in den entscheidenden Spielen der letzten Wochen zwei Spieler ausgeschifft wurden, die für ihre Mannschaft mehr bedeuten als Durchschnittsspieler in einer beliebigen Mannschaft. Bergmaier (…), der beste deutsche Fußballspieler (…), und Schmid II wurden nicht mehr aufgestellt. (…) Unter dem Druck irgendwelcher Meinungen mussten die beiden (Spieler) jüngeren Kräften Platz machen. Daraus ziehen wir den Schluss, dass nicht die Mannschaft der Bayern, sondern eine gewisse Kopflosigkeit der Verantwortlichen (für das Ausscheiden) stehen (muss).« Inwieweit diese »Kopflosigkeit« dem Landauer'schen Rückzug geschuldet ist, bleibt unklar.

Im Mai 1933 verlässt Richard Dombi München und geht zunächst in die Schweiz. Im September 1933 wird er erneut Trainer des FC Barcelona, allerdings wird seine zweite Amtszeit bei den Katalanen sehr kritisch beurteilt. Im Sommer 1934 ist Dombi zurück in der Schweiz und übernimmt den FC Basel. Lange bleibt er nicht in der Grenzstadt. Anfang 1935 versichert sich Feyenoord Rotterdam seiner Dienste. 1936 und 1938 wird Feyenoord mit Dombi Meister der Niederlande. Als das

Team aus der Hafenstadt in der Saison 1938/39 unter den Erwartungen bleibt, bittet Dombi um die Auflösung seines Vertrags.

Dombi und der Ex-Nürnberger Jenö Konrád sind nicht die einzigen jüdischen Übungsleiter österreichisch-ungarischer Herkunft, die Deutschland verlassen müssen. Auch Gyula Kertész, ein Bruder jenes Vilmos Kertész, der 1919 mit dem MTK Budapest an der Münchner Marbachstraße vorgespielt hatte, kehrt dem Land den Rücken. In den 1920ern hatte Kertész diverse deutsche Klubs wie den Sportclub Victoria Hamburg und Union 03 Altona sowie in Frankreich und Skandinavien trainiert. Einen Namen machte er sich hierzulande aber vor allem als Trainer des Hamburger SV, den er im Januar 1931 übernahm. In dieser Saison führte der Ungar, »dem ein sagenhafter Ruf vorauseilte« (Werner Skrentny), die Rothosen bis ins Halbfinale der Deutschen Meisterschaft, wo man dem späteren Meister Hertha BSC Berlin knapp und unglücklich unterlag. Im Sommer 1932 begann er dann beim VfB Lübeck ein Engagement, das im Mai 1933 im »gegenseitigen Einvernehmen« aufgelöst wurde. Kertész geht in die USA, wo er in der Schallplattenindustrie arbeitet und bis zu seinem Tod im Mai 1982 in New York lebt. Sein Sohn George Curtiss wird leitender Manager von Remington Records.

Fritz Kerr, den Erfolgscoach der Stuttgarter Kickers, zieht es in die Schweiz zum FC Aarau. Zwischen seinen beiden Engagements in Stuttgart-Degerloch (1927-29, 1932-33) hatte Kerr die Nationalmannschaft Estlands betreut.

Alfons Beckenbauer: Vom Arbeitersportler zum »bürgerlichen« Kicker

Seit Oktober 1932 kickt der 24-jährige Alfons Beckenbauer für die Bayern, der Onkel von »Kaiser Franz«. Im Arbeiterviertel Giesing aufgewachsen, hat Beckenbauer seine ersten fußballerischen Erfahrungen bei den lokalen Vereinen Sportclub 06 und FC Stern gesammelt. Zum FC Bayern kommt er vom ebenfalls in Giesing beheimateten FC Sportfreunde München 1912. 1929 hatten die Sportfreunde den DFB verlassen und sich in der Arbeitersportbewegung dem sozialdemokratischen ATSB angeschlossen. Beckenbauer spielte 1932 fünfmal für die ATSB-Bundesauswahlmannschaft und schoss dabei acht Tore. Der Arbeitersporthistoriker Eike Stiller: »Wirtschaftlich ging es Alfons Beckenbauer sehr schlecht. Er war über lange Jahre erwerbslos und hatte trotzdem mancherlei Angeboten aus dem DFB-Lager widerstanden. Ende des Jahres 1932 zeigte sich der FC Bayern München mit seinen Abwerbeversuchen bei Beckenbauer jedoch erfolgreicher.«

Die ATSB-Kicker durften kein Geld nehmen; in puncto Amateurismus konnte es die Arbeitersportbewegung mit den DFB-Ideologen durchaus aufnehmen. Hinzu kam der extrem zurückhaltende Umgang mit persönlichen Spitzenleistungen, einem »Starrummel« stand man äußerst ablehnend gegenüber. Persönliches Prestige und materielle Vorteile konnten Arbeiterfußballer bei den ATSB-Vereinen kaum erwarten.

Vermutlich sind es aber nicht nur finanzielle Erwägungen, die Beckenbauer zu den »bürgerlichen« Bayern treiben. Nach dem Gewinn der Meisterschaft 1932 schwimmt der Klub zunächst auf einer Euphoriewelle. Eike Stiller: »Seine hohe Spielkultur und exzellenten fußballerischen Fähigkeiten wurden auch in der bürgerlichen Presse betont. So heißt es in einem Spielbericht: ›In dem Halblinken Alfons Beckenbauer stellen die Bayern einen Spieler, für dessen Empfehlung sie schon stichhaltige Gründe aufbringen können. (…) Seine Flügelbedienung, seine Ballführung und seine kräftige Lebendigkeit im Strafraum des Gegners sind ausgezeichnet.‹«

Einige Monate vor Beckenbauer hatte bereits ein anderer prominenter Bundesauswahl-Kicker den ATSB verlassen. Der Hafenarbeiter Erwin Seeler, Vater von »Uns Uwe«, wechselte vom SC Lorbeer 06 aus dem hafennahen Arbeiterstadtviertel Rothenburgsort an die Hoheluft zum SC Victoria. Vor dem Wechsel soll Seeler Zusagen über Geldzahlungen und eine neue Wohnung erhalten haben. Das sozialdemokratische »Hamburger Echo« war empört und widmete dem Abtrünnigen die Schlagzeile »Verirrter Proletarier«. 1938 wechselt Seeler zum Hamburger SV.

Sein Debüt im Bayern-Trikot begeht Alfons Beckenbauer am 30. Oktober 1932 in Gelsenkirchen, als er bei einem Freundschaftsspiel gegen den FC Schalke 04 nach der Halbzeitpause eingewechselt wird. Beckenbauer erzielt ein Tor, kann aber auch nicht verhindern, dass die Bayern 2:3 unterliegen. Am 15. Juni 1933 läuft Beckenbauer zum letzten Mal für die Bayern auf, erneut in einem Freundschaftskick. Der FC Bayern gewinnt beim FC Traunstein mit 7:2, drei Tore schießt Beckenbauer. 1934 ist seine Bayern-Karriere offiziell beendet. Als Gründe werden Verletzungen und familiäre Verantwortlichkeiten angeführt.

Neuordnung des deutschen Sports

Von den Nazis wird der gesamte Sport organisatorisch umgekrempelt und in 15 Fachverbände (»Fachsäulen«) gegliedert, denen das »Führerprinzip« verordnet wird. Die Fachsäule »Fußball« heißt offiziell »Deutscher Fußball-Verband«. Als übergeordnete Klammer fungiert ein »Reichsführerring für Leibesübungen«. Regional werden die Fachverbände in 16 Sportgaue untergliedert, womit DFB-Boss Felix Linnemann die unbequemen und einflussreichen Regionalverbände loswird.

Auf dem DFB-Bundestag am 9. Juli 1933 in Berlin begrüßt Linnemann die Neuordnungspläne und den Kampf gegen den Liberalismus auch im Sport mit Begeisterung: »Wir waren früher ein Verband, der sich auf dem alten Recht gegründet hat und sich liberalistisch aufbaute. Heute haben wir selbstverständlich die Pflicht, von diesem Weg abzugehen und die vom Staat ganz neu gestellte Ordnung, das Prinzip der Führerschaft, zu übernehmen.« In seiner Anbiederung an die neuen Machthaber kennt der DFB-Vorsitzende keine Grenzen. Der DFB sei ein »Vorläufer der heutigen Bewegung«, denn keine andere Bewegung habe »im Sinne der Volksgemeinschaft so erfolgreich gearbeitet wie der Sport. (…) Wir brauchen uns nicht umzustellen.« Nach nur 28 Minuten ist die Tagung beendet, mit einem »›Sieg Heil‹ auf den Volkskanzler« als Finale.

Als Folge der Neuordnung beschließt der Süddeutsche Fußball- und Leichtathletikverband (SFLV) auf seinem Verbandstag am 6. August 1933 einstimmig und ohne Diskussion die Auflösung. Zu Beginn der Veranstaltung gedenkt der Vorsitzende Paul Flier, NSDAP-Mitglied Nr. 3178248, der fortan den »Gau Bayern« führen wird, »all jenen Männern der Braunen Armee, die in den letzten 14 Jahren ebenfalls für die Einheit unseres Volkes sich eingesetzt und zu Hunderten ihr Leben dafür geopfert haben. Auch Sie, meine Herren, haben dafür gekämpft und sind dafür gestorben, damit wir und unsere Nachkommen in einem freien Deutschen Reich leben können.«

Die zentralistische Neuordnung des deutschen Sports und seiner Fachverbände verschafft der DFB-Führung verbandsintern eine überragende Stellung. Gestärkt durch das »Führerprinzip«, kann Linnemann nun endlich den deutschen Fußball nach seinen Vorstellungen formen. Ganz oben auf der Agenda: die Wiederaufnahme des Kampfes gegen den Berufsfußball, dessen Verfolgung und Ausmerzung.

Zurück zum »reinen Amateursport«

Im Juli 1933 treffen sich in Berlin Albert Bauer, der ehemalige Vorständler des FC Wacker und nun Manager des Süddeutschen Verbands für Berufsfußballspiele, und ein Beauftragter von Reichssportkommissar Hans von Tschammer und Osten namens Mildner. Dabei berichtet Mildner dem Münchner, dass für die Sportführung die Legalisierung des Berufsfußballs beschlossene Sache sei. So berichtet es zumindest Bauer in einer 1947 erschienenen Denkschrift. Ein »Deutscher Berufsspielerverband« sollte gegründet werden mit einem Professor Glöckner aus Stuttgart als Präsidenten.

Aber Felix Linnemann interveniert. Auf einem Treffen am 6. August 1933 in München, an dem außer ihm selbst noch Bauer und ein Beauftragter des Reichssportführers teilnehmen, kann er die Pläne für einen Profiverband verhindern. Dass der DFB-Bundestag von 1932 der Legalisierung des Berufsfußballs grünes Licht erteilt hatte, interessiert nun nicht mehr. Im September 1933 erlässt der DFB neue Amateurbestimmungen, die de facto die Rückkehr zu den Statuten von 1920 bedeuten.

DFB-Pressewart Carl Koppehel wird 21 Jahre später in seinem geschichtsklitterischen Werk behaupten: »Viele Schranken und Hemmnisse für die Entwicklung des Fußballsports fielen, weil das jetzt herrschende System sie hinwegräumte. Damit entfiel auch manches Problem, das in den letzten Monaten sich zugespitzt hatte.« Gemeint war damit zweierlei: die Macht der Regionalverbände, die Linnemann und Co. das Leben schwer gemacht hatten und nun aufgelöst wurden, sowie die Frage des Berufsfußballs. Laut Koppehel musste dessen Legalisierung »schon dadurch fehlschlagen, dass die staatlichen Stellen zu seiner Einführung keine Zustimmung gaben«.

Davon konnte überhaupt keine Rede sein. Zwar kommt Linnemann und Co. entgegen, dass auch Teilen der Nazis der »amerikanisierte« Profisport zuwider ist. Doch auch wenn später eine Reihe von Giftpfeilen in Richtung eines angeblich »jüdischen« Professionalismus abgefeuert werden, steht die NS-Führung dem Profisport keineswegs per se ablehnend gegenüber. Im Rad- und Motorsport oder im Boxen kann das Profitum nach 1933 unbehelligt weiterexistieren.

Tatsächlich ist die strikte Festschreibung des Amateurprinzips allein der DFB-Führung um Felix Linnemann zuzuschreiben. Ein

Beispiel dafür, dass nicht nur Regime Sportverbände instrumentalisieren, sondern manchmal auch Sportverbände Regime. Der Historiker Per Leo: »Plausibler ist die Annahme, dass es sich hierbei nicht um die Wiedergabe eines politischen Befehls handelte, sondern um eine nach innen wie außen kommunizierte Legitimationsformel der DFB-Führung.« Sein Kollege Rudolf Oswald geht noch weiter: »Die Debatte um das Profiprojekt zeigt, dass bei der Durchsetzung der Amateuridee auf das NS-Regime kein Verlass war. Auch die DFB-Spitze kam um diese Erkenntnis nicht herum. Anstatt die neue Sportführung zum aktiven Kampf gegen die Professionalisierungstendenzen zu bewegen, griff Linnemann deshalb selbst nach den Machtinstrumenten des Dritten Reiches, eine Taktik, die es zunächst erforderte, sich anzudienen.« Wie wir noch sehen werden, wird die strikte Absage an den Professionalismus dem FC Bayern arge Probleme bereiten.

Gründung der Gauliga

1933 ist Deutschland unter den relevanteren Fußballnationen Europas die einzige (!), die über keine landesweite Liga verfügt. Denn eine nationale Liga ist ohne die Legalisierung des Professionalismus nicht möglich. Allein schon die weiten Fahrten, die die Teams zurückzulegen hätten, kosten Zeit und Geld. Die Folge war bisher ein kleingliedriges und unübersichtliches Ligawesen. So durften sich bis 1933 über 500 Vereine als »erstklassig« bezeichnen. In der Saison 1923/24 beispielsweise bewarben sich streng betrachtet 559 Teams um den Titel des Deutschen Meisters.

Viele Spitzenvereine fanden in ihren Ligen kaum ernstzunehmende Gegner. Erst ab den regionalen Endrunden, die der Endrunde zur Deutschen Meisterschaft vorgeschaltet waren, wurden sie gefordert – auch eine Erklärung dafür, warum die deutsche Nationalelf nicht reüssieren konnte. Spätestens nach zwei hohen Niederlagen gegen Österreichs »Wunderteam« 1931 war klar, dass man gegen eingespielte Profiteams keine Chance besaß.

Die Lösung besteht nun in der Einführung von zunächst 16 Gauligen. Deutschland bekommt immer noch keine nationale Liga, erhält aber erstmals eine einheitlich strukturierte oberste Spielklasse. Außerdem wird die Zahl der Erstligisten drastisch auf zunächst 133 reduziert.

Die Gauliga ist ein Kompromiss, der ein ideologisches Festhalten am Amateurdogma gestattet. Per Leo: »Die Spieler gingen zwar weiter einem Beruf nach, wurden aber durch den reduzierten Ligabetrieb und eine Reihe von Privilegien entlastet und ihre Leistungsstärke durch den systematischen Ausbildungsaufwand des DFB deutlich verbessert. (...) Da die Einführung einer nationalen Berufsfußballliga aufgrund des Amateurdogmas möglichst lange verhindert werden sollte, sah man beim DFB den Schlüssel zur internationalen Wettbewerbsfähigkeit in einem breit angelegten, zentral gesteuerten Ausbildungssystem.«

Der deutsche Klubfußball hinkt damit den Verhältnissen in anderen europäischen Ländern allerdings weiter hinterher. Nicht aber die Nationalelf, die nun eine überragende Bedeutung erhält und durch diesen Kurs gestärkt wird. Per Leo: »Die alte und neue Leitung des bald in ›Fachsäule II des Nationalsozialistischen Reichsbundes für Leibesübungen‹ umbenannten DFB fand in der Leistungssteigerung ihrer Auswahlmannschaften ein Ziel, auf das hin sie den gesamten Spiel- und Ausbildungsbetrieb konzentrieren konnte. Der stark angewachsene Trainerstab im Reich und den Gauen war mit der herausfordernden Aufgabe betraut, aus Amateuren Weltklassespieler zu formen, und er besaß genügend Mittel und Vollmachten zu deren Entfaltung.«

Die Zahl der Länderspiele steigt von jährlich durchschnittlich fünf im Zeitraum 1920-32 auf mehr als zehn in den Jahren 1933-42. Nach dem Ende des Zweiten Weltkrieges bzw. im Zeitraum 1950-63 wird sie zunächst wieder auf knapp sieben pro Jahr sinken – trotz dreier WM-Teilnahmen.

Beim FC Bayern stößt die Zunahme von Auswahl- und Verbandsspielen auf Ablehnung:»Man hatte seine Spieler nun mehr für die verschiedenen Verbände vom DFV herunter bis zum Gau und Kreis, für die Partei, für Winterhilfe etc. abzustellen. Die diesem System und seiner Gnade und Ungnade ausgelieferten Vereine mussten dabei finanziell ins Hintertreffen geraten. Die Verbände aber überboten sich förmlich mit solchen Spielansätzen, um vor allem sich gleich nach oben hin recht lieb Kind zu machen.« (»50 Jahre FC Bayern«). Allein im Spieljahr 1933/34 hätte der FC Bayern für elf repräsentative Veranstaltungen der Verbandsbehörden und der Partei 45 Spieler abstellen müssen. Für den Klub bedeutete dies den Ausfall von zehn Spielsonntagen.

Profi Oskar Rohr

Auf Oskar Rohr muss der Reichstrainer Dr. Otto Nerz allerdings verzichten. Das Länderspiel vom 19. März 1933 gegen Frankreich bleibt sein letzter Auftritt im Nationaltrikot. »Mit diesem jungen Mann steht und fällt das Spiel«, hatte im »Kicker« anschließend Walther Bensemann in einem seiner letzten Beiträge geschrieben und damit die überragende Bedeutung des Bayern-Spielers unterstrichen.

Doch der Torjäger will Deutschland verlassen. Nicht wegen der politischen Zustände, sondern weil er Profi werden will, was aber im nationalsozialistischen Deutschland mit seinem Fußballführer Felix Linnemann auf Jahre hinaus nicht möglich sein wird. So sind auch beim FC Bayern Rohrs Tage gezählt.

In die neue Gauliga sind die Bayern mit einem 3:1-Sieg über den 1. FC München gestartet. Einmal Krumm, zweimal Rohr heißen die Torschützen. Oskar Rohrs Treffer in der 85. Minute wird sein letzter für den FC Bayern sein. Am 1. Oktober 1933 trägt er zum letzten Mal das Bayern-Trikot. Es ist der vierte Gauliga-Spieltag, die SpVgg Fürth gastiert an der Grünwalder Straße und entführt mit einem 3:1-Sieg die Punkte.

Rohr geht wie sein Ziehvater Dombi zunächst in die Schweiz, wo er beim Grasshopper-Club Zürich anheuert, gegen den die Bayern in der Vergangenheit einige Freundschaftsspiele bestritten haben. Mit den Grasshoppers und dem Ex-Bayern-Trainer Izidor »Dori« Kürschner gewinnt er 1934 den Schweizer Pokal, aber so richtig Geld verdienen kann man mit dem Fußball bei den Eidgenossen nicht. Nach nur einem Jahr wird er nach Frankreich weiterziehen.

Der Deutsche Meister von 1932, inzwischen vom Sportlehrer und langjährigen Bayern-Aktivisten Hans Tauchert trainiert, beendet derweil seine erste Gauliga-Saison auf Platz drei, sieben Punkte hinter dem Meister 1. FC Nürnberg und sechs Punkte hinter dem TSV 1860. In den neun Spielzeiten, in dem die Gauliga Bayern eingleisig organisiert ist und das gesamte Bayernland abdeckt, wird der FC Bayern nie besser abschneiden.

Kapitel 8

Kicken unterm Hakenkreuz

Im Jahr der nationalsozialistischen Machtübernahme spielt der FC Bayern noch drei hochkarätige internationale Begegnungen, zwei davon gegen die AS Rom. In der italienischen Hauptstadt unterliegen die Bayern am 15. Juni 1933 der *Roma* mit 3:4. Zwei Wochen danach kommen die Italiener zum Rückspiel an die Grünwalder Straße. Vor 14.000 Zuschauern gewinnen die Bayern mit 3:1, zwei Tore erzielt Oskar Rohr, der München bald verlassen wird.

In Italien herrschen schon seit 1922 Benito Mussolini und seine Faschisten. Doch noch ist es möglich, dass Bayerns Gästen, der AS Rom, seit sechs Jahren ein jüdischer Präsident vorsteht, der Bankier Renato Sacerdoti.

Die Assoziazione Sportiva Roma ist 1927 aus der Fusion der drei Hauptstadtvereine Alba Audace, Roman und Fortitudo Pro Roma hervorgegangen; nur Lazio konnte sich dem Zusammenschluss entziehen. Die Fusion ist eine Antwort auf die Dominanz der norditalienischen Vereine. Heimat der *Roma* ist das an der Ostseite des Tiber gelegene Arbeiter- und Schlachthofviertel Testaccio. 1929 entsteht dort auf Betreiben von AS-Präsident Sacerdoti, vom Volksmund »der Bankier von Testaccio« getauft, ein eigenes Stadion. Der Campo Testaccio bleibt bis 1940 Heimat der AS Rom.

Mussolinis totalitäre Politik lässt auch den Fußball nicht unberührt. Aber anders als die deutschen Gesinnungsbrüder wird der italienische Faschismus nicht von einem rassistischen Wunsch nach der Vernichtung der Juden getrieben. Ein Teil der italienischen Juden sympathisiert eine Zeit lang sogar mit Mussolini. Der »Duce« sieht in Hitlers rassistisch-biologistischem Antisemitismus zunächst eine Wiederkehr des von ihm bekämpften »Germanismus«. Allerdings wird Italiens »Judenpolitik« in der zweiten Hälfte der 1930er Jahre eine einschneidende Veränderung erfahren.

Begegnung mit Ernst Willimowski

Zwischen den beiden Begegnungen mit der AS Rom gibt Ferencváros Budapest seine Visitenkarte in München ab und verliert 2:3 gegen die Bayern, für die erneut Oskar Rohr zweimal trifft. Nicht nur beim Budapester Lokalrivalen MTK, sondern auch bei den »grünen Adlern« haben einige Juden gespielt – so der spätere MTKler Gyula Feldmann, Alexander Neufeld und noch Anfang der 1920er Jahre Ernö Schwarz. Und auch unter den Funktionären des Klubs befindet sich eine Reihe von Juden. Ferencváros ist ein typischer Vorortverein. Seine Heimat ist die kleinbürgerlich und proletarisch geprägte »Franzstadt«, die zum Zeitpunkt der Klubgründung noch deutschsprachig war.

Fortan nimmt für den FC Bayern die Zahl internationaler Begegnungen ab. 1933 kommt noch eine Auswahl Chile/Peru nach München und wird mit 2:1 besiegt, 1934 spielt man erneut gegen die Prager »Judenklubs« DFC (4:1) und Slavia (3:3).

Im Dezember 1934 reisen die Bayern nach Polen. In Oberschlesien spielt und gewinnt man gegen Ruch Bismarckhütte (heute Ruch Chorzów) und Garbania Krakau. Garbania hatte 1931 die polnische Meisterschaft errungen, Ruch 1933 und 1934. Mitglied des 34er Meisterteams von Ruch ist der 18-jährige Ernst Willimowski, 1916 im oberschlesischen Kattowitz geboren, das seit 1922 zu Polen gehört. In den folgenden Jahren wird der Torjäger 22-mal für Polen spielen und dabei 21 Tore erzielen. So auch bei der WM 1938 in Frankreich, wo Willimowski einer von zwei Hauptdarstellern in einer der denkwürdigsten Begegnungen in der Geschichte des Weltturniers ist. Polen unterliegt Brasilien nach Verlängerung mit 5:6, Willimowski und der Brasilianer Leonidas schießen jeweils vier Tore.

Nach dem Einmarsch der Deutschen in Polen wird Willimowski wieder deutscher Staatsbürger und bestreitet bis 1942 noch acht Länderspiele für Deutschland, in denen er 13-mal trifft. Bis heute ist Willimowski der einzige Spieler, der sowohl ein Tor *gegen* Deutschland (am 9. September 1934 beim 2:5 in Warschau) wie *für* Deutschland erzielte. Von 1942 bis 1944 wird er für den TSV 1860 auf Torejagd gehen. Mit Willimowski gewinnen die »Löwen« 1942 ihren ersten nationalen Titel, als sie im Finale des Vereinspokals Schalke 04 2:0 besiegen.

Einen Tag vor Silvester 1934 erwidert Ruch den Besuch der Bayern.

Vor den Augen von Oberbürgermeister Fiehler und des polnischen Konsuls gewinnt der Gast vor 10.000 Zuschauern an der Grünwalder Straße mit 1:0. Wie die Presse vermerkt, war die polnische Kolonie ebenfalls »außerordentlich stark vertreten«.

1935 fahren die Bayern nach Budapest, wo man binnen zwei Tagen gegen Hungaria (wie MTK seit 1926 heißt) und Ferencváros antritt und jeweils verliert (1:4 bzw. 3:4).

Wiedersehen mit »Ossi« Rohr

1935 und 1936 spielt der FC Bayern gegen den Racing Club Strasbourg. Dabei kommt es am 23. Juni 1935 in München zu einem Wiedersehen mit Oskar Rohr. Zur Saison 1934/35 war Rohr von Zürich nach Straßburg gewechselt, wo sich beim Racing Club mehr Geld verdienen lässt. Seit 1933 wird in Frankreich in einer nationalen Liga auch offiziell Profifußball gespielt, und die Elsässer sind dabei. Rohr wurde der Wechsel ins Elsass mit einem Cabrio und einer großzügigen Wohnung versüßt. Auch sein Gehalt ist beachtlich. Rohr: »Mit 4.000 Mark Monatsverdienst während meines Gastspiels in Straßburg gehörte ich zu den absoluten Spitzenverdienern.« Als Rohr in Straßburg eintrifft, wird der Racing Club von Fritz Kerr trainiert, dem ehemaligen Trainer der Stuttgarter Kickers. Längst ist der aus Deutschland vertriebene Wiener Jude ein wegen seiner Fachkenntnisse und pädagogischen Fähigkeiten europaweit geschätzter Mann.

Zur Saison 1935/36 wird Kerr in Straßburg von seinem Landsmann Josef »Pepi« Blum beerbt, mit 51 Einsätzen Rekordnationalspieler Österreichs und ehemals Kapitän des »Wunderteams« von Hugo Meisl. 1933 hat der Trainer Blum die Wiener Austria zum Gewinn des Mitropa-Cups geführt. In Straßburg bleibt er drei Spielzeiten, bis zum Sommer 1938, Rohrs Trainer.

In Deutschland wird Rohr mittlerweile als »geldgieriger Vaterlandsverräter« geächtet. Die Zeitschrift »Fußball« nennt ihn einen »Gladiator, der sich im Ausland verkauft«. 1940 schmäht man den ehemaligen Bayern-Star in einem »Kicker«-Buch mit den Zeilen: »Als Spieler ein großes Talent – aber als Charakter? Über einen Vaterlandsverräter geht man mit Verachtung hinweg.« Im Elsass hingegen genießt Oskar Rohr bald ungeheure Popularität, denn der Torjäger schlägt bei Racing voll ein. In seiner ersten Saison 1934/35 erzielt der 22-Jährige in 22 Spielen

20 Tore und schießt seinen Arbeitgeber zur Vizemeisterschaft. Auch die Straßburger Damenwelt liegt ihm zu Füßen.

An Rohrs Seite stürmt eine weitere Neuerwerbung: der 20-jährige Oscar Heisserer, ein waschechter Elsässer, der seine Karriere beim FC Bischwiller begann und 1936 französischer Nationalspieler wird. In der Spielzeit 1935/36 trifft Rohr für Racing in 28 Spielen 28-mal, Platz zwei in der Torjägerliste der Liga. Heisserer, der als Stürmer auf Halblinks oder als Außenläufer spielt, bringt es auf 13 Tore.

Durch die Person Oskar Rohr bekommen die Freundschaftsspiele zwischen den Bayern und dem Racing Club eine gewisse Brisanz. In München trennt man sich im Juni 1935 vor 8.000 Zuschauern 4:4. Wilhelm Simetsreiter bringt die Hausherren in Führung, Rohr gleicht aus. Anschließend ziehen die Elsässer durch zwei Tore von Keller auf 3:1 davon. Bergmeier, Simetsreiter und Schneider drehen den Spieß noch einmal um und schießen eine 4:3-Führung heraus. Aber den Schlusspunkt setzt erneut Keller mit seinem Ausgleichstreffer zum 4:4. Am 1. Januar 1936 gewinnen die Bayern beim Racing Club mit 4:2, eines der beiden Gegentore erzielt Oscar Heisserer.

Während die Bayern aber fortan ins spielerische Mittelmaß abdriften, wird ihr ehemaliger Goalgetter seine Qualitäten in Frankreich zunächst weiter unter Beweis stellen. In der Saison 1936/37 holt er mit 30 Treffern die Torjägerkanone der Liga. Am Ende der Spielzeit stehen Rohr und sein Freund und Sturmkollege Heisserer auch noch im französischen Pokalfinale, in dem Racing dem Renault-Klub FC Sochaux knapp unterliegt (1:2). Nach der Besetzung Frankreichs im Weltkrieg wird Heisserer, da seine elsässische Heimat nun für »deutsch« erklärt wurde, von Reichstrainer Herberger zur Nationalmannschaft eingeladen; er lehnt jedoch ab und flüchtet später in die Schweiz.

Skandal in Rom

Als am 28. Juni 1939 die AS Rom ein weiteres Mal in München gastiert, ist Renato Sacerdoti, der »Bankier von Testaccio«, nicht mehr dabei. Seine Präsidentschaft ist seit 1935 beendet, und wenige Monate nach seinem Abschied muss sich Sacerdoti wegen »illegaler Währungstransaktionen« verantworten und wird von den Faschisten interniert.

Dabei geht es um die sogenannten *Oriundi*, Spieler aus Südamerika, die auf italienische Vorfahren verweisen und deshalb die italienische

Staatsbürgerschaft beanspruchen können. Diese wird von den faschistischen Behörden zunächst bereitwillig gewährt – man will schließlich die *Squadra Azzurra* stärken. Aus Sicht des Staates war es dabei gleich, ob der Spieler noch auf italienischem Boden zur Welt gekommen war oder erst in Südamerika das Licht der Welt erblickte. Auch Sacerdotis AS Rom bedient sich der *Oriundi*, mit deren Hilfe sich kompensieren lässt, dass seit 1926 die Verpflichtung ausländischer Spieler verboten ist. Österreichische und ungarische Legionäre verschwanden danach aus Italien.

1933 holt die AS Rom den Rechtsaußen Enrique Guaita von Estudiantes de La Plata. »Il Corsaro Nero« (Der schwarze Korsar), wie man Guaita aufgrund der damals noch schwarzen Roma-Trikots tauft, wird im Sommer 1934 mit Italien Weltmeister und in der Saison 1934/35 Torschützenkönig der Serie A.

In der zweiten Hälfte der 1930er geraten die *Oriundi* zusehends in Misskredit, da man ihren Patriotismus und ihr »Italienertum« anzweifelt. Im Sommer 1935 erhält Guaita die Einberufung zum Militär und befürchtet einen Kampfeinsatz im italienisch-äthiopischen Krieg. Er flüchtet zunächst mit zwei weiteren *Roma-Oriundi*, Alessandro Scopelli und Andrea Stagnaro, nach Frankreich und kehrt von dort nach Argentinien zurück. Dort streift er 1937 noch einmal das Trikot der *Albiceleste* über. Auch Raimundo Orsi, ein weiterer Weltmeister von 1934, zuvor von FIAT-Boss Umberto Agnelli für das 15-fache Gehalt eines Grundschullehrers zu Juventus Turin gelockt, entzieht sich dem Militärdienst und flüchtet nach Südamerika, wo er noch für Penarol Montevideo und Flamengo Rio de Janeiro spielt. Die Flucht der vier Spieler gerät zum nationalen Skandal, das faschistische Regime beschimpft sie als Feiglinge, Diebe und Schmuggler. AS-Präsident Sacerdoti wird der Mithilfe beschuldigt – wohl auch, weil der Bankier Jude ist.

Im Zeitraum von Januar 1933 bis zu den Olympischen Sommerspielen 1936 in Berlin bestritt der FC Bayern noch 17 internationale Begegnungen. Anschließend nahm die Zahl der internationalen Spiele deutlich ab. Da die Spiele gegen österreichische Teams nach dem »Anschluss« vom März 1938 nicht als »international« gewertet werden können (über die Hälfte dieser Begegnungen waren Pflichtspiele im deutschen Vereinspokal oder Spiele im Rahmen des »Alpenpokals«), kommt man für den Zeitraum von Sommer 1936 bis April

1945 nur noch auf acht internationale Kräftemessen. Im Österreich vor dem »Anschluss« trat man dreimal an (1937), die einst beim FC Bayern so populäre Schweiz wurde nur noch zweimal bereist (1937 und 1943), die Slowakei, ein lediglich formal selbstständiger Satellitenstaat Nazi-Deutschlands, einmal. Daheim spielte man nur zweimal gegen ausländische Teams: 1937 gegen die Young Fellows Zürich und 1939, wie berichtet, gegen die AS Rom aus dem verbündeten faschistischen Italien.

Mit den Nazis in die Krise

Der erste nationale Titelgewinn des heutigen Rekordmeisters im Jahr 1932 markiert nicht den Beginn einer »Bayern-Ära« im deutschen Fußball. Vielmehr erlebt die Meistermannschaft einen sportlichen Absturz, der in erster Linie den politischen Verhältnissen geschuldet ist.

Vor allem eines scheint dem Verein Probleme zu bereiten: die Re-Amateurisierung des deutschen Spitzenfußballs, der vor Beginn der Nazi-Herrschaft auf dem Sprung zum Professionalismus schien. Zumindest heißt es in der »Fußball-Woche«: »Nicht überall ist die Umstellung vom Spesen-Amateur auf den ›bargeldlosen‹ Amateur von heute auf morgen ohne Verluste möglich gewesen. Besonders schwer scheint es in dieser Hinsicht Bayern München gehabt zu haben. Wie anders sollte man es deuten, wenn Hans Tusch, ein alter Bayern-Freund, im Münchener ›Sport-Telegraf‹ in einem größeren Artikel von einem Umlagerungsprozess der Spielstärke spricht, der bei Bayern am krassesten zum Ausdruck komme, und wenn in diesem Aufsatz mit deutlicher Bezugnahme auf die Rothosen von Verfallserscheinungen geschrieben wird. (…) Wenn man das liest, dann darf man wohl die Folgerung ziehen, dass es bei Bayern im Gegensatz zum Lokalrivalen 1860 beträchtliche Schwierigkeiten bei der Umstellung auf das neue Amateurgesetz geben wird.«

Im deutschen Fußball beginnt die Ära der »Arbeitervereine« in den industriellen Ballungszentren. Kohle und Stahl sind für die Kriegspläne der Nazis von großer Bedeutung, und von der Ausweitung der schwerindustriellen Produktion profitiert auch der Fußball. Betriebe helfen beim Bau von Stadien. Professionelle Trainer werden engagiert, die als »Betriebssportlehrer« auf der Lohnliste des Betriebs stehen. Spieler erhalten »leichtere Arbeit«, was z.B. für den Bergbau heißt, dass sie nicht unter Tage müssen, sondern im Büro oder in Lehrwerkstätten eingesetzt werden. Und steht ein wichtiges Spiel an, darf man den Arbeitsplatz auch schon mal früher verlassen. Nach Ausbruch des Krieges kommt als zusätzliches Privileg die »uk«-Stellung hinzu, also »unabkömmlich« am Arbeitsplatz und damit freigestellt vom Kriegsdienst.

Viele bürgerliche Vereine können da nicht mithalten. Nicht zufällig gewinnen Mannschaften aus dem schwerindustriellen Ruhrgebiet im Zeitraum von 1933/34 bis zur Einführung der Bundesliga 1963 von 27 deutschen Meistertiteln elf. Von den bürgerlichen, eher kaufmännisch geprägten Vereinen rutschen viele ins sportliche Mittelmaß oder in die Bedeutungslosigkeit ab.

Beim FC Bayern kommt hinzu, dass seine engagierte Jugendarbeit, das Aushängeschild des Klubs und die Basis seines Aufstiegs an die nationale Spitze, vom NS-Regime beeinträchtigt wird. »Wer die Jugend hat, hat die Zukunft«, lautete bisher das Motto der Nachwuchspolitik des Klubs, aber diese Jugend wird den Bayern nun vom Regime geraubt. Im Juli 1936 wird mit einem Dekret der Gau-Behörde die Juniorenklasse aufgehoben, um alle Hemmnisse, die dem »freiwilligen Arbeitsdienst« bis dahin entgegenstanden, aus dem Weg zu räumen.

Im selben Jahr schließen der Reichsbund für Leibesübung und die Hitler-Jugend (HJ) einen Vertrag ab, demzufolge »alle Jugendlichen unter 14 Jahren aus den Sportvereinen sofort ausgegliedert werden« (»50 Jahre FC Bayern«). Formell bedeutet dies die Auflösung der Schülerabteilung des FC Bayern ab 1. Dezember 1936. »Eine fußballsportliche Erziehung war also erst nach Erreichung des 14. Lebensjahres möglich. In diesem Zusammenhang wäre es außerordentlich interessant zu wissen, wann unsere großen Internationalen einmal mit dem Fußballspielen angefangen haben. Die meisten davon haben, soweit sich der Verfasser auf die hiesigen Erfahrungen stützen kann, schon als ganz kleine Knirpse angefangen.« (»50 Jahre FC Bayern«)

Die Folgen dieser Politik überdauern das NS-Regime und reichen bis in die 1950er Jahre hinein. So schreiben die Autoren der 50-Jahre-Festschrift: »Weiß man aber das, dann kann man ermessen, wie es mit dem Nachwuchs an solchen Klassespielern in der nächsten Zeit bestellt sein wird. Man zehrt heute noch stark an den Reserven, die noch aus der unbeschwerten Zeit vor 1936 stammen, man braucht nur an Streitle, Moll zu denken. Ein im Jahre 1936 erst zehn Jahre alter Hitler-

Pimpf, der nicht mehr unter entsprechender Anleitung bei einem Fußballverein spielen durfte, ist heute 24 Jahre alt, die späteren Jahrgänge sind noch jünger. In diesem Alter stehen viele Fußballgrößen bereits mitten in ihrer großartigen Laufbahn. Wenn heute und noch in mehreren Jahren solche Kräfte in unseren deutschen Spitzenmannschaften recht dünn gesät sein werden, dann ist daran die Drosselung des jugendlichen Willens zum Fußballspiel nicht ganz schuldlos.«

Solange die Gauliga Bayern eine »gesamtbayerische« ist, also nur aus einer Staffel besteht, gewinnen die Bayern nicht eine Meisterschaft. Das beste Abschneiden sind dritte Plätze in den Spielzeiten 1933/34, 1935/36 und 1936/37. In den vier Spielzeiten 1938/39 bis 1941/42 reicht es nur je zweimal zu Platz sieben und acht. In der Saison 1939/40 bedeutet Platz acht, dass nur zwei Teams noch schlechter rangieren. Von 18 Meisterschaftsspielen werden nur drei gewonnen, in der Endabrechnung stehen lediglich zehn Zähler. Nur der Tabellenletzte FSV Nürnberg gewinnt noch seltener – nämlich gar nicht.

Erst als die Gauliga Bayern kriegsbedingt in zwei Staffeln geteilt wird – in eine Gauliga Südbayern und eine Gauliga Nordbayern –, wird es besser. Die starken fränkischen Klubs 1. FC Nürnberg und SpVgg Fürth spielen in der Nordstaffel; in der Südstaffel sind in der Saison 1942/43 fünf von zehn Klubs Münchner Adressen (Bayern, TSV 1860, FC Wacker, Bajuwaren München, VfB München). Komplettiert wird die Staffel durch den Luftwaffen SV Straubing, Jahn Regensburg sowie die drei Augsburger Klubs BC, Schwaben und TSG 1885.

Der FC Bayern beendet diese Spielzeit als Dritter, vom Meister TSV 1860 trennen ihn satte elf Punkte. 1943/44 werden die »Roten« mit dem 38-jährigen Konrad Heidkamp als Spielertrainer Meister der Gauliga Südbayern. Es ist der erste Titel des Klubs seit dem Gewinn der Deutschen Meisterschaft 1932 und bleibt auch der einzige in den NS-Jahren. Denn im ersten Spiel der Endrunde zur Deutschen Meisterschaft unterliegen die Bayern beim VfR Mannheim nach Verlängerung mit 1:2 und scheiden aus.

Albtraum Wien

Auch im Tschammer-Pokal, dem 1935 nach dem Vorbild des englischen FA-Cups eingeführten und nach dem Reichssportführer benannten Vereinspokal, kann der FC Bayern nichts reißen. Zu einem

Albtraum entwickeln sich dabei die Begegnungen gegen die Wiener Teams, an denen die Bayern dreimal scheitern.

Dabei hat der Wiener Fußball durch den »Anschluss« ans Deutsche Reich 1938 eine erhebliche Schwächung erfahren. Dem exklusiv-jüdischen SK Hakoah, 1925 Österreichs erster Profimeister, ergeht es am schlimmsten. Die Ergebnisse der laufenden Spielzeit werden annulliert. Sämtliche jüdischen Spieler werden aus der laufenden Meisterschaft ausgeschlossen, Sportplatz und Vereinsstätten der Hakoah werden beschlagnahmt und der Klub unter kommissarische Verwaltung gestellt.

Austria Wien, bis dahin eines der besten Teams auf dem Kontinent, Mitropa-Cup-Sieger 1933 und 1936 und der Klub des assimilierten Wiener Judentums, muss sich in »SC Ostmark« umbenennen, erreicht allerdings im Juli seine Rückbenennung. Ein Großteil des Austria-Vorstands fällt unter das Verbot »jüdischer Tätigkeit« im Sport und muss seinen Hut nehmen. So auch der bei den Spielern überaus beliebte Medizinalrat Dr. Emanuel Schwarz, der dem Klub seit 1931 vorsitzt. Die Austria-Akteure wurden von Dr. Schwarz umsonst behandelt, schließlich würden ja »die Rothschilds und Starhembergs« für sie zahlen.

Schwarz' Nachfolger wird der Ex-Austria-Spieler und SA-Sturmbannführer Hermann Haldenwang. Im Klubsekretariat ist das Bildnis Schwarz' unverzüglich durch ein Führerporträt zu ersetzten. Wie der Wiener Historiker Wolfgang Maderthaner berichtet, vollbringt Klubsekretär Egon Ulbrich eine »Großtat von Schweijk'scher Dimension: Er dreht das Bildnis einfach um und appliziert auf dessen Rückseite ein Hitlerbild, wo es genau in dieser Form bis Kriegsende verbleibt.«

Dr. Emanuel Schwarz emigriert zunächst mit Unterstützung des italienischen Verbandspräsidenten Giovanni Mauro nach Bologna. Um seiner katholischen Frau Leopoldine die Wohnung in der Wiener Wollzeile zu erhalten und seinen Sohn Franz zu schützen, lässt sich Schwarz im Juni 1940 scheiden.

Mit einer Bürgschaft des französischen FIFA-Präsidenten Jules Rimet in der Tasche gelangt Schwarz nach Frankreich – zunächst nach Paris, später nach Grenoble und in das westfranzösische Angoulême. Er verdingt sich als Sportmasseur. Kontakt zu seiner Familie hält er u.a. über den Rapidler Franz »Bimbo« Binder, der an der Westfront im Einsatz ist und gelegentlich nach Wien abgestellt wird. Schließlich wird Schwarz aufgegriffen und in eines der zahlreichen Internierungslager an der Kanalküste gebracht. Mit Hilfe des Lagerkommandanten (!) gelingt ihm die Flucht. Zu Fuß schlägt sich Schwarz bis Paris durch, wo er Kontakt mit dem Ex-Hakoah-Spieler Fritz Donnenfeld aufnimmt. Dieser besitzt eine Bar und arbeitet unter den Decknamen »Donny« und »Marquis« für die Resistance. Mit Glück überlebt Schwarz den Holocaust in Frankreich.

Dem Kapitän der Austria wie des österreichischen »Wunderteams«, Walter Nausch, bietet die Übergangsregierung in Wien das Amt des »Gautrainers« an – unter der Bedingung, dass er sich von seiner jüdische Frau Margot trenne, einer exzellenten Austria-Schwimmerin. Doch Nausch lehnt ab, entscheidet sich für seine Ehe und geht mit seiner Frau im November 1938 ins Schweizer Exil.

Gegen Austria Wien werden die Bayern 1941 im Tschammer-Pokal antreten und trotz Heimrechts mit 1:5 verlieren. Tor Nr. drei für die Wiener erzielt Karl Sesta. Der Verteidiger, einer der besten und modernsten seiner Zunft auf dem Kontinent, wird dreimal in die »reichsdeutsche Auswahl« berufen. Legendär sind aber vor allem die »mehr oder minder spektakulären Aktionen von Renitenz und Resistenz des überzeugten Antimilitaristen, seine Auseinandersetzungen mit dem ›Reichsführer‹ des Nazisports, Tschammer von Osten« (Wolfgang Maderthaner).

In den Jahren davor trifft der FC Bayern im Pokal auf drei andere Wiener Mannschaften und scheitert zweimal. 1939 kommt das »Aus« bereits in der Qualifikation. Allerdings ist der Gegner mit Rapid Wien der Cup-Verteidiger. Vor 15.000 Zuschauern im Münchner Dantestadion führen die Bayern zwar nach 49 Minuten durch Tore von Sebald und Simetsreiter mit 2:0, aber der Rest des Spiels gehört den Gästen. Rapid gewinnt mit 5:2, drei Tore gehen auf das Konto von Franz »Bimbo« Binder. Nach dem Spiel überreichen die Bayern Binder ein zerrissenes Tornetz, das der Goalgetter mit seinen Schüssen zerfetzt hat. Für Ernst Happel war Binder »der einzige Fußballer mit an' Radar am Fuß«.

1940 erreicht der FC Bayern zwar nach 120 Minuten gegen Vienna Wien mit einem 1:0-Sieg die 1. Hauptrunde des Tschammer-Pokals, scheitert aber hier am Sportklub Wien, der an der Grünwalder Straße mit 1:0 die Oberhand behält. Im selben Jahr bekommen die Bayern in einem Freundschaftsspiel in Wien von Rapid ein halbes Dutzend Tore eingeschenkt, ohne selbst zu treffen.

Doch selbst wenn sie nicht auf Wiener Mannschaften treffen, ist für die Bayern im Pokal nichts zu holen: 1938 scheitern sie in Runde zwei am VfR Mannheim, 1942 am Luftwaffensportverein Fürstenfeldbruck (3:5), 1943 am BC Augsburg (0:3).

Haringer bei der WM 1934

Obwohl der FC Bayern in den NS-Jahren nicht mehr zur nationalen Spitze zählt, stellt er weiterhin einige Nationalspieler. Dabei handelt es sich um Spieler des Meisterteams von 1932 (Goldbrunner, Haringer) oder Produkte aus der Zeit, in der der Klub noch von politischen Interventionen ungestört seine Nachwuchsarbeit betreiben konnte (Moll, Simetsreiter, Streitle).

Im März 1934 gelingt dem DFB-Team von Reichstrainer Dr. Otto Nerz durch einen 9:1-Sieg in Luxemburg die Qualifikation zum WM-Turnier in Italien. Die deutschen »Amateurfußballer« absolvieren anschließend äußerst professionelle Vorbereitungen. Sechs Bundessportlehrer reisen durch das gesamte Reich, um aus 600.000 Fußballern 80 Kandidaten auszuwählen, die schließlich in zwei Sonderkursen von Reichstrainer Otto Nerz getestet werden. Hardy Grüne: »Großzügige Freistellungen seitens der Arbeitgeber bzw. ›Lösungen‹ beim Thema Lohnersatz hatten Dinge möglich gemacht, die vor dem 30. Januar unmöglich gewesen wären.« Den Abschluss der WM-Vorbereitung bilden Testspiele gegen die englischen Profis von Derby County.

Vom FC Bayern fährt nur Sigi Haringer mit nach Italien. Der Münchner, der mit dem Fußballspielen bei der TG Maxvorstadt begonnen hatte, wurde von Richard Dombi vom torhungrigen Stürmer zu einem der besten Außenverteidiger Europas umgeschult. Er besitzt einen Stammplatz in der Nationalelf, beim WM-Turnier allerdings überzeugt er nicht. Im Zwischenrundenspiel gegen Schweden (2:1) hat Haringer einen schwarzen Tag und lässt sich von den schwedischen Außenstürmern Kroon und Keller wiederholt düpieren. Der »Kicker« kritisiert anschließend: »Herauslaufend machte Torwart Kreß eine Flanke unschädlich, und wenig später musste sogar Szepan dem Münchener Verteidiger zu Hilfe eilen.«

Im Halbfinale unterliegt Deutschland den favorisierten Tschechoslowaken mit 1:3. Haringer wirkt gegen den starken Antonin Puč wiederholt indisponiert. Im »kleinen Finale« gegen (das seinerzeit noch selbstständige) Österreich verzichtet Reichstrainer Nerz auf den Münchner ebenso wie auf die etatmäßige Nr. 1, Willibald Kreß, den die heimische Presse zum Hauptschuldigen der Niederlage auserkoren hat. Statt Kreß steht der spätere Bayern-Keeper Hans Jakob zwischen den Pfosten.

Seit den Debakeln von 1931 (0:6, 0:5) ist man gegen Österreichs »Wunderteam« nicht mehr angetreten. Im Vorfeld der WM war ein geplantes Freundschaftsspiel vom Österreichischen Fußball-Bund (ÖFB) abgesagt worden. Österreichs Regierung sah sich mit einer Bewegung konfrontiert, die vehement den Anschluss an das Deutsche Reich forderte und von Hitler unterstützt wurde. Aus Furcht vor deutschen Expansionsbestrebungen ersuchte Wien um Unterstützung in Rom. Im März 1934 unterzeichneten Österreich und Italien die »Römischen Protokolle«, in denen Österreich eine Beistandsgarantie erhielt.

Während die Deutschen das Erreichen des »kleinen Finales« als großen Erfolg feiern und dem Spiel gegen die Österreicher entgegenfiebern, herrscht im Lager des Gegners eher Frust. Das zum Titelanwärter erkorene »Wunderteam« des jüdischen Verbandskapitäns Hugo Meisl hatte sein Halbfinale gegen Gastgeber Italien mit 0:1 verloren, auch bedingt durch eine katastrophale Vorstellung des schwedischen Referees Eklind. In Neapel besiegt Deutschland nun ein demoralisiertes und in die Jahre gekommenes »Wunderteam« mit 3:2. Auch weil sich Szepan und Co. nicht an die Vorgaben des Reichstrainers halten, einem frenetischen Anhänger des W-M-Systems, sondern Fußball *spielen* – mit Kombinationen auf engstem Raum. Der »Kicker« spricht anschließend stolz von einem »Triumph der deutschen Amateure über die österreichischen Profis«. Da sich neben Österreich auch die Finalteams aus Italien und Tschechoslowakei vornehmlich aus Profis rekrutieren, sieht sich Deutschland als »Amateur-Weltmeister«.

Unter den Gästen der WM weilt auch der von Krankheit schwer gezeichnete Walther Bensemann. Deutsche Journalisten werden berichten, dass der Emigrant sie vor der faschistischen Gefahr warnt und angesichts des aggressiven italienischen Nationalismus mahnt, »dass der Sport und seine Leistung aus der Freiheit der Herzen kommen muss und nicht aus der schwelenden Glut der Italia-Schreier«. Wie Bernd-M. Beyer schreibt, bekundet Bensemann »auch in Briefen an deutsche Freunde (…) seine Ablehnung des Hitler-Regimes. Doch öffentliche

Äußerungen von ihm sind nicht mehr bekannt.« Am 12. November 1934 stirbt der deutsche Fußballpionier und Mitbegründer des Bayern-Vorläufers, der Fußballabteilung des MTV von 1879, in Montreux. Dort lebte er, unterstützt vom FIFA-Generalsekretär Ivo Schricker, zuletzt im Hause seines Freundes und Gönners Albert Mayer, Juwelier, Sportjournalist, zeitweise Bürgermeister von Montreux und Präsident des von Bensemann gegründeten Montreux Football Club sowie ab 1946 Mitglied des Internationalen Olympischen Komitees.

Zwei Bayern im White Hart Lane

»Seit der WM 1934 sorgten Hakenkreuzfahnen und Hitlergruß – bis dato jenseits der Reichsgrenzen für gewöhnlich mit nationalsozialistischen Gewalttaten und antisemitischen Vorfällen in Verbindung gebracht – nirgendwo mehr für größere Aufregung. Seit Italien waren sie, zumindest unter Fußballfans, als Symbole des ›neuen Deutschlands‹ akzeptiert und zehrten vom sauberen und disziplinierten Image der Sportler.« (Hardy Grüne) Erheblichen diplomatischen Wirbel verursacht allerdings ein Gastspiel der deutschen Nationalelf im Dezember 1935 in London, an dem vom FC Bayern Sigmund Haringer und Ludwig Goldbrunner teilnehmen.

Die englische Football Association (FA) will die Deutschen ausgerechnet im White-Hart-Lane-Stadion der Tottenham Hotspurs empfangen, letzter ausländischer Gast des FC Bayern vor Ausbruch des Ersten Weltkriegs. Unter den Anhängern des Klubs aus dem Norden der britischen Hauptstadt befinden sich zahlreiche Juden. Noch heute erfreuen sich die Spurs einer großen jüdischen Anhängerschaft. Viele ihrer Fans – Juden wie Nicht-Juden – nennt sich »Yids«, und seit 1982 wird der Klub mit Irving Scholar, Alan Sugar und Daniel Levy von jüdischen Geschäftsleuten geführt.

»Jews Up In Arms«, titelt das Boulevardblatt »Star« nach Bekanntwerden der Spielstätte. Gewerkschaften und antifaschistische Organisationen protestieren. »Die Juden sind seit der Gründung des Klubs seine besten Unterstützer. Wir betrachten den Besuch des deutschen Teams als Affront – nicht nur gegen die jüdische Rasse, sondern gegen alle freiheitsliebenden Menschen«, zitiert der »Star« die Organisatoren des Protests. Ende Oktober findet in London eine Großdemonstration gegen Nazi-Deutschland statt, auf der Rufe laut werden, das Länderspiel abzusagen bzw. die Deutschen auszuladen. Auch der Gewerkschaftsbund TUC schließt sich dieser Forderung an.

Im Londoner Norden werden Flugblätter verteilt, die von einem Spiel zwischen einem deutschen und einem polnischen Team im schlesischen Ratibor (heute: Racibórz) berichten. Ein jüdischer Spieler der Polen sei von deutschen Fans mit Steinen beworfen worden. Die Fans seien schließlich aufs Spielfeld gerannt und hätten den Spieler so brutal attackiert, dass dieser auf dem Weg ins Krankenhaus verstorben sei. Die Geschichte wird von vielen Zeitungen aufgegriffen. Der deutsche Verband bestreitet den Vorfall kategorisch. FA-Sekretär Stanley Rous, ein ehemaliger internationaler Schiedsrichter, springt den Deutschen zur Seite. Er habe sieben Spiele mit deutschen Akteuren geleitet und habe diese dabei als »sportliche« und »durch und durch disziplinierte Fußballer« schätzen gelernt. Währenddessen hetzt der »Völkische Beobachter« gegen Juden, die Tottenham Hotspur bedrängen würden, White Hart Lane als Austragungsstätte die Freigabe zu verweigern.

Weder die britische Regierung noch die FA möchten die Begegnung absagen, wenngleich dem Innenministerium bei der Aussicht auf eine Invasion von 10.000 deutschen Fans mulmig zumute ist. Innenminister Sir John Simon bestellt den deutschen Botschafter ein, der ihm garantiert, dass die deutschen Fans jegliche politische Provokation, wie etwa das Absingen von Nazi-Liedern oder das Zeigen der Hakenkreuzfahne, unterlassen würden. Einige Tage später signalisiert Hitler den Briten, dass er eine Absage akzeptieren würde, aber die britische Regierung will das Spiel durchziehen.

Allen Protesten zum Trotz wird die Begegnung am 4. Dezember 1935 tatsächlich angepfiffen. Aus Deutschland schafft die NS-Organisation »Kraft durch Freude« 10.000 bis 12.000 Fans auf die britische Insel. 1.600 davon sind von Bremerhaven aus mit einem eigens für das Länderspiel gecharterten Schiff namens »Columbus« aufgebrochen.

Im »Kicker« schreibt ein freudig erregter Fußballfunktionär Hans Hädicke: »Während des Krieges fuhren unsere Kriegsschiffe und Zeppeline nach England, um sich mit dem gefürchtesten und zähesten unserer Gegner zu messen, diesmal fährt einer der großen Ozeanriesen der deutschen Handelsflotte mit friedlichen Fußballspielern und ihrem Anhang nach England, um sich mit den immer noch an erster Stelle stehenden Vertretern und Vätern des Weltfußballs zu messen.

(…) Die Englandfahrt des Deutschen Fußball-Bundes ist von demselben Zauber umwoben wie die Fahrt der deutschen Kriegsschiffe auf und unter Wasser und in der Luft im Weltkrieg.«

Dass Haringer, Goldbrunner und Co. diesen kriegserotischen Schwachsinn teilten, ist unwahrscheinlich. Vielmehr beeilen sich die deutschen Spieler nach ihrer Ankunft auf dem Flughafen Croyden vor den Toren Londons, den unpolitischen Charakter ihrer Reise zu betonen. Die britische Presse zitiert sie mit Aussagen wie:»Wir haben mit der Regierung nichts zu tun«, und:»Hitler hat uns keine Message mitgegeben. Wir sind hier als Sportler, um gegen die besten Fußballer der Welt Fußball zu spielen.«

Im Stadion wedeln unzählige Hakenkreuzfähnchen. Während des Spiels sorgt nur der Gewerkschaftsaktivist Ernest Wooley für einen Eklat. Wooley kappt das Seil der Nazi-Fahne auf dem Tribünendach von White Hart Lane. Das Tuch flattert auf das Dach hinunter, kann aber schnell wieder hochgezogen werden.

Auch wenn dies Funktionär Hädicke entgangen ist: Die Zeiten, in denen Englands Nationalmannschaft noch unumstritten als weltweite Nummer eins galt, sind längst vorbei. 1931 verlor man gegen die Franzosen in Paris mit 2:5, 1933 unterlag man in der Home-Championship Schottland (1:2) und Wales (1:2), 1934 den Ungarn und Tschechoslowaken jeweils mit 1:2 und im April 1935 den Schotten erneut mit 0:2. Gegen die Deutschen reicht es am 4. Dezember allerdings zu einem 3:0-Sieg. Die Nazi-Presse feiert den Ausflug nach London trotzdem als politischen, psychologischen und sportlichen Erfolg.

Debakel in Berlin und eine schwarz-weiße Freundschaft

Ein halbes Jahr später sind mit Ludwig Goldbrunner, dem erst 19-jährigen Herbert Moll und dem 21-jährigen Wilhelm »Schimmy« Simetsreiter drei Bayern-Spieler für das olympische Fußballturnier in Berlin nominiert, wobei »Benjamin« Moll nur zuschauen wird. Hohe Erwartungen begleiten die deutsche Nationalmannschaft: Da keine Profis zugelassen sind, rechnet sich der »Amateur-Weltmeister« von 1934 allerbeste Chancen aus. Der Turnierstart verläuft auch verheißungsvoll: Luxemburg wird mit 9:0 rasiert, drei Tore erzielt Linksaußen Simetsreiter.

Der folgende Gegner Norwegen wird von einem alten Bekannten trainiert: Asbjørn Halvorsen, in den 1920er Jahren der erste ausländische Star des Hamburger SV, mit dem er zweimal die Deutsche Meisterschaft gewann. Die »Fußball-Woche« in einer Hymne auf den Norweger: »Wenn je ein Spieler einer Mannschaft das Gepräge gab, dann dieser norwegische Sportsmann mit seinem fast nüchternen Zweckmäßigkeitsstil.«

Adolf Hitler ist kein großer Freund des Fußballs, was der 7. August 1936 nicht ändern wird – im Gegenteil. Die Begegnung gegen Norwegen ist erst sein zweites Fußballspiel überhaupt. Und es wird auch sein letztes bleiben. Eigentlich will der Führer beim Rudern zuschauen, bis der Danziger Gauleiter Albert Forster ihn zum Besuch des Poststadions überredet. Forster ist überzeugt, dass die deutschen Kicker Gold holen.

Außer Hitler tummeln sich auch noch Reichssportführer von Tschammer und Osten, der Reichsminister für Propaganda und Aufklärung Joseph Goebbels, Generaloberst und Gestapo-Gründer Hermann Göring, Reichsinnenminister Wilhelm Frick und der Reichsminister ohne Geschäftsbereich Rudolf Hess auf der Ehrentribüne.

Vor dem Anpfiff suchen Hitler und seine Entourage die Kabine der Nationalelf auf. Während die meisten Spieler vor dem »hohen Besuch« stramm stehen und artig den »deutschen Gruß« entbringen, kehrt Willy Simetsreiter den Eindringlingen den Rücken zu und nestelt umständlich an seinen Schnürsenkeln herum, bis er aufgerufen wird. Hans Schiefele: »Das war schon a bissel a Provokation.«

Die Deutschen sind sich ihrer Sache so sicher, dass Felix Linnemann – um bewährte Kräfte für die weiteren Aufgaben zu schonen – die Aufstellung einiger junger Talente anordnet. Der Schuss geht nach hinten los. Bereits in der 6. Minute erzielt Isaksen die Führung für den krassen Außenseiter. Die Deutschen drängen auf den Ausgleich, und Simetsreiter schießt aus kürzester Entfernung über das leere Tor. In der 86. Minute schlägt Isaksen ein zweites Mal zu, und der Außenseiter gewinnt sensationell mit 2:0.

Hitler verlässt wütend das Stadion. Der »Kicker« jammert: »Und dann, als unsere Freunde (…) am Radio saßen, als sie hörten, dass der Führer unter dem Jubel der Massen in das Poststadion seinen Einzug hielt, da waren sie stolz und glücklich. Adolf Hitler würde einen deutschen Fußballtriumph erleben, es konnte ja nicht anders sein. Nach

1 1/2 Stunden die bleierne Aschermittwochstimmung. Dieses 0:2 vor Adolf Hitler, der erstmals einem Fußballkampf zusah – das hätte einfach nicht sein dürfen, das musste ausgeschlossen sein.«

Die Erklärung, den Spielern hätten wegen der Anwesenheit des Führers die Nerven geflattert, ließ Simetsreiter für sich nicht gelten: »Das muss man doch ertragen können, wenn so ein Hitler auf der Tribüne sitzt und winkt.«

Halvorsens Norweger holen anschließend Bronze, bis heute der größte Erfolg des skandinavischen Landes im internationalen Fußball (bei den Männern...). Ihrem Trainer werden die Deutschen im Weltkrieg wiederbegegnen. Asbjørn Halvorsen widersetzt sich nach der deutschen Besatzung Norwegens einer Neuordnung des norwegischen Sports und wird am 5. August 1942 wegen der Verbreitung illegaler Schriften verhaftet. Vom August 1943 bis April 1945 ist der ehemalige Fußballstar in deutschen KZs inhaftiert. Halvorsen überlebt den Nationalsozialismus und Zweiten Weltkrieg und kehrt nach Norwegen zurück, wo er 1955 im Alter von nur 56 Jahren stirbt – wohl auch als Folge seiner KZ-Haft.

Star der Olympischen Spiele 1936 ist der schwarze US-Amerikaner James Cleveland »Jesse« Owens, der als erster Leichtathlet vier Goldmedaillen gewinnt. Ein Affront gegen den nationalsozialistischen Wahn von der Überlegenheit der »arischen Rasse«. Wilhelm Simetsreiter freundet sich mit Owens an und lässt sich mit dem schwarzen Star ablichten. Anschließend vervielfältigt er das Foto tausendfach und benutzt es bis zu seinem Tode im Jahre 2001 als Autogrammkarte.

Zwar wird Simetsreiter Mitglied im Nationalsozialistischen Kraftfahrerkorps (NSKK) und spielt auch in dessen Auswahl. Für Mitspieler Herbert Moll war dies aber das »Harmloseste, was einen zu dieser Zeit treffen konnte. Da sind viele Fußballer dazugegangen.« Vermutlich war die Stimmung so, dass sich die Bayern-Spieler irgendeiner Parteigliederung anschließen mussten. Und das NSKK erschien wohl vielen noch als unpolitischste und »sportlich attraktivste« Option.

Groß, aber schwach

Auch wenn der FC Bayern nicht mehr zu den deutschen Top-Teams zählt, gehören Bayern-Spieler weiterhin zum Kreis der Nationalmannschaft. Das gilt auch, als nach dem »Anschluss« Österreichs Reichstrainer Herberger eine Reihe von Wiener Kickern in die Auswahlelf einbaut. Bei der WM 1938 muss er seine »großdeutsche« Mannschaft auf Geheiß des Reichssportführers sogar nach einer unsäglichen »6 plus 5«-Formel aufstellen. Ob die Mannschaft nun mit sechs Österreichern und fünf »Altreichern« oder mit sechs »Altreichern« und fünf Österreichern aufläuft, ist dabei egal. Die Fusion aus den spielfreudigen Neu-Bürgern des Reiches, die noch kurz zuvor Profis gewesen waren, mit den von ihnen als Leichtathleten und Kraftsportlern belächelten Deutschen kann nicht gelingen. Zumal die beiden Nationalmannschaften bis dahin unterschiedliche Systeme bevorzugten. Jede Mannschaft wäre vermutlich für sich besser gewesen. Dies galt vor allem für die Deutschen, die am 16. Mai 1937 in der Breslauer Schlesierkampfbahn vor einem begeisterten Publikum Dänemark mit 8:0 abgekanzelt hatten. Es war der bis dahin spielerisch beste Vortrag einer deutschen Nationalelf. Die beteiligten Kicker, zu denen auch Bayerns Ludwig Goldbrunner gehörte, gingen als »Breslau-Elf« in die Annalen ein.

Vom FC Bayern fahren der 21-jährige Jakob Streitle und der 30-jährige Routinier Ludwig Goldbrunner mit zur WM nach Frankreich. Goldbrunner ist nun der letzte Meister von 1932 im Nationaldress. Streitle wird von Herberger ohne Länderspielerfahrung nominiert. Mit Simetsreiter und Moll ist Streitle das letzte Produkt der vorzüglichen Nachwuchsarbeit des FC Bayern, bevor die Nazis dem Klub in die Parade fuhren.

In Paris scheitern Herbergers »Großdeutsche« bereits in der ersten Runde an der Schweiz. Die erste Begegnung mit den Eidgenossen endet nach 120 Minuten mit einem Remis (1:1), so dass sich beide Teams fünf Tage später noch einmal messen müssen. Beim ersten Spiel müssen Goldbrunner und Streitle noch zuschauen, aber anschließend verändert Herberger seine Mannschaft auf gleich sechs Positionen. Goldbrunner kommt für Hans Mock (Austria Wien), Streitle als Linksverteidiger für Willibald Schmaus (Vienna Wien). Der gesperrte Rapidler Hans Pesser wird zwar mit dem Austrianer Leopold Neumer durch einen anderen Wiener ersetzt, trotzdem hätte Herberger jetzt nur noch drei Österreicher in der Formation, was den Reichstrainer zu weiteren Veränderungen zwingt. Mit dem Ergebnis, dass die »Großdeutschen« gegen eine personell unveränderte Schweizer Mannschaft mit 2:4 unterliegen.

Bis zum bitteren Ende

Die WM 1942, die eigentlich Deutschland ausrichten sollte, wird wegen des Zweiten Weltkriegs und des Ausschlusses des designierten Gastgebers aus der FIFA abgesagt. Ihr letztes Länderspiel bestreitet die deutsche Nationalelf am 22. November 1942 in Bratislava gegen die seit 1939 formal unabhängige Slowakei, die de facto nur ein Satellitenstaat Nazi-Deutschlands ist. Vom FC Bayern ist niemand dabei, vom Pokalsieger TSV 1860 Ernst Willimowski. 12.000 sehen einen 5:2-Erfolg der Deutschen, statistisch der 100. Sieg der Nationalelf. Der 22-jährige Fritz Walter spürt einen »wachsenden Hass gegen das nationalsozialistische Deutschland, die 12.000 Zuschauer umgaben uns mit einer Mauer der Feindseligkeit.«

Ludwig Goldbrunner läuft letztmalig im Nationaltrikot am 20. Oktober 1940 in München auf. Deutschland besiegt Bulgarien mit 7:3. Anschließend wird der FC Bayern nur noch durch Jakob »Jakl« Streitle vertreten, aber auch nicht mehr lange. Am 9. März 1941 ist Streitle in Stuttgart gegen die Schweiz dabei (4:2), danach muss er zur Wehrmacht. Eine Weile ist Streitle Gastspieler beim Dürener Klub SC Borussia 1912 Freialdenhoven und gehört für kurze Zeit zur »Pariser Soldatenelf«, die nach der Besetzung Frankreichs gegründet wurde und für die auch der Fürther Nationalspieler Hans Fiederer sowie Fritz Walter kicken.

Bayerns letzter Nationalspieler vor dem Zusammenbruch des NS-Regimes wird auch Bayerns erster nach Gründung der Bundesrepublik Deutschland sein.

Wie für die Nationalelf ist auch für den FC Bayern die letzte internationale Station Bratislava. Am 9. April 1944 trennen sich eine Armee-Elf der Slowakei und der FC Bayern in der slowakischen Metropole vor 5.000 Zuschauern mit 1:1. Bei den Bayern steht Rekordnationalkeeper Hans Jakob zwischen den Pfosten. Der Regensburger war während des Krieges nach München dienstverpflichtet worden und schloss sich dem FC Bayern an. Jakob: »Damit erfüllte sich ein langgehegter Wunsch.«

Daheim wird bis zum bitteren Ende gekickt. Das letzte Pflichtspiel wird am 2. April 1945 angepfiffen, als die Bayern in der 2. Runde der Qualifikation zum Tschammer-Pokal gegen die Bajuwaren München 0:1 verlieren. 20 Tage später, am 22. April, kommt es dann noch zu einem Freundschaftskick mit dem TSV 1860. An der Schlierseestraße gewinnt der FC Bayern 3:2.

Kapitel 9

Nazifizierung mit Widerständen

Den FC Bayern auf politische Linie zu bringen, erwies sich als eine zähe Angelegenheit. Zwar gab es auch beim FC Bayern schon vor 1933 überzeugte Nazis, doch die bildeten zunächst nur eine kleine Minderheit im Klub. Nationalsozialistische Gesinnung war insbesondere in der Skiabteilung stark vertreten, einem Sammelbecken der »Jungen und Unzufriedenen«. Dabei ging es nicht nur um Politik, sondern auch das Gewicht der Fußballer gegenüber den anderen Abteilungen im Klub. Laut Herbert Moll waren die Skifahrer »im Großen und Ganzen nach rechts ausgerichtet. Die waren schon immer Opposition im Verein. Warum? Weil bei Bayern immer bloß Fußball gezählt hat. Die haben immer Unruhe reingebracht.« Wie wir noch sehen werden, wird dieses Thema den Klub noch einmal in den frühen 1950er Jahren verfolgen.

Machtkämpfe

Als der FC Bayern 1950, nach dem Ende von Weltkrieg und nationalsozialistischer Diktatur, seinen 50. Geburtstag feiert, erscheint eine Festschrift, in der auch die jüngste Vergangenheit behandelt wird. Viele solcher Schriften jener Tage sind geprägt davon, die Vorgänge während der NS-Diktatur zu verharmlosen und zu relativieren. Beim FC Bayern ist dies insofern anders, als nach 1945 wieder die Landauer-Getreuen das Sagen im Verein haben und ihr Rückblick eher die Opferseite widerspiegelt. Daher kann der Bayern-Festschrift eine vergleichsweise hohe Glaubwürdigkeit und Offenheit attestiert werden.

Aber es ist auch das Werk einer »Jetzt-haben-wir-wieder-das-Sagen«-Fraktion, die nun wieder im Besitz der Definitionshoheit über den Klub ist. Wie alle Festschriften verfolgt auch diese den Zweck, den Klub in einem möglichst positiven Licht erscheinen zu lassen. Und die »wahren Bayern«, das sind die Landauer-Getreuen, die mit dem Nationalsozialismus nichts am Hut hatten.

Laut dieser Rückschau gab es 1933 einen klubinternen Macht-kampf, der sich wie folgt gestaltet habe: Die nationalsozialistische Machtübernahme habe einen »ganz gewaltigen Eingriff in (das) in-nerste Gefüge« des FC Bayern bedeutet. »Die Parteipolitik und der wie Gift ausgestreute Rassenhass machte auch vor der sportlichen Kame-radschaft nicht halt. Immer schon hatte man im Klub die Anschauung vertreten, dass jeder anständige Mensch, gleich welcher Rasse oder Re-ligion, Platz beim Sport finden könne. Dieser Grundsatz verlor plötz-lich durch Regierungsbefehl seine Berechtigung. (…) Es kamen die Rassengesetze und mit ihnen der Arierparagraf. Damit aber auch das Ausscheiden *vieler* (Hervorhebung d. A.) alter und treuer Bayern, die in unseren Reihen nichts anderes kannten, als gleich allen übrigen Mit-gliedern am Aufbau des Klubs mitzuarbeiten, sich an seinen sportli-chen Siegen und Erfolgen zu freuen und Rückschläge und Niederlagen mit tragen zu helfen. (…) Vor allem die Schiabteilung (entwickelte) eine große Aktivität, in ihr steckten vor allem starke national-sozia-listische Kräfte. (…) Die Schiabteilung arbeitete gut; sie begann vor allem starken Einfluß auf die Clubgeschehnisse zu nehmen, stellte den ›Dietwart‹, also den zur nationalsozialistischen Umschulung Beauf-tragten, stellte den Vergnügungswart, den Leiter der Clubzeitung. Kein Wunder, daß sich diese Vereinsnachrichten mehr und mehr zu einem Publikationsorgan der Schiabteilung gestalteten.«

Der gesamte interne Vereinsbetrieb sei für einige Jahre durcheinan-dergeraten. »Viele Männer zogen sich von ihren Ämtern zurück. An-dere witterten Morgenluft und glaubten im Trüben fischen zu können. Auch begannen gewisse Kräfte jetzt schon mit dem Wettlauf um die Gunst der neuen Herrscher im Staate. Die Leitung versuchte, sich dem Neuen wenigstens im Sport entgegenzustellen, aber schließlich waren die Ereignisse stärker als der Wille eines einzelnen.«

Fast scheint es so, als habe den Verein im Zuge der nationalsozia-listischen Machtübernahme eine tiefe Spaltung erfasst. Auf der einen Seite die gegenüber den Nationalsozialisten eher distanzierten Fußbal-ler, die durch Landauers Abgang an Stärke einbüßen; auf der anderen Seite die Skiabteilung und weitere Mitglieder, die durch die neuen Ver-hältnisse Oberwasser bekommen.

»Das waren alles gute Leute«

Der zum Zeitpunkt der nationalsozialistischen Machtübernahme 18-jährige Wilhelm »Schimmy« Simetsreiter berichtet später über das Schicksal der jüdischen Funktionsträger, Balltreter und einfachen Mitglieder beim FC Bayern: »Plötzlich waren die verschwunden. Das war schade für diese Leute, das waren alles gute Leute.« Über die Gründe ihres Verschwindens sei unter den Fußballern nie geredet worden, bloß über »Fußball und Mädels. Mei, wir waren jung.«

»Schimmy« Simetsreiters Kickerkarriere hatte im Hinterhof der Herzogstraße 26 in Schwabing begonnen, einer Parallelstraße zur Clemensstraße, wo Bayerns erster eigener Platz lag. 1923 schloss er sich als Achtjähriger seinem ersten Verein an – dem FC Borussia, der dem Arbeiter Turn- und Sportbund angehörte. Das Vereinslokal der Borussia lag in unmittelbarer Nähe zur elterlichen Wohnung. 1924 wechselte »Schimmy« zum bürgerlichen FC Teutona, nachdem die finanzschwachen Arbeitersportler die Kosten für eine Zahnbehandlung nicht bezahlen konnten, die wegen eines Zusammenstoßes bei einem Spiel erforderlich war. 1926 schloss sich das Talent dem FC Bayern an. Sechs Tage vor Landauers Demissionierung ist Simetsreiter 18 Jahre alt geworden. Sieben dieser Jahre hat er im FC Bayern Landauers verbracht, was ihn nachhaltig prägt. Simetsreiter schildert Landauer als »sehr netten« und »anständigen« Mann und »sehr starken Redner«. »Wenn der beim DFB eine Rede gehalten hat, dann hat man eine Stecknadel fallen hören.« Landauer habe sich sehr um die Spieler gekümmert, diese als Inhaber einer Textilfirma (gemeint ist wohl das Geschäft der Familie in der Kaufingerstraße) auch »privat versorgt«.

Der spätere Bayern-Vizepräsident und Journalist Hans Schiefele, Jahrgang 1919, über die »Bayern-Juden«: »Von vielen hat man es gar nicht gewusst. Man hat erst viel später erfahren, dass sie Juden waren – nachdem sie aus dem Verein austreten mussten. Und von manchen hat man auch nie erfahren, was unter den Nazis aus ihnen geworden ist.«

Wie viele Juden es beim FC Bayern waren, lässt sich nicht genau sagen. Allerdings gibt die Festschrift zum 50-Jährigen einen Hinweis darauf, dass es mehr als nur die bekannten Namen Landauer, Dombi und Beer waren. Nach der Nennung von sieben Bayern-Mitgliedern, die Opfer des Nationalsozialismus wurden, heißt es dort: »Weiterhin hat das Hitlerregime eine *nicht unerhebliche* Anzahl alter und bewährter

Mitglieder aus ihrem einstigen Vaterland und aus München vertrieben. Sie mussten draußen sich neue Existenzen gründen und sind uns dadurch *vielfach* verloren gegangen.« (Hervorhebung d. d. A.) Diese Aussage dürfte sich vornehmlich auf jüdische Mitglieder beziehen.

Dass Hans Schiefele von vielen Bayern-Juden nichts wusste, Landauer und Dombi ausgenommen, ist kaum verwunderlich. Denn die »Bayern-Juden« fühlten sich nicht in erster Linie als Juden, sondern als Deutsche, Bayern und Mitglieder eines Klubs, in dem Gesinnung und Religionszugehörigkeit keine Rolle spielten und keinen solchen Ausschluss kannten.

Mit der nationalsozialistischen Machtübernahme gehen den Bayern möglicherweise auch jüdische Sponsoren verloren. So etwa die »jüdischen« Kaufhäuser Hermann Tietz am Hauptbahnhof und Uhlfelder im Rosental, deren Betriebsmannschaften bei den Bayern kickten. Als die NS-Führung für den 1. April 1933 zum Boykott jüdischer Geschäfte aufruft, postieren sich auch vor Tietz und Uhlfelder militante SA- und SS-Leute. Antisemitische Parolen werden gegrölt und potenzielle Kunden eingeschüchtert. »Mit Gewalt wurde niemand gehindert, gutes deutsches Geld den Rassefremden nachzuwerfen«, schreibt der in München erscheinende »Völkische Beobachter« scheinheilig. Nur eine verschwindend geringe Zahl von Bürgern habe den Boykott unterlaufen. »Ihre Namen wurden in den meisten Fällen festgestellt.«

Der antisemitische Aktionstag richtet erheblichen Schaden an. Der Umsatz der Hermann Tietz OHG wird sich glatt halbieren. Später wird Tietz, nach eigenem Bekunden »der größte Warenhauskonzern Europas in Eigenbesitz«, arisiert. Verkaufen wollte die Familie Tietz nicht, aber als ihre Kredite nicht verlängert werden, muss sie kapitulieren. Sehr zur Freude von Dresdner und Deutscher Bank, die nun in den Aufsichtsrat des Unternehmens einziehen, das sich bis dahin hartnäckig ihrer Kontrolle entzogen hat. Aus der Hermann Tietz OHG wird der »arische« Hertie-Konzern, in dessen Namen Hermann Tietz verstümmelt weiterlebt.

Noch schlimmer trifft es das Kaufhaus Uhlfelder, das in der Reichspogromnacht vom 9./10. November verwüstet, geplündert und in Brand gesetzt wird. 1939 wird das Kaufhaus mit Genehmigung von Reichswirtschaftsminister Hermann Göring liquidiert.

Aber auch das Sponsorentum kleinerer Unternehmen zugunsten des FC Bayern dürfte ab 1933 zurückgegangen sein. Einige jüdische Bayern-Funktionäre und Mitglieder, so die Familie Landauer, Otto Albert Beer, Heinrich Raff und Berthold Koppel, waren als selbstständige Kaufleute in der Textilbranche tätig. Jedenfalls heißt es in der 50-Jahre-Festschrift rückblickend: »Finanziell schnitt der Club infolge der mit der völligen Umgestaltung aller Verhältnisse verbundenen Schwierigkeiten nicht günstig ab. Nach langer Zeit musste man sich beim F.C. Bayern wieder bequemen, sich nach einer recht sparsam zugeschnittenen Gelddecke zu strecken.«

Siegfried Herrmann beerbt Kurt Landauer

Auch wenn Kurt Landauer offiziell keine Funktionen mehr bekleidet, so mischt er doch aus dem Hintergrund noch einige Jahre mit. Ohnehin können die Skifahrer nicht vollständig die Macht im Verein erobern. Die Führung bleibt zunächst in der Hand der Fußballer.

Am 12. April 1933 wählt eine außerordentliche Mitgliederversammlung den Kriminal-Oberinspekteur Siegfried Herrmann zum kommissarischen Nachfolger von Kurt Landauer.

Herrmann zählt sich zur freireligiösen Bewegung, die Mitte des 19. Jahrhunderts in der Zeit des politischen Vormärz entstanden ist. Ihre Grundsätze sind die völlige geistige Freiheit in der Religion, der uneingeschränkte Gebrauch der Vernunft statt Berufung auf äußere Autoritäten oder Überlieferungen sowie Duldsamkeit gegenüber den verschiedenen Religionsauffassungen. Ab 1934 werden viele freireligiöse Gemeinden verboten oder lösen sich auf.

Die Wahl des langjährigen Landauer-Vertrauten und -Assistenten Herrmann garantiert auch in braunen Zeiten zunächst Kontinuität. Unterlagen aus dem Münchner Stadtarchiv legen nahe, dass Herrmann den Nazis ablehnend gegenüberstand. 1920 war er Leiter der »Abteilung VI d – Politische Abteilung« geworden. Deren Aufgaben lauteten, wie Herrmann selbst ausführt: »Überwachung der politischen Parteien, Gesellschaften, Vereins- und Versammlungsgesetz, Plakatzensur und Flugblätter, Streik und Aussperrungen, Demonstrationen, politische Aufzüge usw.«

In dieser Funktion war Herrmann vermutlich wiederholt mit den in der »Hauptstadt der Bewegung« besonders straßenkämpferischen

Nationalsozialisten zusammengestoßen. Darauf deutet eine Auskunft des Personalamts vom 31. August 1946 hin, in der es heißt:»Herrmann ist als Gegner des Nationalsozialismus bekannt. Als Leiter des Vereins- und Versammlungswesens vor 1933 stand er immer im Gegensatz zur NSDAP. Er musste 1933 diesen Platz verlassen und wurde von jeder Beförderung ausgeschlossen.«

Herrmann wird im Mai 1933 zur Kriminalpolizei zurückversetzt, weil er nach eigener Auskunft »politisch als nicht zuverlässig erachtet« wird. Vier Monate später wird er Leiter der »Bayerischen Landesfalsch- geldstelle« und des Dezernates »Fälschungen aller Art«. 1936 winkt ihm die Beförderung zum Kriminalrat. Dazu kommt es aber nicht, da die politischen Fachschaftsleiter Kriminal-Amtmann Ulsenheimer und Kriminalrat Rupprecht eine ablehnende Beurteilung abgeben.

Im April 1941 bringt ein eher zufälliges Zusammentreffen mit dem hohen Nazifunktionär Max Amann in der Perusastraße einen weiteren Karriereknick. Wie Herrmann stammt Amann aus München. Der Teil- nehmer des Hitler-Ludendorff-Putsches vom 9./10. November 1923 ist einer von 18 Reichsleitern, die die Reichsleitung der NSDAP bilden und direkt Hitler bzw. seinem Stellvertreter unterstellt sind. Amann ist Reichsleiter für das Pressewesen und Geschäftsführer des »Völkischen Beobachter«. Der NS-Funktionär, der Herrmann nach dessen Erinne- rung noch »von meiner Tätigkeit her als Beamter der Politischen Ab- teilung VI d« kennt und ihn wohl nicht in bester Erinnerung hat, be- antragt nun »in einer mehrseitigen Eingabe an die Kanzlei des Führers meine Entfernung aus dem Staatsdienst«.

»Wegen meiner ausgezeichneten bisherigen dienstlichen Qualifika- tion« entgeht Herrmann einer Entlassung, »jede weitere Beförderung war aber damit ausgeschlossen«. Stattdessen wird Herrmann »sofort strafweise nach Wien versetzt«, wo er am 20. Mai 1941 das Dezer- nat »Fälschungen aller Art, Glücksspielabteilung und die Postdelikte« übernimmt.

Herbert Moll gewährte den Journalisten Gerd Fischer und Ulrich Lindner in einem 1999 aufgenommenen Interview eine aufschlussrei- che Innensicht. Herrmann sei mit Landauer »innigst verbunden« ge- wesen.»Aus dem Grund war das so, dass es gar nicht so aufgefallen ist, dass der Herrmann da gewirkt hat, da war der Landauer immer noch im Schatten. (…) Landauer war zwar in den Jahren nach 1933 nicht mehr Präsident, war aber bei Feiern noch da und auf dem Fußballplatz. Der hat im Hintergrund gewirkt.«

Noch 1935 (!) vermittelt Landauer dem jungen Spieler Simetsreiter eine Stelle beim Baureferat der Stadt. Zumindest bis 1937 verkehrt Landauer noch im Milieu des Klubs. Moll: »Wenn man ihn dann gesehen hat, mit seinem gelben Stern, dann hat man Grüß Gott gesagt, und das hat ihn dann irgendwie beruhigt, dass ihn manche noch gekannt haben.« Aber »plötzlich war er weg«.

Lustlos und trotzig

Es ist kein offener Widerstand, der den Nazis aus dem FC Bayern entgegenschlägt. Mehr eine Mischung aus Lustlosigkeit und Hinhaltetaktik. Anton Löffelmeier: »Anordnungen der Nationalsozialisten lässt man ablaufen oder führt sie mit wenig Engagement durch.« Dass sich die Fußballer des FC Bayern wiederholt sperrig gegenüber den neuen Machthabern zeigen, hat wohl auch damit zu tun, dass man ausgerechnet die Architekten ihres Aufstiegs zur nationalen Topadresse verdrängt hat.

Auch beim FC Bayern ist der für die nationalsozialistische Erziehung zuständige »Dietwart« der größte Langweiler im Klub. Jeden Dienstag nach dem Training werden im Schelling-Salon, einer traditionsreichen Kneipe in der Schwabinger Schellingstraße, politische Schulungen abgehalten. Zu besseren Zeiten verkehrten hier Theodor Heuss, Bertolt Brecht, Rainer Maria Rilke, Henrik Ibsen, Joachim Ringelnatz, Ödon von Horvath und Wassily Kandinsky. Auch ein gewisser Adolf Hitler kehrte hier ein, erhielt aber wegen lautstarken Politisierens Hausverbot. Heute trifft sich hier wieder ein buntes Völkchen, das sich, so das Stadtmagazin »Prinz«, »vom Straßenkehrer bis zum Schachspieler und vom Zecher bis zum Philosophen« erstreckt.

Auf den nationalsozialistischen »Polit-Abenden« referiert der »Parteigenosse« Wagner. Herbert Moll: »Das war ziemlich oberflächlich. Zum Beispiel: Wann wurde der Führer geboren? Das haben wir für die staatspolitische Prüfung wissen müssen. Nur wer die Prüfung bestanden hat, bekam einen Stempel in seinen Spielerpass und durfte überhaupt spielen.«

Am 22. August 1934 wird im Rahmen der Feierlichkeiten zur Stadterhebung Dachaus ein Freundschaftsspiel zwischen dem örtlichen TSV

1865 und dem FC Bayern angepfiffen. Der FC Bayern gewinnt vor 600 bis 800 Zuschauern erwartungsgemäß klar (5:0), doch beim anschließenden Volksfest gibt es Ärger.

Magdalene Heidkamp, Gattin des Bayern-Kapitäns Konrad »Conny« Heidkamp, gegenüber dem »Bayern-Magazin« im März 2003: »Es gab lange Reden, dann setzten wir uns auf die reservierten Plätze im Bierzelt. Es mochte eine Stunde vergangen sein, als unsere vergnügte Runde durch einen Spieler unterbrochen wurde, der aufgeregt hereingestürzt kam und berichtete, vor dem Zelt sei eine fürchterliche Prügelei im Gange. Einige unserer Spieler prügelten sich mit einer Horde von SA-Leuten. Im Nu war unser Tisch leer, auch der Bürgermeister lief nach draußen, um den Streit zu schlichten. Da war aber nichts mehr zu machen. Ehe sie sich's versahen, lagen sie selbst am Boden. Blutverschmiert humpelten wir zum Bahnhof.« Was die Schlägerei auslöste, bleibt unklar.

Auch ein anderer Vorfall beleuchtet die Stimmungslage unter den prominenten Bayern-Spielern. Am 9. November 1937, gegen 0.50 Uhr, wird Sigmund Haringer auf die Wache des 1. Polizeireviers gebracht. Am Jahrestag des Marsches auf die Feldherrnhalle haben die Nazis einen Schweigemarsch veranstaltet. Haringer hat sich derweil mit einigen Freunden im Café Keckeisen in der Maximilianstraße 44 vergnügt. Als die Gruppe das Etablissement verlässt, trifft sie auf einige Teilnehmer des Marsches, die sich auf dem Heimweg befinden. Magdalena Heidkamp: »Es war eine Zeit, die für jeden gefährlich wurde, der seinen Mund nicht halten konnte. Siggi Haringer, einer unserer besten Spieler, war so einer, immer vorneweg mit seinem Mundwerk. Siggi Haringer sagte ganz laut und deutlich: ›Na, ist der Kasperlzug endlich aus!‹ Wie aus dem Boden geschossen standen plötzlich zwei SA-Leute vor uns, legten ihm die Hand auf die Schulter, zogen ihn hoch und führten ihn ab. Wir waren wie zu Stein erstarrt und befürchteten das Schlimmste.«

Im Münchner Staatsarchiv liegt eine Ermittlungsakte des Sondergerichts München gegen »Haringer, Sigmund, geb. 9.12.1908 in Karling, wohnhaft in der Veith-Stoß-Str. 21/10 (bei Pottner), Sohn der Heizerehleute Josef Haringer und H. Kreszenz (geb. Werndl), Staatsangehörigkeit: deutsch, Religionszugehörigkeit: katholisch, Rassezugehörigkeit: deutschblütig.« Des Weiteren vermerkt die Eingangsseite, dass Haringer keiner Gliederung der NSDAP angehöre.

Aus den Unterlagen geht hervor, dass Haringer von einer pflichtbewussten Staatsbürgerin namens Elsa K. denunziert wurde. Diese lässt sich vor Gericht wie folgt aus: »Am 9.11.1937 gegen 0.45 Uhr ging ich durch die Maximilianstraße nach Hause. In Höhe des Café Keckeisen gingen drei Herren, darunter Haringer, an mir vorbei. Da um diese Zeit gerade der Standartenumzug an der Feldherrnhalle zu Ende war und die Leute nach Hause gingen, äußerte Haringer zu einem seiner Freunde: ›Eli, jetzt ist das Kasperltheater aus.‹ Daran habe ich Ärgernis genommen und die Herrn vom Arbeitsdienst um Vorführung dieses Mannes ersucht.«

Knapp 24 Stunden später, am 10. November 1937 um 0.30 Uhr, darf Haringer die Wache wieder verlassen. Das Polizeipräsidium leitet eine Anzeige an die Staatsanwaltschaft weiter.

Dank seiner Reputation als Nationalspieler, vor allem aber wohl dank der Fürsprache des »Fußballkameraden« und Wackeraners Dr. Adolf Brandweiner, im Gegensatz zu Haringer Parteimitglied, wird das Verfahren mit Datum vom 15. Dezember 1937 vom Oberstaatsanwalt beim Landgericht München eingestellt. Brandweiners Version des Vorfalls klingt wenig glaubwürdig, aber entscheidender ist wohl, dass, wie es in der Einstellungsbegründung heißt, »an der politischen Zuverlässigkeit des Zeugen Brandweiner keine Zweifel« bestehen. Laut Brandweiner habe man sich von 20 bis gegen 24 Uhr im Spatenhaus am Max-Joseph-Platz aufgehalten, »anschließend waren wir noch kurze Zeit im Café Keckeisen«. Beim Verlassen des Cafés habe er, Brandweiner, einem ihm bekannten Sportkameraden getroffen und mit diesem einige Worte gewechselt. Währenddessen sei Haringer »hinter mir von vier Feldmeistern des Reichsarbeitsdiensts festgehalten und zur Polizeiwache an der Ledererstraße verbracht« worden. Die inkriminierte Äußerung habe er nicht gehört. Sollte Haringer von einem »Kasperltheater« gesprochen haben, so sei dies wohl dem Umstand geschuldet, dass der Angeklagte davon ausging, bei der zurückströmenden Menge handele es sich um Besucher des gegenüberliegenden Hoftheaters. Im Übrigen sei Haringer »positiv für den nationalsozialistischen Staat eingestellt« und habe nach seiner Erfahrung »noch nie eine abfällige politische Äußerung gebraucht«.

Haringer selbst bietet der Justiz noch eine andere Version an: Beim Verlassen des Keckeisens hätten ihm »zwei Jungens in Zivilkleidung«

den Weg versperrt, »so dass ich am Weitergehen verhindert und gezwungen war, zwischen beiden durchzugehen. Dabei machte ich die Äußerung: ›O Jessas, is dös a Kasperltheater.‹ Ich ging 50 Meter weiter, worauf ich von den Herren des Arbeitsdienstes ersucht wurde, stehen zu bleiben. Es kam dann auch eine Dame und fragte mich: ›Was wollen Sie mit dem Kasperltheater?‹ Ich erlaubte mir die Gegenfrage: ›Was wollen Sie von mir?‹ Die Dame gab mir keine Antwort, die Herrn vom Arbeitsdienst aber ersuchten mich mitzukommen. (…) Ich bestreite ganz entschieden, dass ich mit meiner Äußerung irgendwie die nationalen Veranstaltungen des 8. und 9. November 1937 verunglimpfen wollte, denn meine politische Einstellung besteht nur für den nationalen Staat und den Führer, was schon daraus hervorgehen dürfte, dass ich als Fußballspieler schon 15-mal eingesetzt war.«

1973 erzählt Haringer der Münchner »tz«: »Weil ich im Dritten Reich nicht linientreu war, teilte mir der DFB mit, dass ich in der Nationalmannschaft nicht mehr erwünscht sei. Heute kann jeder Spieler, ob ein konservativer Beckenbauer oder der linke Breitner, frei seine Meinung äußern, kann überdies jeder Spieler mit entsprechendem Talent und Geschick Millionär werden.«

Wiedersehen mit dem Präsidenten

Am 7. November 1943 gastiert der FC Bayern in Zürich, um gegen die Nationalelf der Schweiz ein Freundschaftsspiel zu bestreiten. Zu diesem Zeitpunkt können deutsche Mannschaften nur noch in verbündeten, neutralen oder besetzten Ländern auflaufen.

Vor der Reise in die Schweiz werden die Spieler ins Sicherheitsamt beordert, wo man ihnen einige Auflagen mitteilt. Magdalena Heidkamp: »Erstens tadelloses Auftreten, zweitens würden Gestapobeamte mitfahren, damit den jungen wehrmachtswilligen Spielern nicht einfallen würde, im Ausland zu bleiben, drittens sei es möglich, dass deutsche Emigranten versuchten, mit den Spielern Kontakt aufzunehmen. Jede Annäherung werde strengstens bestraft.« Was die letzte Auflage betrifft, so hat man wohl Kurt Landauer im Sinn, der seit Mitte Mai 1939 in der Schweiz lebt und tatsächlich im Stadion erscheint, um das Spiel von der Tribüne aus zu verfolgen.

Ein Versuch Landauers, mit der Mannschaft in ihrem Quartier in Kontakt zu treten, wird unterbunden. Offenbar hofft er vor allem auf ein Wiedersehen mit Konrad Heidkamp, dem Kapitän der Meistermannschaft von 1932, der als Trainer mitgefahren ist. Magdalena Heidkamp: »Kaum in Zürich angekommen, trat schon ein Page auf meinen Mann zu und übergab ihm eine Nachricht von Herrn Landauer, der im Vestibül auf ihn wartete. Beim Öffnen des Briefes tippte jemand meinem Mann auf die Schulter: ›Gestapo: Geben Sie mir den Zettel. Lassen Sie sich nicht einfallen, sich dem Mann zu nähern. Sie stehen unter Beobachtung.‹« Laut Magdalena Heidkamp »wurde (es) Conny unmöglich gemacht, mit Landauer Kontakt aufzunehmen, die Gestapo ließ ihn nicht aus den Augen«. Landauer habe von der Gestapo-Intervention nichts erfahren und vermutet, Heidkamp habe die Kontaktaufnahme verweigert. Dies habe zu einer nachhaltigen Verstimmung zwischen dem Ex-Präsidenten und seinem Meister-Kapitän geführt. Als Konrad Heidkamp den Vorgang später seiner Frau schilderte, mag er unter einem gewissen Rechtfertigungsdruck gestanden haben, doch angesichts der Gesamtumstände erscheint seine Darstellung plausibel.

Eine andere Sympathiekundgebung kann die Gestapo nicht verhindern: Nach dem Abpfiff im Stadion Hardturm läuft die Mannschaft in Richtung Tribüne und winkt ihrem ehemaligen Präsidenten zu.

Für den FC Bayern spielen an diesem Tag Fink, Unger, Wagner, Reitter, Streitle, Streb, Seidl, Heibach, Lindemann, Schweizer und Hofmann. Streb wirkt als Gastspieler Wacker Münchens mit. Bereits in der 2. Minute bringt Hofmann die Bayern in Führung. Nach einer Viertelstunde kann Alfred »Fredy« Bickel für die *Nati* ausgleichen. Den Deutschen ist Bickel kein Unbekannter. Als die Schweiz die »großdeutsche Elf« bei der WM 1938 aus dem Turnier warf, führte der perfekte Techniker vorzüglich Regie.

Nach dem Wiederanpfiff benötigen die Bayern erneut nur zwei Minuten, um ins Schweizer Tor zu treffen. Die Führung hält bis zur 80. Minute, dann gelingt Hans-Peter Friedländer, einem in der Schweiz eingebürgerten Deutschen jüdischer Herkunft, der erneute Ausgleich zum 2:2, was auch der Endstand ist.

Von Oettinger...

Als Siegfried Herrmann im September 1934 vom Vereinsvorsitz zurücktritt, wird sein Nachfolger mit dem Rechtsanwalt Dr. Karlheinz Oettinger ein Kandidat der Skiabteilung. Bereits 1935 wird Oettinger vom Mediziner Dr. Richard Amesmeier abgelöst, womit auf den ersten Blick eine den Nazis genehme Vereinsführung installiert ist. Denn nach eigenen Angaben hatte Amesmeier im Mai 1919 in einer »Zeitfreiwilligenformation« an der Niederschlagung der Münchner Räterepublik teilgenommen. Der NSDAP war er im April 1933 beigetreten, im Oktober 1933 wurde er vom Stahlhelm und der SA übernommen.

So ganz nach den Vorstellungen der braunen Machthaber ist aber wohl auch Amesmeier nicht. Im April 1939 meldet er sich von der SA ab und begründete dies mit familiären Problemen, der Abwicklung eines Nachlassgeschäftes und »schmerzhaften Neuralgien, die mich oft über mehrere Stunden vollkommen arbeitsunfähig machen«. Zuvor war einem SA-Standartenführer aufgefallen, dass Amesmeier »trotz wiederholter Aufforderung weder an einem sonstigen Einsatzdienst der SA noch an einem Kameradschaftsabend der Standarte teilgenommen« hatte. Da Amesmeiers SA-Austritt einige Monate nach der Inhaftierung Landauers erfolgt, kommt der Historiker Nils Havemann zu der Einschätzung, dass »das Erleben der nationalsozialistischen Verbrechen an dem beliebten Landauer bei einem exponierten Bayern-Mitglied trotz anfänglicher Sympathie für die Nationalsozialisten zu einer erkennbaren Distanzierung vom Hitler Regime« geführt habe.

Bereits im November 1937 folgt auf Amesmeier dessen langjähriger Mitarbeiter, der Oberlehrer Franz Nußhardt, als »Vereinsführer«. Nußhardt ist kein Parteimitglied, was für diese Zeit – die Olympischen Spiele sind über die Bühne gebracht – eher ungewöhnlich ist. Im Gegensatz zu vielen anderen Vereinen drückt sich der FC Bayern noch immer davor, eine ausgewiesene Parteigröße an seine Spitze zu stellen. Ein NSDAP-Mitglied vielleicht, aber bitte kein überzeugter Nazi, der den Klub politischen Interessen unterwirft.

Als der parteilose Nußhardt nicht mehr zu halten ist, wird 1938 der Oberregierungsrat Dr. Kellner zum Nachfolger bestellt, um, wie Anton Löffelmeier ausführt, »den Anfeindungen seitens der Partei ein Ende zu setzen und um den Anschluss an die von prominenten Nationalsozialisten geführten Ligakonkurrenten TSV 1860 und FC Wacker zu finden«. Kellner ist dem Klub bekannt, der Oberregierungsrat war den Bayern bereits 1910 beigetreten. Anscheinend will man den hohen Beamten vor allem als Aushängeschild nutzen. Denn Nußhardt bleibt dem Klub weiterhin erhalten. Offiziell ist er nur noch »zweiter Mann«, aber tatsächlich ist es Nußhardt, der das Gros der Vorstandsarbeit bewältigt, da Kellner bereits kurz nach der Amtsübernahme nach auswärts berufen wird und nur noch selten in München ist. »Der nominelle Vereinsführer, Dr. Kellner, war weit weg und konnte sich um die Geschicke des Clubs nicht kümmern. Als Nicht-Pg. (Pg. = Parteigenosse, d. A.) war dies in diesen Zeiten für Nußhardt eine Kunst und übermenschliche Leistung.« (»50 Jahre FC Bayern«)

Der FC Bayern bleibt weiterhin sperrig und schaut sehr genau hin, wer sich ihm so andient. »Versuche, außerhalb des Vereins stehende gewichtige Persönlichkeiten als Vereinsführer evtl. zu gewinnen, waren recht gefährlich.« Unter »gefährlich« versteht man offensichtlich Kandidaten, die zu stark dem Nationalsozialismus huldigen und von denen man befürchtet, sie würden das »Führerprinzip« tatsächlich wahrnehmen. Ein »Ratsherr« (Anführungszeichen in der Festschrift, d. A.), der zur Übernahme der Klubführung bereit ist, stößt auf Ablehnung, nachdem er offen erklärte, »dass er, wenn er den Verein übernehme, dafür sorgen werde, dass er ›SA-mäßig‹ umgestaltet werde«. Als ein Bankier angeboten wird, kommt dieser wegen einer anderen Mitgliedschaft nicht in Betracht: Der Mann ist beim TSV 1860 eingetragen… So wird dessen Kompagnon, ein langjähriges Bayern-Mitglied, gefragt, der aber ablehnt.

… bis Sauter

Die »Unzufriedenen«, bei denen »die nationalsozialistischen Kräfte allmählich die Oberhand gewonnen hatten« (50-Jahre-Festschrift), lassen nicht locker und machen Franz Nußhardt das Leben schwer. 1943 können sie schließlich einen Kandidaten präsentieren, der ihre nationalsozialistische Überzeugung voll und ganz teilt. Der Mann heißt Josef Sauter und ist von Beruf Bankier.

Am 9. April 1943 wird Sauter vom Gausportwart Breithaupt zum »Kommissarischen Gemeinschaftsführer« ernannt und bleibt dies bis zum Ende der NS-Herrschaft. Für Siegfried Herrmann und Co. eine »persona non grata«. Aus der 50-Jahre-Festschrift erfährt man seinen Vornamen nicht, hier firmiert er nur als »Sauter«. Ein Aufschneider und Parvenü, schenkt man der Festschrift Glauben.

Mit Josef Sauter geht auch der letzte Rest von Demokratie im Klub verloren, »als Vereinsführer ernannte er nun seine Mitarbeiter, die er jederzeit wieder abberufen kann«. Der überzeugte Nationalsozialist ist anders als alle »Vereinsführer« des FC Bayern vor ihm, denn er ist der Erste, der mit dem »Führerprinzip« wirklich ernst macht. »Sauter stützte sich tatsächlich auf das ihm kraft seiner Eigenschaft als Vereinsführer zustehende Führerprinzip. Nur gelegentlich gnädige Auslassungen des Vereinsführers erfuhren die aufhorchenden Stammtischler im Verein.« Sauter, der sich eines innigen Kontakts mit Gauleiter Giesler rühmt, verspricht dem Klub eine aus staatlichen Mitteln finanzierte neue große Sportanlage, aus der aber nichts wird. »Ein zusagendes Gelände im Norden der Stadt – man erzählte, zwischen Floriansmühle und dem Aumeister – war bereits ausgekundschaftet worden. Auch von einem dort geplanten Clubhaus des F.C. Bayern konnte man vernehmen. Das alles kam aber nie über das Planen hinaus. Endgültig gescheitert ist dieses Platzprojekt dann an einem angeblichen Führerbefehl, wonach in München keinerlei städtebauliche Veränderungen mehr vorgenommen werden durften. (…) Es gab aber im Club auch Einsichtige genug, die in diesen Ideen nur billige Phantastereien sehen mußten, schon allein angesichts der hoffnungslosen Kriegslage im Spätherbst 1943.«

Eines bewirkt Josef Sauter allerdings: »In der Presse hatte man sich bisher zum FC Bayern wegen seiner missbetonenden Parteieinstellung recht gegnerisch, zumindest aber ignorierend gestellt. Auf Grund der nunmehr von Sauter, der in den Club erst verhältnismäßig spät als ein Neuling hereingeschneit war, mit den Parteigrößen der Stadt vorgenommenen Fühlungnahme erfolgte prompt eine völlige Schwenkung. Der F.C. Bayern wurde plötzlich groß gemacht. Wichtige Spiele wurden zu förmlichen Volksfesten umgestaltet: SA-Kapellen zogen um die Aschenbahn usw.«

Aber ein Sauter macht noch keinen Frühling. Es bleibt der Makel der Geschichte vor 1933. Als der FC Bayern im März 1944 die südbayerische Meisterschaft gewinnt, schlägt Ludwig Behr, Leiter des Stadtamts für Leibesübungen, dem Oberbürgermeister Fiehler eine Ehrung der Meisterelf vor – ähnlich der, die der TSV 1860 ein Jahr zuvor erhalten hat. Doch das Stadtoberhaupt lehnt dies mit der Begründung ab, »dass bei 1860 andere Beziehungen zur Stadt bestehen durch die Ratsherrn Gleixner und Dr. Ketterer, (und) dass der FC Bayern bis zur Machtübernahme von einem Juden geführt worden ist«. Anton Löffelmeier: »Die Tatsache, dass der FC Bayern viele jüdische Mitglieder hatte, die teilweise in leitenden Funktionen mitarbeiteten, und dass noch dazu ein Jude jahrelang den Verein geleitet hatte und man sich im März 1933 nicht sofort von ihm getrennt hatte, sollte den Bayern das ganze ›Dritte Reich‹ hindurch als Makel anhängen.«

Dass der FC Bayern in der Nazi-Zeit sportlich und finanziell abfällt, hat wohl auch damit zu tun, dass ihm noch eine Zeit lang Mitglieder vorstehen, die den braunen Machthabern nicht als ausreichend loyal und für die nationalsozialistische Sache engagiert genug erscheinen und die nicht im gleichen Maße wie der Lokalrivale TSV 1860 über die nun angesagten politischen Verbindungen verfügen.

Hingegen kann sich der TSV 1860 der uneingeschränkten Protektion durch die braunen Machthaber erfreuen. Wenn die »Löwen« finanzielle Probleme plagen, springt ihnen die nationalsozialistische Stadtverwaltung zu Seite. So bewahrt 1937 eine Allianz aus Oberbürgermeister Fiehler, dem Leiter des Stadtamts für Leibesübungen, Ludwig Behr, Wilhelm Brückner, 1860-Mitglied und Chefadjutant Hitlers, sowie TSV-»Führer« Dr. Ketterer den Verein vor dem Konkurs, indem sie den Verkauf des vereinseigenen Stadions an die Stadt einfädeln.

Als 1944 der Luftkrieg gegen München eskaliert, verzieht sich der »Vereinsführer« Josef Sauter in ein schwäbisches Landstädtchen. »Vereinsführer Sauter war nicht gewillt, für den Club sein Leben aufs Spiel zu setzen. (…) Bei seinen immer seltener werdenden Besuchen in München residierte er im Hotel ›Vier Jahreszeiten‹, von wo aus der Herr ›Präsident‹ geruhte, seine Befehle zu erteilen. Die tatsächlich notwendige Vereinsarbeit mußten die Treuesten der Bayern allein machen. Sie mußten ohne Vereinsführer mit den brennendsten Tagesfragen selbst fertig werden.« Das hat wenigstens zur Folge, dass selbst die Parteimitglieder im Klub »jetzt zur Überzeugung (kamen), dass das ›Führerprinzip‹ doch recht arge Schattenseiten haben kann«.

Gute Voraussetzungen für einen demokratischen Neuanfang. Auch wenn der FC Bayern aus dem Zusammenbruch »als ein nur noch vegetierendes Gebilde« hervorgeht.

Kapitel 10

Verfolgung, Enteignung, Vertreibung und Mord

Im Jahr 1938 eskalieren die Gewaltmaßnahmen gegen Juden und finden ihren Höhepunkt in der Reichspogromnacht vom 9./10. November. SA-Männer und Parteiformationen zünden überall im Reich jüdische Gotteshäuser an, demolieren jüdische Geschäfte und Wohnungen. Reichsweit werden über 30.000 jüdische Männer verhaftet sowie ca. 1.200 Synagogen und Gebetshäuser und ca. 7.500 Geschäfte zerstört.

In München werden die Synagogen in der Reichenbachstraße und der Herzog-Rudolf-Straße von Uniformierten verwüstet und 42 Geschäfte attackiert. Ungefähr tausend Münchner Juden werden verhaftet, in das Konzentrationslager Dachau verschleppt und dort verprügelt und gedemütigt. Die Nazis sprechen zynisch von »Schutzhaft«. Die Inhaftierten gelte es vor dem »Volkszorn« zu schützen. 24 der in Dachau Inhaftierten bezahlen die braune »Fürsorglichkeit« mit ihrem Leben.

Das rund 20 Kilometer nordwestlich von München auf dem Gelände einer ehemaligen Munitionsfabrik gelegene KZ Dachau bestand bereits seit dem 22. März 1933, errichtet auf Geheiß des Reichsführers SS und Münchner Polizeipräsidenten Heinrich Himmler. Es war das erste KZ Nazi-Deutschlands und das einzige, das in den zwölf Jahren des NS-Regimes durchgehend Bestand hatte. Für den Historiker Ernst Piper wurde es »zur Mörderschule der SS«.

»Selbstbewusste Münchner Bürger«

Kurt Landauer wird am 10. November 1938 von seinem Arbeitsplatz, dem Wäschegeschäft Rosa Klauber in der Theatinerstraße 35, abgeholt und nach Dachau gebracht. Das Geschäft steht auch auf einer Liste des in der Reichspogromnacht vom Nazi-Mob verwüsteten Eigentums.

Die 1859 von Rosa Klauber gegründete Firma war die bekannteste ihrer Art in München. In der Dachauer Straße 112 wurde Damenwäsche hergestellt, in den Geschäften in der Theatinerstraße und am

Marienplatz Groß- und Kleinhandel mit Damenbekleidung, Stoffen, Spitzen und Decken betrieben. Im August 1938 zählte die Rosa Klauber GmbH ca. 200 Beschäftigte. Laut dem Historiker Wolfram Selig waren die Inhaber der Rosa Klauber GmbH, Ernst, Ludwig und Siegfried Klauber, »selbstbewusste Münchner Bürger, die auch noch in der Zeit des Nationalsozialismus nicht bereit waren, sich alles gefallen zu lassen«.

Im August 1938 mussten die Klaubers einsehen, dass ihr Widerstand gegen die Enteignung chancenlos war. Ludwig und Ernst Klauber bereiteten ihre Emigration in die USA vor, wo sich Siegfried Klauber bereits seit April aufhielt. In der folgenden Schlacht um das Klauber-Eigentum erhielten die Herren Richard Lüdecke und Hermann Straub im Oktober 1938 den Zuschlag für die Fabrikation in der Dachauer Straße. Der renommierte Laden in der Theatinerstraße fällt nach der Reichspogromnacht an die »verdiente Parteigenossin« Hella Dasbach, die laut NSDAP »in Antwerpen das Amt der Kulturreferentin in der NS-Frauenschaft bekleidete«.

Im November 1939 begeben sich Ludwig und Ernst Klauber von Bordeaux aus auf der S.S. Manhattan nach New York. Dort erfolgt 1943 die Neugründung der von den Nazis geraubten Firma als Klauber Brothers Inc. Die Firma wird heute von der vierten, fünften und sechsten Generation der Klaubers geführt und residiert in der 980 Avenue of the Americas in New York.

Im KZ Dachau

Im Zugangsnummernbuch des Konzentrationslagers Dachau finden sich zu Kurt Landauer folgende Angaben: Die Häftlingsnummer ist 20009. Als Haftgrund wird »Schutzhäftling/Jude« genannt, als Beruf »kaufmännischer Angestellter«. Der Wohnsitz wird mit »Klemensstraße 41« angegeben, eine Adresse in Schwabing und in unmittelbarer Nachbarschaft zum ersten offiziellen Bayern-Platz.

Neben dem Ex-Präsidenten Landauer wurden an diesem 10. November mindestens zwei weitere Bayern-Mitglieder in Dachau interniert: Ex-Jugendfunktionär Otto Albert Beer und Berthold Koppel.

Was sie und die übrigen Verschleppten in Dachau erwartete, schrieb ihr Mithäftling Otto Blumenthal nieder: »Wir wurden in eine Baracke geführt und mussten unsere Sachen und Kleider abgeben. (…) Wir waren nun splitterfasernackt und konnten jetzt sehen, wie viele von uns blutige Striemen hatten. (…) Wir wurden wie die Zuchthäusler kahl geschoren, alle Bärte fielen, alle Schnurrbärte fielen. (Im Baderaum) feierte nun der Sadismus unserer Wärter wahre Orgien. Was sie mit den nackten, wehrlosen Juden dort anstellten, spottet jeder Beschreibung. Duschen mit fast kochend heißem Wasser, Duschen mit eiskaltem Wasser, Abspritzen mit Wasserschläuchen, Abbürsten mit Schrubbern und Besen.«

Kurt Landauer kommt nach 33 Tagen wieder frei, »weil ich als früherer Frontkämpfer zur schnelleren Entlassung kam«. Mit Landauer dürfen am 12. Dezember 1939 auch Otto Albert Beer (Häftlingsnummer 19829), ebenfalls Freiwilliger im Ersten Weltkrieg, und Otto Blumenthal Dachau verlassen. Blumenthal: »Die Turmuhr über dem ›Schurhaus‹, der Wache, schlug gerade halb zwei, (…) als wir das Tor des Konzentrationslagers hinter uns ließen und wieder in die Welt traten. Eine Gruppe marschierte an uns vorbei, arme Kameraden, die noch weiter schmachten mussten. Sie sangen: ›Und kommt einmal die schöne Zeit, wo aus der Schutzhaft wir befreit…‹. Wir marschierten jetzt auf die Straße, zum Bahnhof Dachau. Noch immer unter SS-Begleitung. Vorne setzten sie die Hüte auf. Welches Gefühl! Die Welt, Autos. Jeder Schritt ein Schritt in die Freiheit, nach Haus! In Dachau bestiegen wir den Zug nach München, wir waren frei. In München erwartete uns ein jüdisches Komitee. Wir wurden in einem abgesperrten Warteraum geführt und bekamen Tee und trockenes Brot. Jetzt erst merkten wir, dass wir Hunger hatten. Wir waren erschöpft vor Aufregung und Freude und sehr gerührt, dass für uns gesorgt wurde.«

Zu seinem alten Arbeitsplatz kann Landauer nicht mehr zurückkehren, denn die »Arisierung« der Rosa Klauber GmbH ist unter der üblichen Bedingung erfolgt, nach der u.a. die »nichtarischen« Angestellten entlassen und die »arischen« weiterbeschäftigt werden müssen. Der ehemalige Bayern-Präsident ist nun erwerbslos.

Die Odyssee des Oskar Rohr

Als die deutsche Wehrmacht 1940 ins Elsass einfällt, sieht sich Bayerns Ex-Stürmer Oskar Rohr zur Flucht gezwungen. Rohr, inzwischen mit 117 Erstligatreffern Racing Strasbourgs erfolgreichster Torschütze aller

Zeiten, setzt sich nach Sète im unbesetzten Süden Frankreichs ab, wo er bis 1942 lebt und für den FC Sète gegen den Ball tritt. In der Saison 1941/42 scheint er aber kaum noch zum Einsatz zu kommen. In den Aufstellungen für die Meisterschaftsspiele und das Pokalfinale 1942, das Sète gegen Red Star Paris mit 0:2 verliert, fehlt sein Name. Allerdings fand das Finale in dem Teil Frankreichs statt, der von den Deutschen besetzt war, weshalb ein Mitwirken Rohr nicht angeraten war.

Im November 1942 befindet sich Oskar Rohr in Marseille, seit jeher Transitstation für Emigranten und Flüchtlinge. Seit dem Einmarsch der Deutschen in Frankreich ist Marseille auch ein wichtiger Zufluchtsort für deutsche Intellektuelle. Hier hat der US-Amerikaner Varian Fry seine Zelte aufgeschlagen, von seiner Regierung ausgerüstet mit finanziellen Mitteln, einem dicken Bündel Notvisa sowie Listen von Personen, denen er die Ausreise ermöglichen soll. Die »Zeit« wird Fry einige Jahrzehnte später als »Engel von Marseille« feiern, dem »eine ganze vertriebene Kultur ihr Überleben« verdanke.

Bevor die französische Polizei dem »Botschafter der Vereinigten Staaten für die Elenden in Europa« am 29. August 1941 sein humanitäres Handwerk legt und ihn ausweist, gelingt es seinem Emergency Rescue Committee, ca. 4.000 Personen legal und illegal aus Frankreich zu schleusen. Darunter Hannah Ahrendt, Max Ernst, Lion Feuchtwanger und Heinrich Mann.

Oskar Rohr hat die Dienste des Amerikaners nicht in Anspruch genommen oder nicht nehmen können. Im November 1942 wird er von der Polizei des Vichy-Regimes verhaftet und wegen »antifranzösischer und kommunistischer Propaganda« zu drei Monaten Haft verurteilt. Bei einer Hausdurchsuchung waren bei Rohr »kommunistisch eingefärbte« Flugblätter gefunden worden. Doch Oskar Rohr ist ein eher unpolitischer Mensch. Und seine Zimmerwirtin sagt vor Gericht aus, dass sich kurz vor der Durchsuchung zwei Herren mit deutschem Akzent in seinem Zimmer zu schaffen gemacht hätten. Rohrs Verhaftung erfolgt im Zusammenhang einer deutschen Offensive gegen Marseille.

Nur wenig später marschiert die Wehrmacht in der Hafenstadt ein. Der SS- und Polizeiführer Karl Oberg, Heinrich Himmlers Vertreter im besetzten Frankreich, verkündet, Marseille sei ein internationales Banditennest, der Krebs Europas. Europa werde nicht leben können, solange Marseille nicht gesäubert sei. In einem Polizeibericht wird das Hafenviertel als »das größte, durch Tausende von fremdrassigen, vor allem politischen Elementen beherrschte Verbrecherzentrum des Kontinents« beschrieben. Im Januar und Februar 1943 wird auf Himmlers Anweisung ein Großteil der historischen Altstadt gesprengt. 27.000 Altstadt-Einwohner werden zwangsumgesiedelt, 1.640 Bewohner, etwa die Hälfte von ihnen Juden, verhaftet und später ins Reichsgebiet bzw. nach Polen deportiert.

Rohr verbüßt einen Teil seiner Haftstrafe in der Zitadelle von Straßburg. Anschließend wird er nach Deutschland ausgeliefert. Zwei Monate verbringt Rohr im ehemaligen KZ Kislau bei Karlsruhe, das seit 1939 ein Strafgefängnis ist. Hier finden sich die unterschiedlichsten Gruppen wieder: sogenannte Rotspanier, Polen, »Arbeitsverweigerer«, Franzosen und Belgier, die wegen Diebstahls oder ähnlicher Vergehen verurteilt wurden. Rohr muss harte Zwangsarbeit verrichten.

Nach acht Wochen wird er entlassen. Sein Großneffe Gernot Rohr erklärt den Journalisten Gerhard Fischer und Ulrich Lindner später, Reichstrainer Sepp Herberger habe sich für den Ex-Nationalspieler eingesetzt. Dem hat (laut Fischer/Lindner) Oskar Rohrs Witwe Josefine aber widersprochen. Herberger habe Rohr nicht gemocht, da der große Hoffnungsträger für Geld ins Ausland gegangen sei. Vielmehr habe Rohrs ältester Bruder die Freilassung erwirkt, durch einen Kontakt zu einem hohen SS-Funktionär.

Wie dem auch gewesen sein mag: Rohr darf sich nur drei Tage der wiedererlangten Freiheit erfreuen. Dann erreicht ihn die Einberufung zur Ostfront. Fischer/Lindner: »Man kommandierte ihn zu den Infanteristen ab, dem Einsatzort mit der wahrscheinlich schlechtesten Überlebenschance. Seine Witwe meint, dies sei kein Zufall gewesen, sondern man habe dies für ihn ausgesucht, um ihn büßen zu lassen.« Als Soldat kickt Rohr in einer Fußballmannschaft des Heeres. Als Stürmer einer »Heeresflak-Auswahl« erzielt er in einem Spiel gegen die »Luftnachrichten« fünf Tore.

Mit einer leichten Verletzung sei Rohr gegen Kriegsende mit einem der letzten Transporte ausgeflogen worden. Fischer/Lindner: »Sein Platz war hinten im Heck. Der Pilot war Münchner und erkannte den ehemaligen Bayern-Torjäger. Ansonsten wäre Rohr wohl an der Front geblieben.«

Nach dem Krieg bestreitet Rohr noch bis 1949 drei Spielzeiten in den Oberligen Süd und Südwest, wo er für den VfR Mannheim, TSV Schwaben Augsburg, SV Waldhof Mannheim und den FK Pirmasens spielt. Später ist er als Trainer tätig und arbeitet bei der Mannheimer Stadtverwaltung.

Der Historiker Peter März: »Ossi Rohr war kein politischer Widerständler, schon gar nicht der Kommunist, zu dem er während des Zweiten Weltkriegs abgestempelt wurde. Er war Individualist, er wollte, was in einer freien Gesellschaft das Selbstverständlichste der Welt sein sollte: mit seinen Talenten buchstäblich wuchern und Geld verdienen können, er ließ sich von den braunen Machthabern nicht gleichschalten. Seine Geschichte ist die eines selbstbestimmten Individuums in einer totalitären Welt – und insofern unterscheidet er sich auch von Nerz und Herberger und von einem Funktionär wie dem DFB-Präsidenten Felix Linnemann. In dieser Biographie sind Zeitgeschichte, Individualität und kultureller Fortschritt eine eindrucksvolle Symbiose eingegangen. Oskar Rohrs Leben steht quer zu jenem Gleichschaltungswahn, ohne den totalitäre Diktaturen nicht bestehen können.«

Die Flucht der Ungarn

Auch die ungarisch-jüdischen Entwicklungshelfer im deutschen Fußball, die 1933 aus Deutschland geflohen sind, geraten durch die nationalsozialistischen Expansionsgelüste wieder in Gefahr. Der Export des antisemitischen Furors, der sich in Ländern wie Ungarn mit einem hauseigenen Antisemitismus vermischt, trifft vor allem die MTK-Juden mit voller Wucht. Viele von ihnen sind den Bayern-Freunden und der Münchner Fußballöffentlichkeit bestens bekannt. Vor allem natürlich die ehemaligen Bayern-Trainer Richard Dombi, Izidor »Dori« Kürschner, Kálmán Konrád und Leo Weisz, aber auch einige Akteure des großen MTK-Auftritts von 1919 an der Marchbachstraße – wie Jószef Braun oder Vilmos Kertész. Und natürlich Kálmán Konráds Bruder Jenö, ehemals Trainer des 1. FC Nürnberg.

▶ Bayerns »Meistermacher« Richard Dombi überlebt den Holocaust. Nach Engagements in Barcelona und Basel trainiert er seit 1935 Feyenoord Rotterdam. Wie er der deutschen Besatzung und Bombardierung Rotterdams entgeht, ist unbekannt. In den 1950er Jahren wird er noch einmal Feyenoord trainieren, aber dazu später.

▶ »Dori« Kürschner verlässt Europa 1937 und geht nach Brasilien. Im April 1937 übernimmt er den Rio-de-Janeiro-Klub Flamengo. Dort zählt zu seinen Spielern der legendäre »Gummimann« Leonidas, einer der Stars der WM 1938. Kürschner verbessert das Defensivverhalten seiner Akteure und sorgt für die Verbreitung des W-M-Systems in Brasilien. Außerdem unterrichtet er die Verbandstrainer in europäischer Fußball- und Trainingsmethodik. Von 1939 bis 1940 trainiert er noch den Traditionsklub Botafogo. 1941 verstirbt Kürschner im Alter von nur 56 Jahren, vermutlich an einer Virusinfektion.

Bei Flamengo war Kürschners Assistent Flàvio Costa, der von dieser Zusammenarbeit erheblich profitiert. 1950 wird Costa Brasiliens *Selecao* in das entscheidende Spiel um die Fußball-Weltmeisterschaft führen, das allerdings mit der größten Enttäuschung in der brasilianischen Fußballgeschichte endet.

▶ Kálmán Konrád übernimmt 1933 den »Judenklub« Slavia Prag, mit dem er 1934 und 1935 die Meisterschaft und 1935 den Pokal gewinnt. Von 1936 bis 1938 betreut er die Nationalmannschaft Rumäniens, 1937 bis 1939 den FC Zidenice in Brünn. Im März 1939, wenige Tage bevor die Slowakei den gemeinsamen Staat mit den Tschechen verlässt und die Wehrmacht in die sogenannte Rest-Tschechei einmarschiert (die dann zum Reichsprotektorat Böhmen-Mähren wird), geht Konrád nach Schweden – auf Einladung des dort lebenden jüdischen Journalisten Peter Brie, einem gebürtigen Berliner. In Schweden trainiert Kálmán Konrád den Örebro SK und Atvidaberg FF und nach dem Krieg Malmö FF sowie weitere Klubs.

▶ Leo Weisz trainiert nach dem FC Bayern zunächst in Schlesien die Sportfreunde Breslau (1929), dann Kickers Würzburg (1930-31) und Alemannia Aachen (1932). 1933 verlässt er Deutschland in Richtung Schweiz, wo er den FC Biel (1933), Servette Genf (1935-36), US de Bienne-Boujsan (1939-44), Cantonal Neuchatel (1942-46), Etcile La Chaux-de-Fonds (1946-47) und erneut den FC Biel (1952-54) betreut.

▶ Jószef Braun, der noch heute als einer der besten Rechtsaußen in der Geschichte des ungarischen Fußballs gilt, verdingt sich einige Zeit im US-Soccer, wo er in New York für die jüdischen Klubs Brooklyn Hakoah und Brooklyn Wanderers aufläuft. Nach dem Ende seiner Spielerkarriere arbeitet Braun als Trainer in der Slowakei und betreut dort von 1935 bis 1938 den 1. CsSK Bratislava. Es folgten weitere Engagements bei LAFC Lucenec und FTC Folakovo und eine Anstellung als Bankbediensteter. Als gebürtiger Jude wird Braun 1942 zum Arbeitsdienst eingezogen und stirbt ein Jahr später.

▶ Vilmos Kertész geht bereits 1932 nach Ägypten. Dort trainiert er Hellenic Alexandria und bis 1940 weitere ägyptische Vereine. Nach dem Zweiten Weltkrieg wird Kertész erneut Trainer in Alexandria, in den 1950ern wandert er dann nach Australien aus und bleibt dort bis zu seinem Tod 1962. Sein Bruder Gyula, der ehemalige Trainer des Hamburger SV, überlebt den Holocaust in den USA und arbeitet dort in der Schallplattenindustrie. Sein Sohn, der sich George Curtiss nennt, wird ein führender Manager bei Remington Records.

▶ Auch Jenö Konrád, der ehemalige MTK-Internationale und Trainer des 1. FC Nürnberg, entkommt dem Holocaust. 1936 wechselt er nach Italien, wo er in der Serie A den US Triestina auf den sechsten Platz führt – das beste Ergebnis in der Geschichte des Vereins. Konrád verlässt Italien 1938 und geht nach Frankreich. Dort erreicht er mit Olympique Lillois das Finale um den nationalen Cup, in dem aber Jean Bernard-Lévys Pariser Racing Club die Oberhand behält. Rechtzeitig zieht Konrád weiter nach Portugal, wo er in der Saison 1939/40 Sporting Lissabon trainiert. Anschließend emigriert er mit seiner Familie in die USA.

Welchem Schicksal Konrád, Dombi und die anderen bei ihrer Odyssee durch Europa entgingen, zeigt das Beispiel ihres jüdisch-ungarischen Landsmanns Árpád Weisz, der als Trainer bei Inter Mailand und dem FC Bologna tätig war und zum jüngsten Meistertrainer in der italienischen Fußballgeschichte sowie zum dreifachen *Scudetto*-Gewinner wurde.

Am 1. September 1938 beschließt Italiens Ministerrat die »Provvedimenti nei confronti degli ebrei stranieri« (Maßnahmen gegen die ausländischen Juden). Nicht-italienischen Juden wird der Wohnsitz in Italien, Libyen und den ägäischen Besitzungen verboten. Binnen sechs Monten haben sie diese Territorien zu verlassen. Außerdem verlieren alle nach dem 1. Januar 1919 eingebürgerten Juden die italienische Staatsbürgerschaft. Am 17. November folgt noch ein Rassendekret (»Provvedimenti per la difesa della razza Italiana«), das an die berüchtigten »Nürnberger Gesetze« angelehnt ist. Italien hat den Anschluss an die Rassenpolitik des »Dritten Reiches« vollzogen; die systematische physische Vernichtung der Juden bleibt allerdings eine deutsche Spezialität und wird Italien erst nach dem Sturz Mussolinis im Juli 1943 heimsuchen. Denn dann werden die Deutschen einen Großteil Italiens besetzen und Tausende italienischer Juden in den Tod schicken.

Im Oktober 1938 muss Árpád Weisz seinen Trainerjob aufgeben. Im Januar 1939 verlässt er Italien und zieht mit seiner Familie über Paris in die Niederlande, wo er den FC Dordrecht trainiert. Nach dem deutschen Einmarsch wird er zunächst im September 1941 mit einem Arbeitsverbot belegt. Im August 1942 werden Weisz und seine Familie verhaftet und ins Durchgangslager Westerbork verschleppt. Wenige Wochen später folgt die Deportation nach Auschwitz, wo Weisz im Januar 1944 ermordet wird. Seine Frau und beiden Kinder waren bereits am 5. Oktober 1942 in Birkenau ermordet worden.

Emigration und Deportation

In Deutschland wird das Leben für die Juden schrittweise immer gefährlicher. Zwischen dem 1. Januar 1938 und dem Auswanderungsverbot am 1. Oktober 1941 gelingt reichsweit noch etwa 170.000 Menschen die Flucht. In München verlassen zwischen 1933 und 1942 etwa 8.000 Juden die Stadt und suchen Schutz im Ausland, vor allem in den USA, wo sich mindestens 2.000 Frauen, Männer und Kinder aus München niederlassen. Darunter der liberale Rabbiner Dr. Leo Baerwald, der nun im New Yorker Stadtteil Washington Heights eine Synagogengemeinde für Immigranten aus München und anderen süddeutschen Orten übernimmt. Zu deren Gründern gehörte der bereits 1935 emigrierte ehemalige Löwenbräu-Generaldirektor Hermann Schülein. Großbritannien nimmt ca. 1.100 Münchner Juden auf. Nach Palästina gehen lediglich 712.

Kurt Landauer emigriert am 17. Mai 1939 in die Schweiz. Das Alpenland ist für Landauer nahezu eine zweite Heimat. Unter dem Präsidenten Landauer ist der FC Bayern in den Weimarer Jahren zwölfmal in das Nachbarland gereist, vor allem nach St. Gallen und Zürich. Aber auch in die Westschweiz nach Genf sowie nach Lausanne, wo Landauer einst seine Banklehre absolviert hatte.

Aufgrund ihrer humanitären Tradition bildet die Schweiz zunächst ein wichtiges und populäres Fluchtziel für deutsche und österreichische Flüchtlinge. Allerdings gerät das neutrale Land mehr und mehr unter den Druck des mächtigen Nachbarn. Im Bemühen, deutsche Invasionsgelüste zu dämmen, trifft die Schweiz 1939 mit Deutschland eine Vereinbarung, die Pässe deutscher Juden mit einem »J«-Stempel zu kennzeichnen. Im August 1942, ein gutes halbes Jahr nach der berüchtigten Wannsee-Konferenz mit dem Beschluss zur »Endlösung der Judenfrage«, schließt die Schweiz ihre Grenzen für Flüchtlinge, die »nur aus Rasse-Gründen« einreisen wollen.

Kurt Landauer kommt noch rechtzeitig, und sein erstes Ziel ist die Gemeinde St. Magrethen, an der schweizerisch-österreichischen Grenze und im Kanton St. Gallen gelegen. Die Wahl der Region dürfte auf alten Verbindungen beruhen: Bis 1933 hieß Bayerns ausländischer Lieblingsgegner FC St. Gallen; insgesamt hat man 15-mal gegen den ältesten Klub auf dem Kontinent gespielt und dreimal gegen dessen Lokalrivalen Blue Stars St. Gallen.

Die nächsten Stationen sind Zürich und Bern. In der Hauptstadt findet Landauer im Konsulat Luxemburgs eine vorübergehende Herberge. Aber er will weiter nach Genf, wo bereits die mit ihm befreundete Maria Klopfer wohnt. Sie ist eine geborene Klauber, Schwester von Ernst, Siegfried und Ludwig Klauber, also den Inhabern jenes Textilgeschäftes, in dem Landauer vor seiner Festnahme beschäftigt war.

Marias Ehemann ist der jüdische Bankier Theodor Klopfer, bis Anfang 1937 mit seinem Bruder Max Gesellschafter des von seinem Vater gegründeten Bankhauses Sigmund Klopfer in der Münchner Schützenstraße 37. Am 31. August 1938 war Theodor Klopfer nach Palästina emigriert. Ehefrau Maria ist am 26. Februar 1939 mit ihren Eltern nach Genf geflüchtet.

Trotz der Hilfe von Freunden ist Landauers Status prekär. Seine erste Aufenthaltsgenehmigung gilt bis zum 17. August 1939. Sie wird dann nach und nach verlängert, zunächst bis zum 17. November und schließlich bis zum 15. Januar 1940. Jegliche wirtschaftliche Tätigkeit wird ihm untersagt. Zunächst wohnt er im Genfer Hotel Regina am Quai du Mont Blanc, im Februar 1940 bezieht er ein Zimmer in der Pension Schneller in der Rue Ami Lévrier. Drei Monate später wird die Pension Elisabeth in der Rue Thalberg sein Zuhause. Seine Hotelrechnungen bezahlt der großzügige Theodor Klopfer, der später von Palästina in die USA geht und von dort mithilft, dass seine Frau Maria mit ihren Eltern ebenfalls in die USA auswandern kann.

Laut Auskunft des Stadtarchivs in Genf war die Schweiz nicht Landauers erste Option. Landauer habe ebenfalls in die USA gewollt, auch um ein dort deponiertes Vermögen in Besitz zu nehmen und zu verwalten. Ein entsprechender Einwanderungsantrag (mit der Nr. 35879) sei von Stuttgart aus gestellt worden. Bei dem Vermögen dürfte es sich um den Erlös aus dem am 30. Dezember 1937 erfolgten Verkauf des Landauer-Hauses in der Kaufingerstraße 26 gehandelt haben. Es war am 30. Dezember 1937 von der Firma F.W. Woolworth u. Co. GmbH erworben worden. (Das Landauer-Haus in der Kaufingerstraße 28 war bereits 1919 je zur Hälfte an die Münchner Lichtspielkunst AG und den Lichtspieltheaterbesitzer Wilhelm Kraus veräußert worden.)

Landauers Einwanderung in die USA sei aber gescheitert, ebenso der Umweg über Kuba. Viele jüdische Flüchtlinge betrachteten seinerzeit die Karibik-Insel als Sprungbrett in die USA. Trotz strikter Einwanderungsbeschränkungen gelang es etwa 11.000 jüdischen Flüchtlingen, die NS-Jahre auf Kuba zu überleben. Aber Ende Mai 1939 erhält die Option Kuba einen schweren Dämpfer. Am 13. Mai hatte das HAPAG-Schiff »St.Louis« mit über 900 deutschen Juden an Bord den Hamburger Hafen mit Ziel Havanna verlassen. Die meisten der Passagiere wollen auf Kuba nur auf ihr amerikanisches Visum warten. Als das Schiff nach 14 Tagen Havanna erreicht, erklärt die kubanische Einwanderungsbehörde die Landungsgenehmigungen überraschend für ungültig. Wochenlange Verhandlungen zwischen dem »American Joint Distribution Committee« und der Regierung in Havanna bleiben erfolglos. Schließlich muss das Schiff die Rückreise antreten und landet in Antwerpen.

Kuba also fällt aus, und auch Landauers Bemühungen um Einwanderung in die Dominikanische Republik und Luxemburg sind laut Stadtarchiv Genf nicht von Erfolg gekrönt gewesen. Im Sommer 1941 verschwindet endgültig die Option USA. Am 1. Juli 1941 tritt dort – als Folge des von US-Präsident Franklin Delano Roosevelt verkündeten uneingeschränkten Ausnahme- und Notzustandes – eine Neuregelung des Einwanderungsgesetzes in Kraft, die ein Ende der liberalen Einwanderungsphase bedeutet.

Landauers Aufenthaltsgenehmigung wird daraufhin im Drei-Monats-Rhythmus verlängert. Erst am 1. Juni 1947 wird er die Schweiz wieder verlassen. Kurt Landauer hat überlebt. Doch vier seiner fünf Geschwister werden von den Nazis ermordet.

Die Ermordung der Landauers

Am 20. November 1941 verlässt der erste Deportationszug mit 999 Personen den Bahnhof München-Milbertshofen in Richtung Kaunas/ Litauen. Im Zug befindet sich auch Dr. Paul Gabriel Landauer, ein Bruder von Kurt Landauer. Die Massendeportation der Juden aus dem Münchner Stadtgebiet hat begonnen, und der Zug vom 20. November wird der größte von insgesamt 42 »Judenzügen« sein, die München bis zum 22. Februar 1945 mit insgesamt rund 3.000 Münchner Juden verlassen. Zuvor zwingt man sie zum Umzug in überbelegte Gemeinschaftsunterkünfte (»Judenhäuser«) wie das Barackenlager München-Milbertshofen und das Internierungslager Clemens-August-Straße 9.

Alle Insassen des Zuges vom 20. November 1941, so auch Paul Landauer, werden wenige Tage später, am 25. November, in Kaunas von Angehörigen der Einsatzgruppe A ermordet.

Ein weiterer Bruder, Franz Landauer, flüchtet zunächst 1939 nach Amsterdam, das mit seinen über 80.000 Juden und seiner liberalen Atmosphäre bis zum Einmarsch der Deutschen im Mai 1940 als »Jerusalem Westeuropas« firmierte. Nach der Okkupation holt ihn dort die rassistische Verfolgung ein. Auslöser ist der ehemalige Verwalter eines Anwesens (»Martinshausl«), das seine Schwester Gabriele in dem Zugspitzdorf Untergrainau besaß. Der Mann denunziert ihn wegen angeblicher despektierlicher Äußerungen über die Nazis. Franz Landauer muss sich in München vor einem Gericht verantworten. Auf der Fahrt dorthin wird er von einem Gestapo-Beamten »begleitet«, der von ihm wissen will, ob er ein Bruder des ehemaligen Bayern-Präsidenten sei. Als Franz Landauer dies bejaht, offenbart sich der Gestapo-Mann als Bayern-Fan, was zumindest für eine etwas entspanntere Reise sorgt.

In München wird Landauer freigesprochen und kann zunächst nach Amsterdam zurückkehren. Nach erneuter Verhaftung kommt er 1943 im »Polizeilichen Judendurchgangslager Westerbork« in der niederländischen Provinz Drenthe ums Leben. Es ist das Lager, in dem im August 1944 auch Anne Frank interniert wird.

Der dritte Bruder, Leo Landauer, der 1939 nach Berlin gezogen ist, wird 1942 in Majdanek ermordet. Das berüchtigte Vernichtungslager liegt im Süden Lublins, der größten Stadt Ostpolens und bis zum Einmarsch der Deutschen ein Zentrum jüdischen Lebens. Noch 1900 waren 47 Prozent der Einwohner von Lublin Juden. Reinhard Heydrich, Leiter des Reichssicherheitshauptamtes und ein wesentlicher Architekt des Holocausts, hatte die Idee entwickelt, die Juden aus dem »Altreich« in ein »Judenreservat« oder »Reichsghetto« bei Lublin zu deportieren.

Schwester Gabriele kommt ebenfalls im KZ ums Leben. Sie war Witwe des Kaufmanns und Kommerzienrats Martin Rosenthal, der im April 1933 starb. 1913 hatte das Ehepaar das Haus Kaufingerstraße 30 sowie 1918 das Haus Frauenplatz 8 erworben; ihr Wohnhaus befand sich in der Leopoldstraße 24. Gabriele Rosenthal nannte zudem eine bedeutende Kunstsammlung ihr eigen. Am 8. August 1939 wird der Hausbesitz Kaufingerstraße/Frauenplatz »arisiert« und geht an die Firma F. Waldbauer OHG über. Das Haus in der Leopoldstraße erwirbt die Isar-Versicherung. Ihre Schwester Henny und deren Mann Julius Siegel (s. u.) organisieren ihr eine Einreiseerlaubnis nach Palästina. Aber da Gabriele ihren geistig behinderten Sohn Hans hätte zurücklassen müssen, bleibt sie in München. Am 26. November 1941 wird Gabriele Rosenthal zu einer »Spende« von 50.000 RM zur Finanzierung des Lagers Milbertshofen genötigt. Am 4. April 1942 wird sie ins KZ Piaski bei Lublin deportiert und am 30. September 1942 amtlich für tot erklärt.

Hans Rosenthal wird aus der jüdischen Heilanstalt Bendorf-Sayn deportiert und in Izbica bei Lublin ermordet. Auf dem Familiengrab der Rosenthals auf dem Neuen Israelitischen Friedhof in Schwabing-Freimann wird als Todesjahr 1943 angegeben.

Ein Foto, das um die Welt geht

Außer Kurt Landauer überlebt von den Landauers nur noch die Schwester Henny den Holocaust. Mit Ehemann Julius Siegel und zwei Kindern kann sie sich rechtzeitig nach Palästina retten.

Julius Siegel betrieb mit seinem Vetter Michael Siegel eine Anwalts-Sozietät. Beide hatten – wie Kurt Landauer – am Ersten Weltkrieg teilgenommen. Michael Siegel ist auch in der liberalen jüdischen Gemeinde Münchens und im Alpenverein aktiv. Münchens Juden besaßen eine große Leidenschaft für die Berge, aber bereits 1924 wurde in der Sektion München der Alpinisten die »Judenfrage« diskutiert und eine antisemitische Entwicklung eingeleitet.

Zu den Mandanten der Siegels gehört auch Max Uhlfelder, Besitzer und Leiter des Kaufhauses Uhlfelder im Rosental. Am 9. März

1933, wenige Stunden nach der Ernennung Heinrich Himmlers zum kommissarischen Polizeipräsidenten Münchens, wird Max Uhlfelder verhaftet und in Dachau interniert. Einen Tag später sucht der 40-jährige Michael Siegel in Uhlfelders Auftrag die Münchner Hauptpolizeiwache in der Ettstraße auf. Siegel will die Freilassung seines Mandanten erwirken und um Schutz für das Kaufhaus Uhlfelder bitten, dessen Fenster am Vorabend von braunen Sturmtruppen zerstört worden sind. Siegel wird in einen Raum gebeten, wo ihn aber nicht Polizeibeamte, sondern SA-Männer erwarten. Der Anwalt wird fürchterlich verprügelt. Ihm werden einige Vorderzähne ausgeschlagen, und sein Trommelfell platzt. Anschließend schneidet man ihm seine Hosenbeine ab und hängt ihm ein Plakat um den Hals, auf dem geschrieben steht: »Ich werde mich nie mehr vor der Polizei beschweren.«

Barfuß, blutverschmiert und mit dem Schild um den Hals wird Michael Siegel nun von SA-Leuten durch die Ettstraße über die Kaufinger-/Neuhauserstraße und von dort über die Prielmayerstraße zum Hauptbahnhof getrieben. Hier richten die SA-Leute ihre Gewehre auf Siegel und drohen ihrem Opfer: »So, Jude, jetzt stirbst du!« Anschließend lässt man ihn laufen.

Die Hetzjagd wird vom Berufsfotografen Heinrich Sanden festgehalten, der seine Fotos den lokalen Zeitungen anbietet, die aber eine Veröffentlichung ablehnen. Sanden ruft die US-Presseagentur International News Photographic Service an, die die Negative kauft. Der Fotograf sendet die Bilder an die Berliner Niederlassung der Agentur, die sie nach Washington D.C. weiterschickt, wo sie am 23. März 1933 auf der Titelseite der »Washington Times« erscheinen. Das Foto geht um die Welt und ist eines der ersten fotografischen Dokumente zur Judenverfolgung im Nazi-Deutschland.

Trotz dieser brutalen Erfahrung ist es zunächst nicht Michael Siegel, sondern sein Vetter Julius, der die Zeichen der Zeit erkennt. Julius Siegel gibt 1934 seine Anwaltszulassung auf und emigriert noch im gleichen Jahr mit seiner Familie nach Palästina. In München lässt er eine sehr gut gehende Anwaltskanzlei zurück, die jährlich zwischen 30.000 und 32.000 Reichsmark einspielt. Seinen Sohn Uri, der in die beruflichen Fußstapfen seines Vaters treten wird, wird man später als Entschädigung mit gerade mal 10.000 DM abfinden.

Als Junge hat Uri Siegel 1932 Bayerns ersten deutschen Meistertitel gemeinsam mit anderen Familienmitgliedern am Radio verfolgt – im bereits erwähnten Landhaus von Kurt Landauers Schwester Gabriele in Untergrainau bei Garmisch, »einem norwegischen Holzhaus mit 14 Zimmern, mit Wiese, Bach und rundherum Wald« (Siegel). Und von Gabriele Landauers Haus in der Kaufingerstraße beobachtete er wenig später den Einzug der Meistermannschaft zum Marienplatz: »Der Onkel und der Trainer saßen in der Kutsche. Neben dem Kutscher saß mein Vetter Otto.«

In München hat Siegel jun. das katholische Ludwigs-Gymnasium besucht, wo er nur einer von zwei jüdischen Schülern ist. Seine Lehrer, so sagt er, hatten »mit den Nazis nichts zu tun«. Erfahrungen mit dem Antisemitismus in der Stadt machte er dennoch. Darüber berichtete er im September 2006 im »Jetzt-Magazin« der »Süddeutschen Zeitung«: »Als ich einmal mit der Trambahn nach Hause gefahren bin, hat ein Schaffner zu mir gesagt: ›Du bist doch ein Judenbüble, warum bist du noch nicht in Palästina?‹ Ein anderes Mal hat ein Pulk von Jungs bei uns um die Ecke meinen Freund Wolf Bacherach umzingelt. Als ich dazu kam und wissen wollte, was los ist, haben sie gesagt: ›Den schicken wir jetzt nach Dachau, wo die Juden Torf stechen müssen.‹ Damals war ich zehn. Ich hab' mir nicht viel gedacht dabei, sondern bin einfach rein in den Pulk und habe den Wolfi heimgebracht. Was uns erwarten würde, habe ich gar nicht mitbekommen. Aber das illustriert, wie unbefangen und naiv ich damals war. Es war eine trügerische Ruhe – bis auf die Geschichte mit dem Michael Siegel.«

Wie viele andere deutsch-jüdische Emigranten lässt sich auch die Familie Siegel in Palästina in der Nähe von Haifa nieder. Uri Siegel lernt in der Schule Hebräisch – und spricht dies mit bayerischem Akzent. Der Schuldirektor kommt aus Sachsen und lehrt das Alte Testament mit sächsischem Dialekt.

Vater Julius absolviert in der neuen Heimat noch im Alter von 50 Jahren ein weiteres juristisches Studium, das er 1938 erfolgreich abschließt. In Haifa wird er daraufhin als Advokat zugelassen und übt diesen Beruf bis zu seinem Tod 1951 im Alter von 67 Jahren aus.

Von Palästina aus bleibt die Familie Siegel in Kontakt mit Kurt Landauer. Uri Siegel: »Wir waren in Verbindung mit ihm, die Schweiz war ja neutral. Über ihn erfuhren wir auch etwas über das Schicksal der anderen Geschwister. Aber in Palästina gab es ja auch eine Zensur während des Krieges. Meine Mutter wahr wohl in Verbindung mit ihm.«

Mehrfach fordert die Familie auch ihren Verwandten Michael Siegel auf, Nazi-Deutschland zu verlassen und nach Palästina zu kommen. Michael Siegel stammt aus Arnstein in Franken, der Vater war Landwirt und Pferdehändler, weshalb der Onkel nach Uri Siegels Auffassung hervorragend nach Palästina gepasst hätte. Doch Michael Siegel antwortet:»Ich bin Deutscher und gehöre hier hin.«

1939 schickt er seine Kinder Beate und Peter mit dem Kindertransport nach England. Ihm selbst und seiner Frau Mathilde gelingt erst in letzter Minute die Flucht, und dies auch nur dank eines Zufalls. Siegel nahm Spanischunterricht bei einem Studenten, der ein Neffe des Innenministers von Peru war. Dank dieses Kontakts gelangt das Ehepaar in den Besitz der nötigen Visa und kann 1940 nach Peru auswandern. Dort dient Siegel der deutsch-jüdischen Vereinigung als Funktionär. 1971 meldet sich noch einmal sein Heimatland: Michael Siegel bekommt das Große Bundesverdienstkreuz am Band verliehen – für seine Mithilfe bei der Einrichtung der deutschen Auslandsvertretung in Peru. Acht Jahre später stirbt er 96-jährig in Lima.

Das Ende der »Textil-Juden«

Unter den Mitgliedern des FC Bayern befanden sich mehrere selbstständige jüdische Textilkaufleute, die sich für den Klub engagiert hatten. Der bekannteste von ihnen war Otto Albert Beer, bis 1933 erfolgreicher Jugendfunktionär der Bayern. Zum Kreis dieser „Textiljuden" zählten außerdem Berthold Koppel, Heinrich Raff und Siegfried Weisenbeck, deren Schicksale teilweise aufgeklärt werden konnten.

▶ Die Familie von Otto Albert Beer wird vollständig ausgelöscht. Der jüdische Textilkaufmann war Teilhaber der Firma Theilheimer & Beer, einer Warenagentur, die zunächst in der Landwehrstraße 64a/I und später in der Herzog-Heinrich-Straße 10 ihren Sitz hatte. Im Oktober 1938 wurde die Firma im Zuge der nationalsozialistischen Maßnahmen zur »Entjudung der Wirtschaft« liquidiert. Beer musste nun von seinen Ersparnissen leben, zeitweise verdingte er sich als Automechaniker. Seine Frau Nelly (geb. Fränkel) hatte nach der Höheren Töchterschule ein Studium an der Akademie für Tonkunst absolviert. Später arbeitete sie als Textilvertreterin. Mitte 1941 wird Nelly Beer mit vielen anderen jüdischen Frauen zur Zwangsarbeit in der Flachsröste Lohhof verpflichtet. Die Beers bemühen sich um Auswanderung nach Neuseeland, Kenia und Rhodesien, aber ohne Erfolg.

Am 20. November 1941 befinden sich Otto Albert und Nelly Beer sowie ihre 18- bzw. 16-jährigen Söhne Ernst Rudolf und Kurt Gustav im selben Deportationszug wie Paul Landauer. Auch die Familie Beer wird am 25. November 1941 in Kaunas von Mitgliedern der Einsatzgruppe A ermordet.

Therese Beer, die 77-jährige Mutter von Otto Albert Beer, wurde am 17. Juni 1942 nach Theresienstadt deportiert, wo sie am 12. November 1942 verstirbt. Bis zu ihrer Deportation lebte Therese Beer im Jüdischen Altersheim in der Mathildenstraße 9. Ihr Ehemann, der Chirurg Heinrich Beer, der sich mit seiner Familie einen Monat vor der Gründung des FC Bayern in der Maffeistraße 9 niedergelassen hatte, war bereits 1938 79-jährig verstorben.

► Berthold Koppel, aus Beilstein an der Mosel stammend, war seit dem 25. Februar 1925 Alleininhaber der Firma Koppel und Steinberg in der Neuhauser Straße 21/II. Die Firma produzierte und vertrieb Krawatten und beschäftigte fünf Näherinnen, eine Angestellte, ein Lehrmädchen und zwei gewerbliche Arbeiterinnen. Am 30. November 1938 wurde das Gewerbe abgemeldet.

In München lebte Koppel in der Haydnstraße 10/II (seit 14.10.1922), Bauerstraße 24/I (seit 21.5.1928), Elisabethstraße 13/I (seit 30.10.1931) und in der Holzkirchnerstr. 5 bei Lipcowitz (seit 25.6.1939). Bei Letzteren dürfte es sich um Verwandte gehandelt haben, denn Lipcowitz war der Familienname seine Ehefrau Lilly.

Am 3. April 1942 werden Lilly und Berthold Koppel mit ihrer Tochter nach Piaski deportiert. Zwei Wochen zuvor waren bereits Koppels Geschwister Karl (mit Ehefrau Herta und Sohn Kurt) und Irma nach Lublin deportiert worden. An das Schicksal der Geschwister Koppel erinnern Stolpersteine in Bingen und eine Gedenkplatte vor dem Grabmal der Eltern Leopold und Johanna Koppel auf dem jüdischen Friedhof in Bingen.

► Der Textilkaufmann Heinrich Raff besaß mit seinem Bruder Bernhard die Firma A. Raff, einen Kleinhandel mit Weißwaren und Leinen in der Dienerstraße 22. Die Firma wurde am 15. September 1938 abgemeldet. Da Heinrich Raff mit der Katholikin Frieda Taubensberger verheiratet war, schützt ihn die »Mischehe« zunächst vor der Deportation. Aber das Ehepaar kommt bei den Fliegerangriffen auf München am 12. Juli 1944 ums Leben. Bruder und Firmenmitinhaber Bernhard kann im Juli 1939 nach England emigrieren und geht von dort später in die USA.

▶ Unklar bleibt das Schicksal des mit einer katholischen Ehefrau verheiratete jüdischen Kaufmannes Siegfried Weisenbeck, der am 20. Juni 1938 in Großhesselohe, Gemeinde Pullach, stirbt. Der Sterbeort lädt zu Spekulationen ein.

1857 wurde bei Großhesselohe eine Eisenbahnbrücke über dem Isartal eingeweiht, zu diesem Zeitpunkt nach der Götzschtalbrücke die zweithöchste der Welt. 1978 schrieb der »Münchener Merkur«, dass sich seit 1872 über 300 Menschen von der Brücke gestürzt hätten. 1996 widmet auch der »Spiegel« der Brücke einen Artikel: »Ort fürs Lebensende« lautete die Überschrift. »Seit mehr als einem Jahrhundert zieht die Grosshesseloher Isar-Brücke Selbstmörder zum Sprung an.« Der Verdacht liegt nahe, dass sich auch der Münchner Jude Siegfried Weisenbeck in Großhesselohe das Leben nahm. Verifizieren ließ sich dies aber nicht.

Nichts bekannt ist über Heinrich Reitlinger, der in der 50-Jahre-Festschrift des FC Bayern ebenfalls als Opfer des Nationalsozialismus aufgeführt wird. In München gab es sowohl »jüdische« wie »christliche« Reitlingers.

Widerstandskämpfer Willy Buisson

Der vermutlich einzige Nicht-Jude unter den NS-Opfern, die der FC Bayern unter seinen Mitgliedern verzeichnen musste, war Wilhelm »Willy« Buisson. Ihn haben die Nazis als aktiven Sozialdemokraten und Widerständler hingerichtet.

Buisson war Apotheker und ein Aktivist der »Auer-Garde«. 1919 hatte der führende bayerische SPD-Mann Erhard Auer diese nach ihm benannte Garde ins Leben gerufen. Vorausgegangen waren die Ermordung von Kurt Eisner und ein gescheitertes Attentat auf Auer. Nach einem weiteren Attentatsversuch auf Auer und der Ermordung Walther Rathenaus wurde die Garde ausgebaut und Willy Buisson ihr militärischer Leiter. In München zählte die Organisation ca. 2.000 Mann. Ihre leicht bewaffneten Einheiten wollten der Polizei gegen rechte Gewalt zur Seite stehen, was aber von der bayerischen Regierung strikt abgelehnt wurde.

Nachdem Bayerns Generalstaatskommissar Gustav von Kahr alle linken Selbstschutzorganisationen verboten hatte, wurde die Auer-Garde in das reichsweit gegründete »Reichsbanner Schwarz-Rot-Gold« eingegliedert. Das »Reichsbanner« war am 22. Februar 1924 von Mitgliedern der SPD, des Zentrums und der DDP als Reaktion auf den Hitler-/Ludendorff-Putsch und den (linken) »Hamburger Aufstand« gegründet worden, als »überparteiliche Schutzorganisation der Republik und der Demokratie im Kampf gegen Hakenkreuz und Sowjetstern« (Otto Hörsing). Seitens der DDP gehörten dem Reichsbanner u.a. die späteren Bundespräsidenten Theodor Heuss und Gustav Heinemann an, ebenso Hugo Preuß, der Vater der Weimarer Verfassung, sowie der mit einer Jüdin verheiratete Thomas Dehler, der nach dem Zweiten Weltkrieg zu den Mitbegründern der FDP in Bayern gehören und später ihr Landesvorsitzender wird. Buisson wurde ein führender Funktionär des Münchner »Reichsbanners«.

Im August 1933 lässt sich Willy Buisson in Neuern/Nyrsko im tschechischen Grenzgebiet nieder. Von dort arbeitet er im Auftrag der Exil-SPD (Sopade), die bis 1939 ihr Hauptquartier in Prag hat, mit illegalen Widerstandsgruppen in Bayern zusammen. Sein Versuch, einen Schwarzsender aufzubauen, bleibt allerdings erfolglos. Im März 1938 wird Buisson an der deutsch-österreichischen Grenze von der Polizei verhaftet. Der Volksgerichtshof in Berlin verurteilt ihn am 27. April 1940 wegen »Landesverrats« und »Vorbereitung zum Hochverrat« zum Tode. Am 6. September 1940 wird das Urteil vollstreckt.

Kapitel 11

Heimkehrer und Abschiede

Am 30. August 1945 findet man auf dem Bahnhof von Prien am Chiemsee (ca. 70 km von München entfernt) in einem Zug die Leiche eines Mannes. Anhand seiner Papiere wird der Tote als Alfréd Schaffer identifiziert. Ein Fußballanhänger klärt die Anwesenden darüber auf, dass es sich um den »Fußballkönig« handelt. Die genauen Umstände seines Todes bleiben ein Rätsel, denn in den Wirren der Nachkriegsmonate wird keine Obduktion vorgenommen. Die Vermutung lautet Herzversagen. Schaffers letzte Trainerstation soll in der Saison 1944/45 der FC Bayern gewesen sein. Seine letzte Ruhestätte findet der erste große internationale Fußballstar auf dem Friedhof von Prien.

Einigen Sportautoren späterer Generationen galt der »Fußballkönig« fälschlich als Jude – wohl wegen seiner MTK-Budapest-Wurzeln und der Verbindung mit den Konrád-Brüdern. Dieser Irrtum ist kein Zufall. In der Rückschau mag der Eindruck entstehen, als habe es im europäischen Fußball bis zum Zweiten Weltkrieg von Juden nur so gewimmelt. Dass dies aus heutiger Sicht so erscheint, ist weniger ein Hinweis auf das, was einmal war, als auf das, was nicht mehr ist. »Viele Juden« waren es nur aus der Sicht einer Generation, die – bedingt durch den Holocaust – Juden und jüdisches Leben kaum noch kennt.

Außerdem schnitten der Kalte Krieg und die Ost-West-Spaltung Europas den Fußball in der Bundesrepublik Deutschland von jenen Regionen ab, in denen Juden im Fußball besonders stark vertreten waren. Bestand vor dem Zweiten Weltkrieg ein reger kultureller Austausch mit Prag und Budapest wie überhaupt in den ost- und mitteleuropäischen Raum hinein, so schuf die europäische Teilung nicht nur in Politik und Wirtschaft, sondern auch im Fußball eine neue Geografie.

Im Zeitraum von 1900 bis Sommer 1936 spielte der FC Bayern insgesamt 39-mal gegen Teams aus Budapest, Prag und Wien, den Metropolen des »Donaufußballs«: Zehnmal kam der Gegner aus Budapest, 13-mal aus Prag und 16-mal aus Wien. Nach dem Zweiten Weltkrieg entwickeln die Bayern erneut einen großen Hunger auf internationale Begegnungen. Bis zur Einführung der Bundesliga sind es bereits über 100, darunter vier Spiele in Marokko (Ende Mai/Anfang Juni 1959) und fünf Spiele in New York (Ende Mai/Anfang Juni 1960). Prager Teams stehen aber nicht mehr auf dem Spielplan, Budapester nur dreimal. Gegen Wiener Klubs spielt man zwar häufiger, aber der »jüdische Fußball« hat hier noch deutlich mehr gelitten als in Budapest.

»Jüdischer Fußball« im Nachkriegs-Europa

Im Mai/Juni 1956 spielen die Bayern zweimal gegen Vörös Lobogo Budapest. Vörös Lobogo ist der ruhmreiche MTK, Schaffers Heimatverein und Klub der Budapester Juden, der 1940 zur Auflösung gezwungen worden war.

Nach dem Krieg wurde MTK neu gegründet. 1949 erhielt der Klub Unterstützung durch die Textilarbeitergewerkschaft und wurde in Textile SE Budapest umbenannt. Für Beobachter ein Indiz für die Fortsetzung der »jüdischen Tradition«, denn seit seiner Gründung waren die Mäzene des Klubs häufig jüdische Textilfabrikanten und -kaufleute gewesen. 1951 wurde MTK offiziell das Team der Geheimpolizei AVH, der verhasstesten Institution des stalinistischen Regimes. Für die Gegner MTKs, namentlich die Anhänger des Lokalrivalen Ferencváros, geriet der Klub nun zum Symbol eines »jüdisch-kommunistischen Machtzentrums«.

Im Mai 1956 ist der Verein, inzwischen in Vörös Lobogo umbenannt, mit Akteuren wie dem Weltstar Nándor Hidegkúti, einem »hängenden Stürmer«, dem kleinen Flügelflitzer Károly Sándor und dem Klassekeeper Árpád Fazekas noch immer eine große Attraktion. Am 27. Mai kommen 30.000 Zuschauer ins Stadion an der Grünwalder Straße, um die Ungarn zu sehen. Bei älteren Semestern dürfte der Auftritt der Ungarn Erinnerungen an MTKs legendäres Gastspiel vom 27. Juli 1919 geweckt haben. Die Ungarn schießen erneut sieben Tore. Hidegkúti und Sándor treffen jeweils zweimal, während Fazekas seinen Kasten sauber hält. Beim Rückspiel am 10. Juni 1956 im Budapester Nep-Stadion zeigen sich die Bayern vor 45.000 Zuschauern stark verbessert und unterliegen nur mit 1:2.

Im Westen Europas bleibt vom »jüdischen Fußball« wenig übrig. Renato Sacerdoti wird 1951 noch einmal Präsident der AS Rom und bleibt dies bis 1958. Dr. Emanuel Schwarz kehrt am 6. Dezember 1945 nach Wien zurück – mit der französischen Nationalelf, die an diesem Tag gegen Österreich spielt, das mit einem 4:1-Sieg seinen (eigenständigen) Wiedereintritt in das internationale Sportgeschehen feiert. Wie selbstverständlich übernimmt Schwarz erneut das Präsidentenamt bei der Austria und führt den Klub noch ein Jahrzehnt.

Der ungarische Trainer Ernö Erbstein, der Italien 1938 verlassen musste, kehrt zum AC Turin zurück, wo er nun als Technischer Direktor eine Mannschaft aufbaut, die dreimal die *Scudetto* gewinnt und zu den besten Europas zählt. Aber im Mai 1949 kommen Erbstein und die gesamte Mannschaft bei einem Flugzeugunglück ums Leben.

Erbsteins Landsmann Béla Guttmann, als Aktiver für MTK Budapest, Hakoah Wien und einige New Yorker Klubs am Ball, führt als Trainer Benfica Lissabon 1961 und 1962 zum Gewinn des Europapokals der Landesmeister. Und in Amsterdam strickt ein Netzwerk von Holocaust-Überlebenden am Aufstieg von Ajax zu einer europäischen Topadresse mit. Unter dem jüdischen Präsidenten Japp van Praag gewinnt Ajax dreimal in Folge – 1971, 1972 und 1973 – den Europapokal der Landesmeister.

Überlebende in München

Am 30. April 1945 finden die amerikanischen Befreier in München lediglich 84 überlebende Juden vor. Zu denen, die der Vernichtung entgehen konnten, gehört Alfred Bernstein, Torwart der Bayern-Mannschaft, die in der Saison 1925/26 erstmals die Süddeutsche Meisterschaft gewann, süddeutscher Auswahlspieler und »einst der Liebling der Münchner Fußballgemeinde«, wie die Zeitschrift des jüdischen Sportbundes »Schild« Ende August 1933 in einem Artikel über jüdische Fußballstars in Deutschland und Österreich stolz schrieb.

In den NS-Jahren hatte Bernstein wiederholt Probleme mit der Gestapo bekommen. Obwohl nach den Nürnberger Gesetzen Jude, konnte sich Bernstein erfolgreich darauf berufen, dass er protestantisch getauft und konfirmiert war.

Ende Juni kehren zwischen 150 und 160 Überlebende des KZ Theresienstadt zurück nach München. Wenig später, am 19. Juli 1945, erfolgt die Neugründung der Israelitischen Kultusgemeinde. Die Münchner Stadtchronik notiert: »Gründung der Israelitischen Kultusgemeinde München und Oberbayern. Im Jüdischen Altersheim an der Kaulbachstraße fand die verfassungsgebende Versammlung der Israelitischen Gemeinde München und Oberbayern statt. Hatte die Kultusgemeinde vor dem Krieg rund 12.000 Mitglieder gezählt, so fanden sich zur Neugründung nur noch etwa 100 Personen ein. Zu Beginn der Veranstaltung gedachten die Anwesenden ihrer verschleppten und ermordeten Glaubensgenossen.«

Dass die Jüdische Gemeinde dann bis März 1946 auf bereits wieder ca. 2.800 Mitglieder wächst, liegt an der hohen Zahl von »Displaced Persons«. Im Mai 1945 hatten die westlichen Alliierten auf dem Gebiet ihrer späteren drei Besatzungszonen rund sieben Millionen Menschen vorgefunden, die im Zuge des Krieges aus ihrer Heimat vertrieben, verschleppt oder geflohen waren. Das Hauptquartier der alliierten Streitkräfte bezeichnete sie als »Personen, die nicht an diesem Ort beheimatet sind« – »Displaced Persons (DP)«.

Etwa 100.000 der DP sind Juden. Durch die DP-Lager in München und Umgebung wird nun die ehemalige »Hauptstadt der Bewegung« vorübergehend zu einem Zentrum jüdischen Lebens. Allerdings ist für viele der Neuankömmlinge München nur eine Transitstelle auf dem Weg nach Palästina, in die USA oder andere Länder. Nur ein Teil von ihnen bleibt in München und bildet hier die Basis für einen Neuanfang jüdischen Lebens. Am 20. Mai 1947 wird die wiederhergestellte Synagoge in der Reichenbachstraße 27 eingeweiht.

»Kein Ort für Juden«

»Für den größeren Teil der jüdischen Welt war der Gedanke, die jüdischen Gemeinden in Deutschland wiederaufzubauen, unerträglich. Die meisten europäischen Juden betrachteten Nachkriegsdeutschland als einen blutbefleckten Staat, in dem Juden, die etwas auf sich hielten, nicht leben konnten. Sogar einige der Juden in Deutschland selbst waren der Meinung, sie seien lediglich eine ›Liquidierungsgemeinde‹, die zwischen den Lagern und dem Grab haltmache«, schreibt Bernard Wasserstein in seinem Buch über das europäische Post-Holocaust-Judentum.

Die meisten im Exil lebenden deutschen Juden wollen mit Deutschland und den Deutschen nichts mehr zu tun haben. Robert Weltsch, ein früherer Chefredakteur der »Jüdischen Rundschau«, schreibt 1946

nach einem Besuch der ehemaligen Heimat: »Wir können nicht annehmen, dass es Juden gibt, die sich nach Deutschland hingezogen
fühlen. Es stinkt hier nach Leichen, Gaskammern und Folterzellen.
Tatsächlich leben heute noch ein paar tausend Juden in Deutschland.
(…) Dieser jüdische Siedlungsrest (…) sollte so schnell wie möglich
aufgelöst werden. (…) Deutschland ist kein Ort für Juden.«

Den »deutschen Staatsbürger jüdischen Glaubens« gibt es nicht
mehr und kann es auch nicht mehr geben. Raphael Gross, Direktor des
Jüdischen Museums Frankfurt, im November 2010: »So bezeichneten
sich die Juden, die sein wollten wie Katholiken und Protestanten. Uns
unterscheidet, so sagten sie, nichts als unser Glaube. Der Glaube aber –
das muss gesagt werden – ist nicht das ganze Judentum. Den deutschen Staatsbürgern jüdischen Glaubens begegnen Sie seit 1933, spätestens seit 1945 kaum noch. Wir sagen heute: Wir wurden als Juden
verfolgt, da können wir nicht so tun, als seien wir immer Deutsche gewesen.« Die jüdischen Rückkehrer sind überwiegend ältere Menschen,
die an ihrer Heimat hängen und nicht mehr die Kraft aufbringen, am
Aufbau eines jüdischen Staates in Palästina mitzuwirken.

Es ist kein freundliches Land, in das die Emigranten zurückkehren.
Die Einsicht, dass den Juden großes Unrecht geschehen ist, wird noch
viele Jahre benötigen. Der Holocaust hat nur einen leichten Rückgang
antisemitischer Attitüden bewirkt. 1949 äußern 70 Prozent der befrag-
ten Bundesbürger, dass sie keine Juden heiraten würden. Und 1952
erklären 52 Prozent, dass nach ihrer Meinung noch immer »zu viele
Juden« im Land seien. »Zu viele Juden«, das sind in jenem Jahr 16.186
registrierte Juden, davon 4.568 in Berlin.

Im Laufe der 1950er und 1960er Jahre wird der Antisemitismus
deutlich abnehmen. Aber 1974 vertreten noch immerhin 28 Prozent
die Meinung, dass die Juden »wegen der Ermordung Jesu heute von
Gott bestraft« würden, und 60 Prozent behaupten, die Juden hätten
»zu viel Macht im Geschäftsleben«.

Die Rückkehr der Demokraten

Seit dem 4. Mai 1945 heißt Münchens Oberbürgermeister wieder Dr.
Karl Scharnagl, eingesetzt von den US-Streitkräften. Nach dem gescheiterten Attentat vom 20. Juli 1944 war er im KZ Dachau interniert
worden.

Am 1. August 1945 erklärt Karl Scharnagl in seiner ersten Rede vor dem von der Besatzungsmacht eingesetzten Münchner Stadtrat: »Wir können uns nicht scharf genug trennen von allen jenen, die durch ihre Mitarbeit in mehr oder minder großem Maße die NSDAP hochgebracht und ihr verbrecherisches Treiben so viele Jahre hindurch gestützt haben. Wir wollen keine Hass- und Vergeltungspolitik betreiben; wir wollen und müssen aber verhindern, dass auch nur Reste dieser verkommenen Anschauung gewissenloser Elemente in unserer Bevölkerung und vor allem im öffentlichen Leben bestehen können.«

Karl Scharnagl ernennt den Sozialdemokraten Thomas Wimmer zunächst zum dritten Bürgermeister und im Dezember 1945 zum zweiten Bürgermeister. Die früheren politischen Gegner Scharnagl und Wimmer hatten sich im KZ Dachau schätzen gelernt.

Scharnagl gehört auch zu den Motoren der Gründung der Christlich-Sozialen Union (CSU), deren christlich-liberalen Flügel er repräsentiert. Bei den Kommunalwahlen vom 20. Mai 1946 gewinnt seine Partei 20 Sitze, drei mehr als die zweitplatzierten Sozialdemokraten. Eine Wahl später, am 30. Mai 1948, hat dann erstmals die SPD die Nase vorn, und Thomas Wimmer wird neuer Oberbürgermeister. Karl Scharnagl dient seinem Vorgänger noch ein Jahr als zweiter Bürgermeister. Wimmer avanciert zur treibenden Kraft und Symbolfigur des Münchner Wiederaufbaus.

Verstärkung aus Wien

Mit Karl Scharnagls Rückkehr und dem demokratischen Neuanfang wittert der FC Bayern seine Chance. Nur eine Woche nach der Kapitulation trifft beim Oberbürgermeister ein Schreiben des Klubs ein, in dem dieser verdeutlicht, auf welcher Seite er stand und steht. Der FC Bayern schwört dem Stadtoberhaupt, »treu und bedingungslos beim Aufbau der Demokratie Folgschaft zu leisten«. Und vergisst dabei nicht zu erwähnen, »dass wir als ›Judenklub‹, der es ablehnte, sich eine nationalsozialistische Vereinsführung aufzwingen zu lassen, mit allen Mitteln gedrückt wurden«.

Dabei existiert der FC Bayern zunächst nur als Mannschaft. Die tritt bereits im Juni 1945, nach einer Spielpause von nur zwei Monaten, wieder zu Freundschaftsspielen an. Am 24. und 26. Juni spielt man an der Kindlerstraße bzw. auf dem Platz der Hypo-Bank gegen den FC Wacker. Da die US-Militärbehörden über die erste Begegnung nicht informiert wurden, wird Bayerns Xaver Heilmannseder, der die Spiele organisiert hat, von der amerikanischen Militärpolizei festgenommen. Auf Intervention des neuen Polizeipräsidenten von Seisser lässt man ihn nach 48 Stunden wieder laufen.

Das erste Nachkriegs-Derby zwischen FC Bayern und TSV 1860 steigt am 26. August 1945 vor 12.000 Zuschauern im zerstörten Stadion an der Grünwalder Straße. Die Bayern gewinnen 4:0. Die Einnahmen werden den Verfolgten des Nazi-Regimes gespendet.

Nur langsam kommt die Neuorganisation des Vereins voran. Zunächst ersetzt Josef Bayer »den sang- und klanglos in der Versenkung verschwundenen Vereinsführer Sauter in einem neuen Geiste« (»50 Jahre FC Bayern«). Aber ein richtiger Klub wird der FC Bayern erst wieder mit Siegfried Herrmann, dem langjährigen Vertrauten von Kurt Landauer und dessen Nachfolger als Bayern-Präsident. Herrmann ist im Mai 1945 aus Wien zurückgekehrt und steigt ab Oktober in die Vereinsarbeit ein. Er formuliert »sofort eine den Erfordernissen der Zeit angepasste Satzung« und führt »die erforderlichen Arbeiten für die Lizenzierung des Clubs bei der Militärregierung« durch. Um diese zu erlangen, »mußten (aus den Vereinsleitungen) sämtliche Parteigenossen ausscheiden. Mitglieder, die als Aktivisten angesprochen werden konnten, mußten sogar ausgeschlossen werden. Dazu war es notwendig, Berge von Fragebögen auszufüllen, Bürgen beizubringen usw., ehe man damit rechnen konnte, die Lizenz der Militär-Regierung in den Händen zu halten.« (»50 Jahre FC Bayern«)

Im Spätherbst 1945 wird die erste Mitgliederversammlung einberufen, die in den Katakomben des stark zerstörten Theaters am Gärtnerplatz über die Bühne geht. Die Versammelten wählen Siegfried Herrmann zum neuen Präsidenten. Wohl nicht nur wegen seines organisatorischen Talents. Denn Hermann gilt als »politisch unbescholten«. Bereits am 18. August 1945 wurde er mit Zustimmung der amerikanischen Militärregierung in seinem alten Beruf als Kriminalkommissar wiedereingestellt. Oberbürgermeister Scharnagl ernennt ihn kurz darauf zum »Sicherheitsdirektor auf Lebenszeit«.

Herrmanns Intimfeind Max Amann, jener Nazifunktionär, der einst seine Degradierung und Zwangsversetzung nach Wien verursacht hatte, wird man 1948 als »Hauptschuldigen« einstufen, zu zehn Jahren Zwangsarbeit verurteilen – und frühzeitig entlassen.

»Kurt Landauer ist zurück!«

Nur wenige jüdische Emigranten kehren nach München zurück. Zu ihnen gehört die Schauspielerin Therese Giehse, die Anfang 1933 in München mit Erika und Klaus Mann das Kabarett »Die Pfeffermühle« gegründet hatte. Noch im selben Jahr emigrierte Giehse in die Schweiz. Am 22. September 1949 steht die Schauspielerin erstmals wieder in Deutschland auf der Bühne – in den Münchner Kammerspielen und im Stück »Der Biberpelz« von Gerhart Hauptmann. Von 1949 bis 1952 gehört Giehse Bertolt Brechts Berliner Ensemble an.

Ende Juni 1947 meldet das »Sport-Magazin«: »Kurt Landauer, süddeutscher Fußballpionier, ist zurück aus der Emigration.« Der 63-Jährige bezieht eine Wohnung in der Virchowstraße 14, in Schwabing zwischen Leopoldstraße und Ungererstraße gelegen. Dort bleibt er bis zu seinem Tod im Dezember 1961. Landauer ist erwerbslos, es folgt noch eine kurze Tätigkeit im Verlag des Münchner Stadtrats Richard Pflaum. Das jetzige CSU-Mitglied Pflaum war nach der Novemberrevolution 1918 für den Soldatenrat ein Mitglied des Provisorischen Nationalrats in Bayern gewesen und hatte bis 1933 die Wochenzeitung »Welt am Sonntag« herausgegeben.

Dass Landauer nach München zurückkehrt, ist ebenso erstaunlich wie bewundernswert – zumal in Anbetracht des Schicksals seiner Familie. Was 1947 noch an Verwandtschaft existiert, lebt in Palästina oder Kalifornien. Andreas Heusler vom Münchner Stadtarchiv wertet Landauers Entschluss zur Rückkehr und sein erneutes gesellschaftspolitisches Engagement als »eher singuläre Erscheinung. Nur wenige der aus München vertriebenen Juden konnten sich nach den demütigenden und lebensbedrohenden Erfahrungen der NS-Zeit zu diesem Schritt durchringen.«

Vielleicht ist es die Heimatverbundenheit des »bayerischen Urviehs«. Vielleicht auch die Geschichte seines Klubs, die den Glauben an eine auch in dunklen Zeiten einigermaßen intakte Eigenwelt erlaubt. Immerhin hat man Kontakt zum vertriebenen Präsidenten gehalten, und auch die Geste von 1943, als die Mannschaft dem Exilanten in Zürich zuwinkte, dürfte bei Landauer ihren Eindruck hinterlassen haben. Am wichtigsten ist aber vielleicht, dass beim FC Bayern mit Siegfried Herrmann wieder ein alter Mitstreiter das Sagen hat. So winkt eine Rückbesinnung auf die »guten alten Zeiten«.

Und außerdem kehrt Kurt Landauer als Sieger zurück. Die Nazis haben ihn nicht vernichten können. Der Klub hat ohne ihn an sportlicher und gesellschaftlicher Reputation verloren. Und gibt es etwas Besseres als einen Juden an der Klubspitze, um gegenüber den Alliierten Glaubwürdigkeit zu demonstrieren?

Nur wenige Wochen nach seiner Rückkehr, am 19. August 1947, wird Kurt Landauer zum vierten Mal zum Präsidenten des FC Bayern gewählt. Siegfried Herrmann wird sein Vizepräsident. Als ob zwölf Jahre NS-Regime nur ein böser Traum gewesen wären – der FC Bayern wird nun wieder von dem Duo geführt, das den Klub 1932 zur Deutschen Meisterschaft geleitet hat. Und die Stadt wird – wie im Meisterjahr 1932 – von Dr. Karl Scharnagl regiert.

Über seine Zeit in Dachau spricht Landauer nicht. Nur eine Geschichte erzählt er ab und an: die vom »rechten Flügelmann« beim Appell, der stets als Erster die Prügel bezog. In dieser Rolle wechselte er sich mit einem anderen Inhaftierten ab, Dr. Rudolf Picard. Und wenn die Sekretärinnen auf der Bayern-Geschäftsstelle Fehler machen, entfährt es ihm im schönsten Bayerisch: »Jo, habst ihr denn nix andres glernt, wie Heil Hitler zu sagen?«

Problematisch ist zunächst Landauers Verhältnis zu Konrad »Conny« Heidkamp, dem Kapitän der Meistermannschaft von 1932 und noch in den Kriegsjahren eine Leitfigur des Bayern-Teams. Landauer verlangt von Heidkamp, ihm sämtliche Ausgaben für die Kriegsjahre zu belegen – ein schier unmögliches Unterfangen. Landauer ist wohl immer noch der Meinung, dass Heidkamp beim Gastspiel der Bayern 1943 in Zürich die Kontaktaufnahme im Hotel verweigert habe – und darüber schwer verbittert.

Doch in Siegfried Herrmann hat Heidkamp einen starken Fürsprecher: »Wenn Conny Heidkamp nicht gewesen wäre, würde der FC Bayern heute nicht mehr bestehen.« Und als der FC Bayern seinen 50. Geburtstag feiert, kommt es zur Versöhnung. Als Kurt Landauer über die Geschichte des FC Bayern referiert, fällt der Satz: »Wir wollen die letzten Jahre vergessen und Gnade walten lassen.« Ein Satz, der aber sicherlich nicht nur an Conny Heidkamp gerichtet ist.

Kurt Landauer ist nicht der einzige jüdische Heimkehrer in der deutschen »Fußballszene«. Ebenfalls 1947 wird Alfred Ries Präsident des SV Werder Bremen und bleibt dies – wie Landauer – bis 1951. Ries war erstmals 1923 an die Vereinsspitze gewählt worden. 1935 wurde ihm die deutsche Staatsbürgerschaft aberkannt. Während Ries den Nationalsozialismus überlebte, wurden seine Eltern im KZ Theresienstadt ermordet. Nach der Gründung der Bundesrepublik Deutschland ist Ries im diplomatischen Dienst tätig.

Bei den Stuttgarter Kickers engagiert sich nach dem Zweiten Weltkrieg erneut Hugo Nathan im Vorstand, der die NS-Zeit in Kreuzlingen in der Schweiz überlebt hat. Er wird 2. Vorsitzender und steht dem Spielausschuss vor. In Nathans Amtszeit fällt ein dritter Platz in der Oberliga-Süd-Saison 1947/48.

Mit Landauer an »die Säbener«

Für den FC Bayern ist der Heimkehrer Landauer von unschätzbarem Wert. Die Alliierten stehen dem deutschen Vereinswesen misstrauisch gegenüber und betrachten auch Sportvereine zunächst als »mächtiges Werkzeug zur Verbreitung von Nazilehren und Einprägung von Militarismus«, wie es in einer Verordnung vom September 1945 heißt. Vielerorts sind es unbescholtene Sozialdemokraten und Sozialisten, erwiesene Gegner des NS-Regimes, die ihren Verein nun mit alliierter Billigung neu positionieren. Der FC Bayern kann sogar mit einem Juden aufwarten.

Der zur Emigration gezwungene jüdische Heimkehrer Landauer verleiht der anti-nazistischen/demokratischen Gesinnung des FC Bayern Glaubwürdigkeit. Dies sichert dem Klub gegenüber dem TSV 1860, dem die neuen politischen Herrscher nun aufgrund seiner Verstrickung mit dem NS-Regime reserviert begegnen, einen gewissen Startvorteil beim Neuanfang.

Doch Landauer ist alles andere als nur ein Aushängeschild. Von seinem ersten Wiedergutmachungsgeld stellt er dem Klub 10.000 DM als Darlehen zur Verfügung. Zudem beschafft Landauer dem Klub Fördermittel, und es ist seiner Autorität und Hartnäckigkeit zu verdanken, dass der FC Bayern an der Säbener Straße eine neue und dauerhafte

Heimat findet und vernünftige Trainingskapazitäten erhält. So gelingt Kurt Landauer, wovon »der Herr Sauter« nur geprahlt hat.

Noch am Tag seiner Wahl verfasst Landauer ein Schreiben an die Stadt, in dem er mitteilt, dass er »wieder die Leitung des FC ›Bayern‹ übernommen« habe. »Getreu der Traditionen unseres Clubs werden wir auch fernerhin Ihre Bestrebungen zu fördern helfen. Ich werde mir gestatten, Ihnen in der nächsten Zeit meine persönliche Aufwartung zu machen, um so den notwendigen Kontakt zwischen Ihnen und mir herzustellen. Ich ersuche Sie schon heute, das bisher den Bayern gezeigte Wohlwollen auch auf meine Person übertragen zu wollen.«

Anders als der Lokalrivale muss der FC Bayern weder Abbitte leisten noch den Bittsteller spielen, sondern kann sich selbstbewusst als Partner im Prozess der Entnazifizierung und Redemokratisierung präsentieren. Der Münchner Stadthistoriker Ingo Schwab: »Landauer räumt mit diplomatischem Geschick wie auch mit energischem, gelegentlich rücksichtslosem Vorgehen seinem Verein die Steine aus dem Weg. Statt um Hilfe zu bitten, bietet Landauer Hilfe an.«

Besonders deutlich wird dies im Ringen um die Säbener Straße. Nach dem Krieg nutzten die Bayern zunächst die Plätze der Hypo-Bank. Am 1. April 1948 wird das Pachtverhältnis wegen eines Eigenbedarfs der Hypo-Betriebsteams aufgekündigt. Das Amt für Leibesübungen sieht sich nun »aus sportlichen und moralischen Gründen genötigt, den ›Bayern‹ einen Teil der Spielplätze an der Säbener Straße abzugeben«.

1949 droht die amerikanische Militärverwaltung mit der Beschlagnahmung eines Teils der Säbener Straße. Landauer setzt nun die Stadt und hier namentlich den zuständigen Direktor Rüff mächtig unter Druck. Die Stadt beschließt, bei den Amerikanern zu protestieren, was aber Landauer zu wenig ist. Ingo Schwab: »Man spürt heute noch beim Studium der Akten seine Ungeduld: der Hauptgrund für seine Verstimmung gegen Rüff liege in der Frage Säbenerplatz, führt er aus. Bei der Beschlagnahmung des vom FC Bayern hergerichteten Geländes habe Rüff nicht ausdauernd genug verhandelt. Stadtrat Lettenbauer nahm Rüff in Schutz und schilderte, der Leiter des Stadtamtes ›sei von dem zuständigen amerikanischen Offizier nicht nur einmal, sondern dreimal hinausgeworfen worden. Es sei unter der Würde eines Deutschen, sich von einem Offizier einer Siegerarmee so behandeln zu lassen. Man habe zuerst gewinselt, da es ja um die Jugend und um den Sport gegangen sei‹; es sei aber trotz wiederholter Vorsprachen kein Erfolg zu verzeichnen gewesen. Auf Landauers kategorische Antwort: ›Wenn man etwas erreichen will, muß man oft gehen…‹, betont Lettenbauer den Unterschied zwischen Behörde und den Möglichkeiten Landauers: ›Das sei durch die persönliche Verbindung von Herrn Landauer zu den Leuten möglich gewesen, die Herrn Landauer als Privatmann anders einschätzen als einen Beamten oder Angestellten einer Behörde, der bei diesen Herrn ein Dreck sei.«

Uri Siegels Erfahrungen

Zu den Rückkehrern gehört auch Kurt Landauers Neffe Uri Siegel. Als 19-Jähriger hatte sich Siegel der britischen Armee angeschlossen. Siegel ging zur Artillerie, für die ihn sein Onkel Franz begeistert hat, der in den Ersten Weltkrieg als glühender Patriot gezogen war. In britischer Uniform und in den Reihen der Royal Artillery kämpfte Siegel gegen Nazi-Deutschland. »Wir sagten uns: Wenn wir nicht gegen Hitler kämpfen, wer dann?« Beim israelischen Unabhängigkeitskrieg war Siegel ebenfalls dabei, nun als Artillerist in der Zahal, der israelischen Armee.

Erstmals besucht Siegel im November 1945 seine Heimatstadt München, noch als englischer Soldat, der in Belgien stationiert ist. Zwischen 1951 und 1956 hält sich Siegel, der in die anwaltlichen Fußstapfen seines Vaters getreten ist, fünfmal in München auf, zumeist aus beruflichen Gründen. Bei einem dieser Besuche, im April 1951, lernt er bei »Annast« im Hofgarten (früher und heute wieder: Café Luigi Tambosi) seine spätere Frau Judith kennen. Siegel in einem Interview mit dem »Jetzt-Magazin« der »Süddeutschen Zeitung«: »Ich war in München und sie war eigentlich auf dem Weg von Los Angeles, wohin ihre Familie emigriert war, nach Israel. In München machte sie nur einen kurzen Stop, um sich von ihrer Stiefmutter zu verabschieden, die hier ihre Wiedergutmachungsangelegenheiten regeln sollte. Dabei haben wir uns kennen gelernt und im November 1951 haben wir in Israel geheiratet.«

1956 erlangt Siegel seine deutsche Staatsangehörigkeit wieder. Ein Jahr später übernimmt er die Vertretung einer israelischen Wiedergutmachungskanzlei in München und lässt sich mit seiner Frau hier nieder. Siegel: »Ich glaube, es ist leichter, in ein Land zurückzukehren, gegen das man kämpfte, als in eines, das einen verfolgt hat und wo man tatenlos zusehen musste.«

Damals dachte er noch, »das ist eine Sache von einigen Jahren, aber dann ging es immer weiter.« So richtig willkommen fühlen sich die Rückkehrer allerdings nicht. So berichtet Uri Siegel: »Ich habe vorwiegend in München Bekannte meiner Eltern getroffen, mit denen bin ich gut ausgekommen. Die Stimmung war positiv. Aber ein ›echtes‹ Willkommen hat gefehlt. Mein Vater kannte zum Beispiel Wilhelm Hoegner, den einzigen SPD-Ministerpräsidenten Bayerns. Als mein Vater in den Ersten Weltkrieg zog, musste er einen Vertreter für seine Kanzlei bestellen. Das war Hoegner. Als Hoegner 1946 Ministerpräsident wurde, hat ihm mein Vater einen Gratulationsbrief geschrieben. Ich kenne nur die Antwort: Da bedankt sich Hoegner und freut sich, dass mein Vater ein neues Zuhause in Palästina gefunden hat. Aber kein ›Kommen Sie doch wieder zurück. Wir wären froh, wenn unsere alten Mitbewohner zurückkämen.‹« Wie Uri Siegel später erfährt, konnte sich Hoegner angeblich »wegen Widerständen im eigenen Kabinett nicht erlauben, einen Juden zur Rückkehr zu ermuntern«.

Angenehm ist sein Anwaltsjob nicht. Bei seinen Gängen zum Landgericht und Entschädigungsamt spürt Siegel »wenig vom Geist der Wiedergutmachung und schlechtem Gewissen«: »In Bayern wurde das Thema der Wiedergutmachung sehr stiefmütterlich behandelt.« Für einen Tag im KZ oder Ghetto gab es fünf Mark, was heute einer Kaufkraft von zwölf Euro entspricht.

Zurück in Deutschland und München, zeigt Siegel nun ein viel stärkeres Interesse am jüdischen Leben als während seiner Kinderzeit. Nicht nur, weil Verfolgung, Vertreibung und Vernichtung aus den »deutschen Staatsbürgern jüdischen Glaubens« »Juden in Deutschland« gemacht haben. Auch die israelische Sozialisation und die Arbeit spielen eine Rolle. Siegel: »Ich kam aus Israel, wo es naturgemäß jüdisches Leben gab. Außerdem betreuten wir in der Kanzlei vorwiegend jüdische Mandanten, die meisten waren polnische Juden, deutsche Juden waren selten, Münchner Juden nur wenige. Aber in die Synagoge bin ich immer noch selten gegangen.«

In den 1960ern lässt sich Siegel erstmals in den Vorstand der Jüdischen Gemeinde wählen, »nachdem ich mich habe überreden lassen, auf der Liste von Fritz Neuland, dem Gründer der Gemeinde nach dem Krieg, zu kandieren«. Neuland ist der Vater von Dr. h.c. Charlotte Knobloch, seit 1985 Präsidentin der Israelitischen Kultusgemeinde München und Oberbayern sowie zwischen 2006 und 2010 Präsidentin des Zentralrats der Juden in Deutschland. Der aus Bayreuth stammende Neuland war vor dem Ersten Weltkrieg Konzipient (Referendar) bei Uri Siegels Großvater gewesen und hatte anschließend acht Jahre in der Kanzlei von Julius Siegel gearbeitet. Krieg und Holocaust überlebte Neuland als Zwangsarbeiter. Von 1951 bis 1969 ist der renommierte Anwalt bayerischer Senator.

Landauer-Neffe Siegel fungiert zwei Jahre lang als Vizepräsident der Münchner Gemeinde und 17 Jahre als Geschäftsführer der Israelitischen Kultusgemeinden in Bayern. Über den Unterschied zwischen den Gemeinden vor 1933 und nach 1945 berichtet er: »Vor dem Krieg waren in der Gemeinde deutsche Staatsbürger jüdischen Glaubens, die in erster Linie Deutsche waren, dann gab es die Ultrareligiösen, die in erster Linie Juden waren, die Zionisten und alle dazwischen. Die Gemeinde war liberal. Es waren vor allem Leute, die sich als Juden gefühlt haben, aber wenig in die Synagoge gegangen sind. Seit dem Krieg ist es eine orthodoxe Gemeinde, obwohl im Vorstand vielleicht einer mit Kippa saß.«

Oberliga: Der Süden als Avantgarde

Bereits im September 1945 kommt es im Süden, der erneut die Avantgarde des deutschen Fußballs stellt, zur Gründung einer Oberliga. Bei dieser Gelegenheit beschließen die 16 versammelten Vereine auch einstimmig, »den Amateurstandpunkt fallen zu lassen«. Zudem wird versichert, die Vereine seien »ausnahmslos durch zwei bis vier politisch einwandfreie Vereinsfunktionäre vertreten«. Der FC Bayern hat damit keine Probleme.

Kurt Landauer wird Vorsitzender der Interessensgemeinschaft der süddeutschen Vertragsspielervereine. Der 1933 durch eine unheilige Allianz von NS-Führung und DFB-Führung gestoppte Kampf für eine Legalisierung des Professionalismus wird wieder aufgenommen. Im Dezember 1947 findet im Süden eine »erste deutsche Fußball-Profi-Tagung« statt, die eine Einführung des Berufsfußballs für die Zeit nach der Währungsreform verspricht.

Im Juli 1948 führen Süddeutschlands Oberligavereine als Erste in Deutschland den »Vertragsspieler« ein. Im Mai 1949 erfolgt die Ausdehnung auf alle westlichen Besatzungszonen. Der Vertragsspieler ist kein Amateur mehr, aber auch noch kein echter Profi. Seine Konstruktion ist ein Kompromiss zwischen zwei Epochen, ein Halbprofitum mit eingebautem Amateurgedanken. So heißt es im § 3, Absatz 1 des Vertragsspielerstatuts: »Der Spieler muss einen Beruf ausüben.« Die monatlichen Gehälter dürfen zunächst 160 DM, später 320 DM und 400 DM (1958) nicht überschreiten.

Dem Oberliga-Mitbegründer Gustav Sackmann und dem Münchner Albert Bauer hatte mehr vorgeschwebt: die Einführung des Vollprofitums und einer landesweiten Liga, wie dies bereits 1932 der »Süddeutsche Verband für Berufsfußballspieler« vorgeschlagen hatte. Militärbehörden und Landesregierungen hatten für dieses Projekt bereits Lizenzen ausgegeben, aber sowohl dem Verband wie auch einigen größeren Vereinen war dies als erster Schritt zu groß.

Zurück in der Welt

Im Mai 1949 werden deutsche Mannschaften wieder zum internationalen Spielbetrieb zugelassen. Einige Monate später spielt der FC Bayern dann erstmals seit April 1944 wieder international. Natürlich in der Schweiz, wo die Bayern am 13. August zunächst beim FC Basel antreten und 1:4 verlieren. In den folgenden Tagen trifft man noch auf Servette Genf (2:3), auf eine Kombination von FC Brühl und FC St. Gallen (5:1) sowie den FC St. Gallen (3:1).

Dem ersten ausländischen Team sind die Bayern aber bereits am 5. Juni 1946 begegnet. Der FC Bayern spielt an diesem Tag gegen den FC Ukraina Ulm, ein Team aus Displaced Persons aus der Ukraine. 1946 ist ein Großteil der DP wieder repatriiert. Aber rund 1,2 Millionen leben noch in den Westzonen Deutschlands und in Österreich, darunter ca. 200.000 Ukrainer. Etwa 80 DP-Lager werden überwiegend von Ukrainern bevölkert.

Einige der Ulmer Ukrainer sind ziemlich gute Fußballer und werden später Vertragsspieler in der Oberliga Süd oder Profis in Frankreich wie Alexander »Iwan« Skocen in Nizza. Ihre Qualitäten zeigen sie auch gegen die Bayern: In Ulm gewinnt der FC Ukraina mit 5:0. Am 25. August 1946 kommt es im Post-Stadion an der Münchner Arnulfstraße zu einem Rückspiel, das 10.000 Zuschauer anzieht. Diesmal gelingt den Bayern ein 1:1-Remis.

Auch die Nationalmannschaft wird neu gebildet und läuft am 22. November 1950 erstmals seit exakt acht Jahren wieder zu einem Länderspiel auf. Gegner ist die Schweiz, Schauplatz das Stuttgarter Neckarstadion, das noch einige Jahre zuvor Adolf-Hitler-Stadion hieß. Zuvor ruft der vom Reichs- zum Bundestrainer mutierte Sepp Herberger 30 Kandidaten in Duisburg zusammen. Einer von ihnen ist Bayerns Jakob »Jackl« Streitle, der auch zu den elf Glücklichen zählt, die dann bei der fußballerischen Premiere der bundesrepublikanischen Nationalelf dabei sein dürfen.

An einem normalen Wochentag kommen rund 115.000 Zuschauer ins Stuttgarter Stadion, bis heute Rekord für ein Heimspiel der DFB-Elf. Für Rudi Michel, dessen jahrzehntelange Karriere als Sportreporter mit diesem Tag beginnt, war das Spiel »das wichtigste Signal für unsere Rückkehr in den Weltsport überhaupt«.

Möglich wurde das Länderspiel, weil das Exekutivkomitee der FIFA am 23. September 1950 die vollständige Wiederaufnahme des DFB beschlossen hatte. In dem Gremium sitzt inzwischen auch Gus Manning, ein halbes Jahrhundert zuvor der Spiritus Rector der FC-Bayern-Gründung. 1948 war er als erster US-Amerikaner in das erlauchte FIFA-Komitee gewählt worden. Manning gehörte auch dem Nationalen Olympischen Komitee der USA an, verließ dieses aber 1940 aus Protest dagegen, dass die Spiele an Japan, das sich im Krieg mit China befand, vergeben wurden.

Die vielfach kolportierte Behauptung, Manning habe zu den vehementesten Verfechtern einer Wiederaufnahme Deutschlands gezählt, lässt sich aber nicht aufrechterhalten. Hier ist eher der Wunsch Vater des Gedankens. Erstmals verbreitet wurde diese Darstellung wohl von Carl Koppehel in seiner 1954 erschienenen »Geschichte des deutschen Fußballsports«, von der noch die Rede sein wird.

Jedenfalls kommt der Sporthistoriker Henry Wahlig nach eingehender Prüfung der entsprechenden FIFA-Unterlagen zu der Erkenntnis: »Gustav Manning äußerte sich in diesem Prozess nur wenig – tendenziell gehörte er anfänglich eher zu den Kritikern einer schnellen Wiederaufnahme Deutschlands. Bei den entscheidenden FIFA-Sitzungen im Juni bzw. September 1950, in denen über die Wiederaufnahme des

DFB entschieden wurde, war das Exekutivmitglied Manning schließlich gar nicht anwesend.«

Das »Wunder von Bern« erlebt Gus Manning nicht mehr mit. Der Fußballpionier, 1950 in die National Hall of Fame des US-Fußballs aufgenommen, stirbt am 1. Dezember 1953 in New York und wird auf dem National Cemetery Arlington bestattet.

Josef Pollack, sein alter Mitstreiter aus Freiburger Tagen, folgt ihm fünf Jahre später. Er stirbt 79-jährig und wird auf dem Union Field Cemetery in Brooklyn beigesetzt. Bayerns erster Schriftführer und Torjäger hinterlässt seine Ehefrau Leona Baum Pollack und einen Sohn Edward. Dieser lebt bis Ende 1990 in einem Altenheim im Bundesstaat Florida, verweigert aber jegliche Kommunikation mit Deutschen. Zahlreiche Familienmitglieder waren von den Nazis ermordet worden.

Putsch gegen Landauer

Als Kurt Landauer sich 1951 für eine fünfte Amtszeit zur Verfügung stellt, bringt ihn eine vereinsinterne Opposition zu Fall.

Die entscheidende Versammlung findet in der Unions-Brauerei am Max-Weber-Platz im Stadtteil Haidhausen statt. Wie so oft, entdeckt man auch an dieser Stelle jüdische Wurzeln. Die Unionsbrauerei war 1885 vom jüdischen Kommerzienrat Joseph Schülein als Aktiengesellschaft gegründet worden und um die Jahrhundertwende eine der größten Münchner Brauereien. 1921 erfolgte die Fusion mit der Münchner Aktienbrauerei zum Löwenbräu. Nach der nationalsozialistischen Machtübernahme hetzten die Antisemiten gegen Schüleins »Judenbier«. Er zog sich auf seinen Besitz Schloss Kaltenberg (Gemeinde Geltendorf) zurück, wo er 1938 starb. Sein Sohn Dr. Fritz Schülein wurde in der Reichspogromnacht verhaftet und in Dachau interniert. Anschließend konnte er in die USA fliehen und wurde Manager der »Liebmann Breweries« in New York.

Auf der Versammlung des FC Bayern in der Unions-Brauerei sind die Handballer des Klubs in ungewohnt großer Zahl vertreten. Waren es 1933 die Skifahrer, die sich an der Dominanz der Fußballer rieben, so sind es jetzt die Handballer. Hans Schiefele 2003: »Eigenartigerweise haben wir uns schon gedacht, warum ist die Handballabteilung so stark vertreten? Die sind mit 150 Mann gekommen. Nun war es so, dass laut Satzung die einfache Mehrheit über das Präsidentenamt entscheidet. Und zweiter Kandidat außer Herrn Landauer war ein gewisser Herr Julius Scheuring, Teppichgroßhändler, der gleichzeitig Abteilungsleiter der Handballer war. (Die 50-Jahre-Festschrift weist ihn als Leiter des Vergnügungs-Ausschusses aus, d. A.) Und die 150 Handballer wählten natürlich ihren Präsidenten. Und einige kamen noch hinzu, die vielleicht nicht mehr ganz einverstanden waren mit dem Kurt Landauer. Also, mit der einfachen Mehrheit war das Ding gelaufen, die Handballer haben den Präsidenten gewählt. Für Kurt Landauer war es seine schlimmste Niederlage, glaub' ich – nach dem Exil, nach den Nazis –, dass sie ihn abgewählt haben. Also mir hat er leid getan, ich habe damals natürlich, selbstverständlich, für Kurt Landauer gestimmt. (...) Er war ein Mann, der die Bayern geprägt hat wie kein anderer.«

Der FC Bayern zieht Konsequenzen aus dem Eklat. Fortan muss der Präsident des Klubs aus der Fußball-Sparte kommen, doch diese Korrektur kommt zu spät. Dass die Mitglieder ihn einfach so abwählen, ihn, den verdienstvollen Präsidenten und Architekten des Aufstiegs zu einem deutschen Spitzenklub, das Opfer des Nationalsozialismus und die wichtigste Eintrittskarte in das redemokratisierte Deutschland, muss Landauer schwer getroffen haben. Und hat ihn wohl auch an seinen Abgang 1933 erinnert. Bei den Bayern-Spielen wird Landauer nun nicht mehr gesehen.

Der verfolgte Jude, so erscheint dieser Vorgang, hat seine Schuldigkeit getan. Am 23. Mai 1949 ist die Bundesrepublik Deutschland gegründet worden. Die exekutive Macht geht von der alliierten Militärregierung auf das neue Bundeskabinett über. Leute wie Kurt Landauer benötigt man nun nicht mehr als Ausweis politischer Läuterung. Und man muss auf sie auch keine Rücksicht mehr nehmen.

Etwas Positives hält das Jahr 1951 für den geschassten Bayern-Präsidenten dann doch noch bereit. Kurt Landauer heiratet seine aus Memmingen stammende ehemalige Haushälterin Maria Baumann, mit der er bis zu seinem Tod am 21. Dezember 1961 in der Virchowstraße Nr. 14 in Schwabing lebt. Seine letzte Ruhe findet Landauer auf dem Neuen Israelitischen Friedhof, unweit seiner Wohnung.

Sportlich magere Jahre

Sportlich bringt der FC Bayern in der Oberliga nicht viel zustande –
noch immer auch eine Folge der NS-Zeit und der damit einhergehenden Beeinträchtigung der Jugendarbeit, die das Fundament vergange-
ner Erfolge bildete. In den Jahren der Oberliga wirkt der FC Bayern
häufig konzeptlos. Erst in den 1960ern, mit dem Auftreten einer neuen
Generation von Fußballern, wird der Verein wieder an alte Zeiten an-
knüpfen können.

1951 ist Jakob Streitle bei fünf der sechs Auftritte der deutschen
Nationalelf dabei. Sein letztes von 15 Länderspielen bestreitet er am
4. Mai 1952 in Köln gegen Irland.

Hans Bauer feiert am 23. Dezember 1951 gegen Luxemburg in Essen (4:1) sein Debüt. Vier weitere Länderspiele folgen, zwei davon bei
der WM 1954 in der Schweiz. Dort ist Bauer als einziger Bayern-Spieler dabei und kommt beim 3:8-Debakel gegen Ungarn und beim 7:2-
Sieg gegen die Türkei zum Einsatz.

Die Endrunden zur Deutschen Meisterschaft finden stets ohne den
FC Bayern statt. Die Saison 1955/56 verbringt der Klub sogar in der
Zweitklassigkeit. Erwähnenswert ist nur der Gewinn des DFB-Pokals
im Dezember 1957, als der FC Bayern im Augsburger Rosenaustadion
im Duell zweier mittelprächtiger Mannschaften Fortuna Düsseldorf
mit 1:0 bezwingt. Es ist zwischen der Deutschen Meisterschaft von
1932 und dem zweiten Triumph im DFB-Pokal 1966, der eine neue
Ära einleitet, die einzig bedeutende Trophäe für den Klub.

Im Rosenaustadion hütet der ungarische Internationale Árpád Fazekas das Tor, der im Sommer 1956 von MTK Budapest zum FC Bayern gestoßen ist. Fazekas ist der erste namhafte ausländische Profi, der
nach 1945 zu den Bayern kommt.

Ein letzter Gruß aus alten Zeiten

Über die Verpflichtung Fazekas sowie zwei Jahre später des Fürther
Weltmeisters Karl Mai bricht ein alter Konflikt mit dem DFB und seiner Amateurideologie auf. Es kursieren Gerüchte, Fazekas und Mai
hätten bei ihrem Wechsel zu den Bayern beträchtliche Handgelder kassiert. Von Summen über 100.000 DM ist die Rede.

Das Korsett des Vertragsspielerstatuts hat sich schnell als viel zu
eng erwiesen. Der DFB-Bundestag 1958 verständigt sich dennoch da-

rauf, seine Zeit nicht mehr mit Debatten »über ein paar hundert unzufriedene bezahlte Fußballspieler« zu vergeuden, wie das Organ der erneut strikt auf Amateurkurs schwimmenden westdeutschen Fußballfunktionäre zufrieden berichtet. Dem »Kicker« platzt so langsam die Hutschnur: »Gebt den Klubs des bezahlten Fußballs endlich eine eigene Verwaltung innerhalb des DFB! Ihr hebt damit einen völlig unzeitgemäßen, nur noch in Deutschland herrschenden Zustand auf!«

Im Oktober 1959 wird der FC Bayern vom DFB-Sportgericht zu acht Punkten Abzug und einer Geldstrafe von 10.000 Mark verurteilt. Eine Buchprüfung hatte ergeben, dass im Spieljahr 1957/58 ein Betrag von 16.000 Mark als Urlaubsgeld für die Spieler deklariert war (20 x 800 Mark). Außerdem waren den Spielern insgesamt 6.000 Mark zu viel gezahlt worden, von denen allerdings zum Zeitpunkt der Verhandlung 5.745 zurücküberwiesen sind. Da der FC Bayern schon einmal wegen »kleiner Überbezahlung der Spieler Sencar und Blascuk« vor dem Sportgericht gestanden hat – mit dem Ergebnis einer Geldstrafe von 400 Mark –, gilt der Klub als »Wiederholungstäter«.

Das Sportgericht unter Leitung von Dr. Günther Riebow ist unerbittlich. »Dr. Riebow gab durch seine Verhandlungsführung zu erkennen, dass man sich an die umstrittene DFB-Justiz halten müsse, den Verein für alles zur Rechenschaft zu ziehen, was in seinen Reihen geschieht, auch wenn Unschuldige für die Sünden der Vergangenheit büßen.« (»Abendzeitung«). Dabei muss Riebow eingestehen: »Wir wissen überhaupt nichts mit Bestimmtheit.« Die »Süddeutsche Zeitung« urteilt: »Das DFB-Sportgericht macht sich lächerlich.«

Der FC Bayern geht in die Berufung, die im Januar 1960 zurückgewiesen wird. In einem letzten Fanfarenstoß setzt die Generation Riebow noch einen drauf. Wurden die Spieler selbst in der ersten Instanz noch freigesprochen, so müssen nun 17 von ihnen jeweils 150 Mark zahlen. Die »Abendzeitung«: »Obwohl es allgemein bekannt ist, dass in allen Spitzenvereinen gegen das Vertragsspielerstatut verstoßen wird, hat der DFB gegen Bayern ein Urteil gefällt, mit dem ein Exempel statuiert werden soll.«

Dr. Günther Riebow, der Mann, der über den FC Bayern richtet, gehört zur Gattung der »furchtbaren Juristen«. Am 1. Juni 1941 war Riebow vom Oberbefehlshaber des Heeres zum Kriegsgerichtsrat der Reserve ernannt worden. Wie Arthur Heinrich recherchierte, leitete

Riebow »mindestens 130 Verfahren gegen Wehrmachtsangehörige. Dabei ging es vornehmlich um Delikte wie unerlaubte Entfernung, Fahnenflucht, Ungehorsam, militärischer Diebstahl, Wachverfehlung und widernatürliche Unzucht (homosexuelle Beziehungen).« Riebow verhängte zwei Todesstrafen. Der Kanonier Hans N. wurde wegen angeblicher Fahnenflucht zum Tode verurteilt, was dem Oberbefehlshaber des Heeres aber zu hart erschien, weshalb er die Strafe in 15 Jahre Zuchthaus umwandelte. Auch beim zweiten Riebow-Opfer, Willi K., bewies der spätere DFB-Richter Entschlossenheit und Härte. Den ursprünglichen Vorwurf der unerlaubten Entfernung von der Truppe politisierte Riebow zum Delikt der Fahnenflucht, das mit der Todesstrafe geahndet werden konnte.

1972 wird der mittlerweile pensionierte Riebow ein Büchlein mit dem Titel »Amtsrichter Pankoken« veröffentlichen, das aus Justiz-Anekdoten besteht. In der Anekdote »Der Ausgleichs-Cohn« geht es um einen Rechtanwalt. Den Namen »Cohn« gibt Riebow seiner Figur, »weil das ein häufig vorkommender jüdischer Name ist und weil wir unserem Helden ja einen richtigen Namen nicht geben wollen«. Ein Held ist dieser Cohn aber mitnichten, vielmehr wird er als ziemlicher Kleingeist porträtiert. Offensichtlich handelt es sich bei Riebow auch noch 27 Jahre nach dem Untergang des »Dritten Reiches« um einen unverbesserlichen Antisemiten, der nun in seiner Anekdote vom »Ausgleichs-Cohn« »jenes uralte Vorurteil, die Juden würden in diversen Berufssparten (etwa bei den Rechtsanwälten) dominieren und andere (in diesem Fall ›Christenkinder‹ genannt) an den Rand drängen (…), wieder aufgetischt«. (Arthur Heinrich)

Die Verhandlung und das Urteil gegen den FC Bayern sind ein letzter Gruß aus der Ära Linnemann.

Am 26. Juli 1962 hat der Spuk endlich ein Ende. Im Goldsaal der Dortmunder Westfalenhalle votiert der DFB-Bundestag mit 102:26 Stimmen für die Einführung einer »zentralen Spielklasse mit Lizenzspielern unter Leitung des DFB«, genannt »Bundesliga«. Nicht nur der Druck der Verhältnisse, auch die Biologie hatte hierzu ihren Beitrag geleistet. Der Historiker Rudolf Oswald: »Ende der 1950er, Anfang der 1960er setzte an der Spitze des deutschen Fußballs der Generationswechsel ein. 1958 schied Carl Koppehel aus dem Amt des DFB-Sekretärs, 1962 wurde Peco Bauwens als Präsident des Verbandes durch

Hermann Gösmann abgelöst, 1964 übergab schließlich Bundestrainer Sepp Herberger den Stab an Helmut Schön. (…) Im Gegensatz (…) zu ihren Vorgängern, die von den vermeintlichen Verwerfungen der Moderne geradezu besessen schienen, hatte für den neuen DFB-Chef und den neuen Bundestrainer die Zivilisation ihren Schrecken verloren. (…) Als Pragmatiker (…) konnten Gösmann und Schön darangehen, die wirklich drängenden Probleme des deutschen Fußballs – Leistungsschwäche und Entlohnungsfrage – einer Lösung zuzuführen. Beide leiteten Reformen ein, zu welchen die alten Kader vom Schlage eines Bauwens oder Koppehel aufgrund ideologischer Voreingenommenheit nie in der Lage gewesen wären.«

Erinnerung an Richard Dombi

Als in den Niederlanden mit der Saison 1954/55 eine Profiliga eingeführt wird, erinnert sich Feyenoord Rotterdam der Erfahrungen und Fähigkeiten des »Wonderdoktors« Richard Dombi – jenes jüdischen Trainers, der den FC Bayern 1932 sowie Feyenoord 1936 und 1938 zum Meistertitel geführt hatte. Feyenoord muss um den Klassenerhalt kämpfen, aber »mit seiner (Dombis) Unterstützung konnten die notwendigen Punkte gegen den Abstieg errungen werden«, führt die Klubchronik aus. Dombi hängt noch ein Jahr dran, aber im Sommer 1956 ist endgültig Schluss. Feynoord zahlt Dombi eine Pension auf Lebenszeit. Der Klub-Chronist schreibt später: »Mit Worten ist es schier unmöglich, die Größe Dombis zu beschreiben. Vom Himmel gesandt wurde uns der größte Trainer, der jemals in den Niederlanden tätig war. Er war es, der Feyennoord eigentlich erst gelehrt hat, Fußball zu spielen.« Andreas Wittner: »Noch heute wird Dombi in Rotterdam verehrt und auf eine Stufe mit Ernst Happel gestellt, unter dessen Regie Feyenooord 1970 den Europapokal der Landesmeister gewann.« Im Juni 1963 erliegt Richard Dombi 75-jährig in Rotterdam einer langen Krankheit.

Einige Wochen später, am 13. Juli 1963, tritt der FC Bayern in der Intertotorunde bei Sparta Rotterdam an. Als Schiedsrichter amtiert der niederländische Jude Leo Horn, Zeitungskolumnist und Besitzer einer Textilfabrik.

Leo Horn ist ein Held des niederländischen Widerstands. 1941 wurde dem Referee auf Anweisung der deutschen Besatzer vom niederländischen Verband die Pfeife entzogen. Horn schloss sich der niederländischen Widerstandsbewegung an und operierte hier unter den Decknamen »Doktor Van Dongen« und »Ingenieur Varin«. Zu seiner Widerstandsgruppe gehörte auch Kuki Krol, Vater des späteren Ajax-Stars und Kapitän der niederländischen Nationalelf Ruud Krol. Mit einem weißen Kittel bekleidet und einem Stethoskop ausgerüstet, gelang es Horn, eine von der Gestapo gesuchte Schlüsselfigur des Widerstands in das Amsterdamer Wilhemina Gasthuis Hospital zu schmuggeln. Ein anderes Mal war er an der Eroberung von Munitionswaggons der Besatzungsarmee beteiligt. Zehn deutsche Soldaten fanden sich gefesselt und geknebelt.

Leo Horn überlebte den Holocaust, ebenso sein Bruder George, den Kuki Krol mit zwölf weiteren Juden in seiner Wohnung über einem Amsterdamer Café versteckt hatte. Ein weiterer Bruder, Edgar Horn, wird im KZ ermordet.

Leo Horn steigt nach dem Zweiten Weltkrieg zum internationalen Top-Referee auf. Am 21. November 1953 leitet er die legendäre Begegnung zwischen England und Ungarn, die Puskás, Hidegkúti und Co. vor 105.000 Zuschauern im Londoner Wembleystadion mit 6:3 gewinnen. Ungarns Coach Gustav Sebes hatte anschließend nur Lob für den Niederländer übrig: »Uns war zunächst ein wenig bange vor einem Schiedsrichtergespann aus dem Westen. Wir kannten den Schiedsrichter und seine Linienrichter nicht. Nun wissen wir, was wir an ihm haben. Horn war ein neutraler Schiedsrichter.«

Neutral und sportlich fair verhält sich der renommierte Referee auch gegenüber dem Verein aus dem Land der ehemaligen Besatzermacht. Der FC Bayern gewinnt in Rotterdam durch zwei Tore von Dieter Brenninger mit 2:1.

Anschließend legt eine Delegation des FC Bayern einen Kranz am Grab des ersten Meistertrainers nieder. Es ist für mehr als vier Jahrzehnte das letzte Mal, dass sich der Klub öffentlich der Verdienste seiner jüdischen Funktionäre und Angestellten erinnert.

Kapitel 12

Der lange Marsch zur eigenen Geschichte

Mit einer Mannschaft voller junger Talente steigt der FC Bayern 1965 in die Bundesliga auf. Zu diesem Zeitpunkt sind Franz Beckenbauer und Gerd Müller, beides »Nachkriegskinder«, 19 Jahre alt, Sepp Maier ist 21. Alsbald machen sie sich daran, die Nr. 1 in Deutschlands Fußball zu werden, und ein Jahrzehnt später dominieren sie auch auf dem internationalen Parkett, wo sie von 1974 bis 1976 dreimal in Folge den Europapokal der Landesmeister holen. Regie führt »Kaiser Franz«, »die personifizierte Eleganz auf dem Spielfeld« (»World Soccer«), der auch neben dem Platz eher »undeutsch« daherkommt. Für Günther Jauch hat der weltweit bekannteste Nachkriegsdeutsche »für das Image der Deutschen im Ausland mehr geleistet als 50 Jahre Diplomatie und zehn Jahre Goethe-Institut zusammen«.

Beckenbauer und die Bayern sind Exponenten eines Trends. Befreit von den Fesseln des Amateurgedankens, erlebt der deutsche Fußball in den Jahren 1963 bis 1974 einen liberalen Aufbruch, der sich auch sportlich niederschlägt. Die Nationalelf wird von Helmut Schön übernommen, der sich als junger Mann dem Beitritt in die SS und NSDAP widersetzt hatte und eine lebenslange Freundschaft mit Ignatz Bubis pflegt, dem späteren Vorsitzenden des Zentralrats der Juden in Deutschland. Unter dem liberalen Schön wird die DFB-Elf 1966 Vize-Weltmeister, 1972 Europameister und 1974 Weltmeister. Das Team von 1972 wird auch von der Auslandspresse mit Attributen bedacht, die bis dahin anderen Fußballnationen vorbehalten waren. Für die englische »Times« spielen die Deutschen »elegant und einfallsreich«. Italiens »Corriere dello Sport« ergötzt sich nicht nur an einem »Schauspiel der Kraft«, sondern auch der »Phantasie und Genialität«.

Ein Buch und seine Folgen

Nur auf einem Feld regieren unverändert die alten Geister – unabhängig von Rückzug und Biologie behalten sie die Deutungshoheit über die Vergangenheit. Die Geschichte des deutschen Fußballs wird zunächst von denjenigen geschrieben, die an der Fußballpolitik der NS-Jahre führend beteiligt waren und nun um eine milde und bagatellisierende Betrachtung dieser Zeit bemüht sind.

Einen wichtigen Beitrag hierzu leistet ein Buch, das 1954 in der »Schriftenreihe des Deutschen Fußball-Bundes« erschienen ist. Autor des voluminösen Werks mit dem Titel »Geschichte des deutschen Fußballsports« ist Carl Koppehel, von 1937 bis 1945 und von 1951 bis 1958 Pressewart des DFB. (Bei seinem zweiten Amtsantritt 1951 hieß diese Abteilung beim DFB »Amt für Presse und Propaganda«...) Als Koppehel im November 1947 von den amerikanischen Besatzungsbehörden in Berlin vorgeladen wurde, lautete das Fazit der Vernehmung: »Herr Koppehel sieht heute noch nicht ein, dass es ein Fehler war, bei den Nazis mitgemacht zu haben.«

Auch in seiner durchaus faktenreichen und interessanten Fußballgeschichte ist von Schuldbewusstsein nichts zu spüren. Koppehels Werk avanciert zur quasi offiziellen Chronik des DFB und wirkt viele Jahre stilbildend für den Umgang mit der NS-Zeit. Auf den 28 A4-Seiten, die sich dem Zeitraum 1933 bis 1945 widmen, kommt das Wort »Nationalsozialismus« genau einmal vor. Der Ausschluss der Juden aus dem deutschen Fußball und die Rolle, die der DFB und seine Vereine dabei spielten, bleiben unerwähnt.

Ihre Namen lassen sich aber nicht durchgehend verschweigen. Sowohl zu Walther Bensemann wie zu Gus Manning finden sich bei Koppehel Einträge. Und Koppehel vergisst auch nicht, Mannings »große Verdienste um die Wiederaufnahme des DFB in die FIFA« zu loben (obwohl Manning, wie erwähnt, in Wahrheit in dieser Frage eher skeptisch war). Julius Hirsch taucht in einem Spielkader auf, die Ermordung des jüdischen Nationalspielers ist indes keiner Erwähnung wert. Und der ehemalige jüdischen Präsident von Tennis Borussia Berlin, Alfred Lesser, bleibt ebenso aus der Geschichte herausgeschrieben wie die ebenfalls jüdische Journalistenlegende Willy Meisl, Bruder des österreichischen Verbandskapitäns Hugo Meisl. Lesser, der 1939 in die USA flüchtete, war immerhin Koppehels Arbeitgeber und Gönner gewesen; und Willy Meisl, der 1934 nach London emigrierte, ein ehemaliger Co-Autor des DFB-»Chefhistorikers«.

Sofern die deutschen »Fußball-Juden« erwähnt werden, kommen sie nicht als Juden vor. Walther Bensemann »emigriert 1933 in die Schweiz«. Der Grund seiner Emigration wird nicht genannt. Das Wort »Jude« wird tunlichst vermieden, könnte es doch das Bild einer harmonischen Fußballfamilie und bruchlosen Geschichte stören. In diesem Zusammenhang ergibt auch die Behauptung ihren Sinn, Manning habe sich in der FIFA nach 1945 für die »alte Familie« starkgemacht.

Vor 1933 mag es uninteressant gewesen sein, wer unter den deutschen Fußballaktivisten Jude war oder nicht. Nach 1945 ist dies zwangsläufig anders. Das Verschweigen einer jüdischen Identität kommt daher einer »Arisierung« ihrer Leistungen gleich. Dieses Verschweigen, diese »Arisierung« hat zur Folge, dass – wie es Raphael Gross, Direktor des Jüdischen Museums in Frankfurt, im November 2010 formuliert – »wir das Gefühl haben, man müsse den Deutschen immer noch zeigen, wie groß der jüdische Beitrag zu dem ist, was sie als Kultur betrachten«. Im kollektiven Bewusstsein der Deutschen war mit der Vertreibung und Vernichtung der Juden nicht wirklich etwas verloren gegangen.

Erst 21 Jahre nach dem Koppehel-Buch rührt sich eine Stimme des Protestes. Als der DFB 1975 im Frankfurter Festspielhaus sein 75-jähriges Jubiläum feiert, liest Festredner Walter Jens dem deutschen Fußball in Sachen Vergangenheitsbewältigung die Leviten. Mit dem Ergebnis, dass die DFB-Führung um Hermann Neuberger den renommierten Tübinger Rhetorik-Professor fortan zur Persona non grata erklärt.

Im Festbuch von 1975 darf sich noch einmal der altgediente Journalist Ernst Werner ausbreiten, der sich bereits einige Jahre vor der nationalsozialistischen Machtübernahme antisemitisch geäußert hatte, als er anlässlich des FIFA-Kongresses 1928 Österreichs jüdischen Verbandskapitän Hugo Meisl in der »Fußball-Woche« so beschrieb: »Im Plenum sitzt Hugo Meisl, der Wiener Jude, mit der Geschmeidigkeit seiner Rasse und ihrem zersetzenden Sinne einer der größten Kartenmischer. Er und der deutsche Fußballführer Felix Linnemann (…) sind die stärksten Gegensätze, die man sich denken kann. Der eine ein Vertreter des krassen Geschäftemachens im Fußball, der andere ein Apostel des Amateurismus.« Werner wäscht nun seinen ehemaligen Mitstreiter, den »Fußball-Führer« Linnemann, rein – und damit auch sich selbst.

Kurt Landauer und das Vergessen

Während man beim DFB seine Juden aus der Geschichte schreibt, geraten sie beim FC Bayern im Laufe der Zeit schlicht in Vergessenheit – wenngleich hier keine Leute am Werke sind, die ein persönliches Interesse an beschönigenden Betrachtungen und Unterschlagungen haben müssen.

Die Festschrift zum 50-jährigen Vereinsjubiläum (1950) ist noch ein Kontrastprogramm zum späteren Koppehel-Werk. Die Autoren – u.a. Siegfried Herrmann und Hans Schiefele – beschäftigen sich ausführlich mit der NS-Zeit und den Widersprüchen innerhalb des Klubs. Täter und Opfer werden namentlich genannt und nicht in einen Topf geworfen.

Vor 1933 hat der FC Bayern kein Aufheben um seine Juden gemacht. Warum auch? Ihr Mitwirken war so selbstverständlich wie das von Katholiken oder Protestanten. Nur in der unmittelbaren Nachkriegszeit erwähnt der Klub seine Juden und benutzt sogar den Begriff »Judenklub«, um gegenüber den Alliierten und dem neuen Stadtoberhaupt seine saubere Weste und seinen Opferstatus herauszustreichen. In der 50-Jahre-Schrift kommt das »J«-Wort schon nicht mehr vor. Es hat seine Schuldigkeit getan. Möglicherweise ist dies auch eine Konzession an die nicht gerade judenfreundliche Stimmung in der Stadt. Auch Kurt Landauer scheint an keiner Erwähnung gelegen zu sein. Im Übrigen hat Landauer selbst die »Juden-Karte« nie gezogen; als der Klub diese ausspielte, weilte er noch im Schweizer Exil.

Das große Vergessen beginnt aber erst im Laufe der 1950er Jahre. Als Landauer am 21. Dezember 1961 stirbt, ist in der Vereinszeitung keine Rede davon, dass er Jude ist. Im Nachruf werden für seine Abwesenheit zwischen 1933 und 1947 »politische Gründe« angeführt. Über dem Text steht ein Kruzifix.

Als der FC Bayern 1975 sein 75-Jähriges feiert, erscheint ein Buch von Kurt Schauppmeier, das den Machtwechsel von 1933 und dessen Folgen mit nur einem Satz bedenkt: »Die Machtübernahme der Nationalsozialisten wirkte sich auch auf den FC Bayern aus, dessen erster Vorsitzender Kurt Landauer die Leitung des Club abgab.« Warum Kurt Landauer die Leitung »abgab«, in welchem Zusammenhang der erste Teil des Satzes mit seinem zweiten Teil steht, bleibt im Dunkeln. Das »J«-Wort kommt nicht vor.

Die offizielle Vereinschronik zum 90-Jährigen fällt dann diesbezüglich um einen Satz länger und konkreter aus: »Unter dem nationalsozialistischen Regime geriet auch das Vereinsleben ins Stocken. Kurt Landauer musste aus ›rassenpolitischen‹ Gründen in die Schweiz emigrieren.« Immerhin wird klar, dass Landauer nicht ganz freiwillig zurücktrat. Welcher Art die »rassenpolitischen Gründe« waren, die gegen Landauer sprachen, bleibt weiterhin der Spekulation überlassen.

Zehn Jahre später, der FC Bayern feiert seinen 100. Geburtstag, stehen sogar fünf Sätze auf dem Papier: »Am 30. Januar 1933 übernimmt Adolf Hitler die Macht. In den folgenden Monaten wird nicht nur sportlich alles auf den Kopf gestellt. Präsident Landauer, der jüdischer Abstammung ist, tritt am 22. März 1933 zurück. Die Vereinsführung versucht noch eine Weile, sich den neuen Begebenheiten entgegenzustellen, da der FC Bayern sehr viele jüdische Mitglieder hat. Dies bringt dem Verein in der Folgezeit noch viel Ärger ein.« Der entscheidende Fortschritt besteht darin, dass erstmals der Grund für Landauers Abdanken genannt wird: Der Mann ist Jude, wie auch andere Mitglieder des Klubs.

Zu diesem Zeitpunkt lässt sich dies allerdings auch gar nicht mehr anders darstellen. Denn drei Jahre zuvor waren zwei Bücher erschienen, in denen das »jüdische Vermächtnis« des FC Bayern und die Person Kurt Landauer ausführlicher behandelt wurden.

Rückkehr in die nationale Fußballgeschichte

Es dauert fast 60 Jahre, bis diejenigen, die aus dem deutschen Fußball hinausgeschrieben oder schlichtweg vergessen wurden, wieder Einlass in dessen Geschichte finden.

Die Anstöße hierzu kommen nicht von offiziellen Fußballinstitutionen, sondern von kritischen Wissenschaftlern und Journalisten, aber auch von Fan-Initiativen, denen dabei anfangs seitens der Verbände und Vereine jegliche Unterstützung verweigert wird. Die Reaktionen reichen von Desinteresse bis zur unverhohlenen Missbilligung. Immerhin sieht sich der DFB veranlasst, Ende 2001 eine Studie über den deutschen »Fußball unterm Hakenkreuz« in Auftrag zu geben, die 2005 erscheint und heftige Kontroversen auslöst. Kritiker werfen dem Autor Nils Havemann vor, das Verhalten der DFB-Funktionäre in der NS-Zeit zwar benannt, aber allzu verständnisvoll erklärt zu haben.

Doch es verändert sich vieles. 2004 wird Dr. Theo Zwanziger Präsident des DFB. Zwanziger entdeckt nun den beim Verband in Vergessenheit geratenen »jüdischen Fußball-Pionier Walter Bensemann, Gründungsmitglied des DFB und vieler bis heute populärer Vereine« wieder und preist dessen Vision vom »Menschen in ihrer bunten Vielfalt verbindenden und dadurch Frieden schaffenden« Fußball.

2005 ruft der DFB den »Julius-Hirsch-Preis« ins Leben, mit dem der Verband »an den deutsch-jüdischen Fußball-Nationalspieler Julius Hirsch und an alle, insbesondere die jüdischen Opfer des nationalsozialistischen Unrechtsstaates (erinnert). (…) Der DFB gedenkt so seiner jüdischen Mitglieder und erinnert an ihre vielfältigen und prägenden Verdienste im deutschen Fußball. Er stellt sich seiner Geschichte und Verantwortung in der Zeit des Nationalsozialismus.«

Mit dem Preis sollen nun alljährlich Personen, Initiativen und Vereine ausgezeichnet werden, »die sich als Aktive auf dem Fußballplatz, Fans im Stadion, im Verein und in der Gesellschaft beispielhaft und unübersehbar einsetzen für die Unverletzbarkeit der Würde des Menschen und gegen Antisemitismus und Rassismus, für Verständigung und gegen Ausgrenzung von Menschen, für die Vielfalt aller Menschen und gegen Gewalt und Fremdenfeindlichkeit«.

Im April 2006 wird Walter Jens rehabilitiert. Auf einem Symposium in der Evangelischen Akademie Bad Boll würdigt Zwanziger den langjährigen DFB-Kritiker als »eine große Persönlichkeit« und zitiert aus dessen Frankfurter Rede.

»Ein bisschen peinlich«

Beim FC Bayern herrscht auch nach der 100-Jahre-Schrift erst einmal die große Ahnungslosigkeit. Ein Vorfall vom März 2001 demonstriert dies am deutlichsten. In diesem Monat verliert der Verein in der Champions League bei Olympique Lyon mit 0:3. Beim anschließenden Bankett beschimpft Franz Beckenbauer seine Erben als »Scheiß-Mannschaft«. An der Säbener Straße herrscht miese Stimmung, was auch eine Journalistin der in London erscheinenden Zeitschrift »Totally Jewish« zu spüren bekommt, als sie am Tag nach dem Lyon-Debakel beim FC Bayern anruft, um etwas über Kurt Landauer zu erfahren. Ein völlig im Hier und Jetzt gefangener Bayern-Angestellter gibt der perplexen Dame zu verstehen, dass ihn dieser »alte Scheiß nicht interessiert« – jedenfalls nicht im Angesicht der Niederlage von Lyon.

Uli Hoeneß wird sich später in ähnliche Richtung äußern: »Ich war zu der Zeit nicht auf der Welt.« Von den Bayern-Granden weiß nur einer um die Bedeutung von Landauer. Bayern-Vizepräsident Hans Schiefele: »Er war ein Mann, der die Bayern geprägt hat wie kein anderer. Die Alten wissen das noch, aber die Jungen interessieren sich nicht mehr dafür.«

Anfang 2001 erreicht die Diskussion über die Entschädigungszahlungen an ehemalige NS-Zwangsarbeiter auch den Profifußball. Als erster Verein sagt der FC St. Pauli seine Beteiligung an der Stiftungsinitiative zu. Auch an der Säbener Straße steht das Thema auf der Tagesordnung. Der FC Bayern plädiert für eine einheitliche Regelung und Absprache der Bundesliga. Ein unilaterales Vorpreschen à la FC St. Pauli lehnt man ab. Schließlich, so Geschäftsführer Karl Hopfner, sei der Klub »selbst von dem Nazi-Regime betroffen gewesen«. 50 Jahre nach seiner Abwahl ist Kurt Landauer für einen Moment noch einmal wichtig für den Klub.

2002 organisiert der Lehrstuhl für jüdische Geschichte und Kultur der Universität München eine Tagung mit dem Titel: »Juden und Sport. Zwischen Integration und Exklusion«. Aus diesem Anlass kommt eine Reihe ausgewiesener Experten nach München. So Moshe Zimmermann (Professor und Direktor des Richard-Koebner-Zentrums für Deutsche Geschichte an der Hebräischen Universität in Jerusalem und 2010 Mitverfasser einer Studie über die Rolle des Auswärtigen Amts in der NS-Zeit), Daniel Wildmann (stellvertretender Direktor des Leo-Baeck-Instituts in London), John Efron (Professor für Jüdische Geschichte an der University of California in Berkeley) und John Bunzle (Dozent am Institut für Internationale Politik in Wien).

Professor Michael Brenner, dessen Lehrstuhl die Tagung durchführt, sucht die Kooperation mit dem FC Bayern, bleibt aber erfolglos. Brenner: »Leider kam sehr wenig Reaktion. Mein Eindruck war, dass die jüdische Geschichte dem Verein eher ein bisschen peinlich war.«

Bald kursiert der hässliche Verdacht, der FC Bayern hielte das »Juden-Thema« klein, weil er negative Auswirkungen auf den asiatischen Markt befürchte. Doch auch in Bayern selbst ist das Thema nicht nur populär. Das München und Bayern um die Jahrtausendwende sind nicht das München und Bayern des Kaiserreichs, der Weimarer Republik, der NS-Zeit und auch nicht das der Nachkriegsjahre. Aber dass der Antisemitismus aus München und Bayern völlig verschwunden wäre, lässt sich nicht behaupten.

Es hat schon seinen Grund, warum es nach dem Ende des Regimes noch 48 Jahre dauert, bis ein bayerischer Ministerpräsident das ehemalige KZ in Dachau aufsucht. Im März 1993 besucht Max Streibl die Gedenkstätte und bricht mit der unseligen Tradition, der zufolge die Spitze des Freistaates lieber einen weiten Bogen um das Thema machen sollte. Zwei Jahre später ist auch sein Nachfolger Edmund Stoiber erstmals in Dachau, um den 50. Jahrestag der Befreiung des KZs zu begehen. Ebenso am 2. Mai 2003, als die neue Ausstellung in der KZ-Gedenkstätte der Öffentlichkeit übergeben wird. Vor mehreren hundert Gästen, darunter zahlreichen ehemaligen Häftlingen, würdigt Edmund Stoiber als Hauptredner die Neugestaltung der Gedenkstätte und verweist auf die Verpflichtung, die Erinnerung an die Schrecken des Nazi-Regimes wachzuhalten.

Bis auch der FC Bayern den Weg nach Dachau findet, wird es noch einige Jahre dauern.

Von Tel Aviv nach Teheran

Aber parallel zu den Entwicklungen beim DFB beginnt sich auch beim Rekordmeister etwas zu bewegen. Am 15. September 2004 reist der FC Bayern in der Gruppenphase der Champions League nach Tel Aviv, wo Debütant Maccabi auf den deutschen Rekordmeister wartet. Maccabi, 1906 im damals noch osmanischen Palästina am Vorabend des Pessach-Fests gegründet, ist Israels ältester und größter Verein und dort so geliebt und gehasst wie in Deutschland der FC Bayern. Für Maccabi-Coach Nir Klinger ist mit der Qualifikation für die europäische Eliteklasse ein Traum in Erfüllung gegangen: »Für uns ist es wie ein Fest.«

Getrübt wird die Freude lediglich durch die Terminansetzung. Am 15. September feiert Israel das jüdische Neujahrsfest Rosch HaSchanah. Die israelische Regierung bittet um eine Vorverlegung des Spiels um einen Tag. Maccabi Tel Aviv befürchtet halbleere Ränge im Nationalstadion Ramat Gan, sollte es beim Mittwochabend bleiben. Bayern-Präsident Franz Beckenbauer unterstützt das Ansinnen der Israelis:

»Bei uns würde am Weihnachtsabend wohl auch niemand zum Fußball gehen.« Und Karl-Heinz Rummenigge, Vorstandsvorsitzender der Bayern AG, gegenüber der »Jüdischen Allgemeine«: »Ich habe mit dem Präsidenten von Maccabi telefoniert und ihm gesagt, dass wir bereit wären, das Spiel von Mittwoch auf Dienstag zu verlegen, um den religiösen Interessen Israels gerecht zu werden.«

Doch die UEFA zeigt sich so unsensibel wie unflexibel. Maccabi hat sich erst einen Tag vor der Auslosung für die Champions League qualifiziert. Terminliche Änderungswünsche sind laut Statut immer vor der Auslosung bekanntzugeben. Formal gesehen haben die Funktionäre recht. Dennoch moniert Beckenbauer die »mangelnde Flexibilität von Seiten der UEFA«: »Ich weiß nicht, was das Problem der UEFA war. Wir wollten ja helfen, aber wir konnten nicht.« Auch Rummenigge ist seiner Meinung: »Das hätte man bei der UEFA vielleicht etwas großzügiger handhaben können.«

Beckenbauer empfiehlt den Spielern, die Holocaust-Gedenkstätte Jad Vaschem in Jerusalem zu besichtigen: »Sie sollen dorthin gehen, es wäre gut für die Spieler. Es ist ein bewegender und beeindruckender Ort.« Er selbst ist dort bereits 1987 gewesen, in seiner Funktion als Teamchef der deutschen Nationalelf, die damals das erste Mal in Israel spielte.

Im Bayern-Kader fehlt der Iraner Vahid Hashemian, den, so heißt es offiziell, Rückenprobleme plagen. Zuvor war spekuliert worden, ob Hashemian die Reise nach Israel antreten würde. Seit der islamischen Revolution vor 25 Jahren hat kein iranischer Sportler mehr israelischen Boden betreten. Sogar sportliche Vergleiche mit Israelis auf neutralem Boden sind durch die Machthaber in Teheran untersagt. Ein Sprecher der iranischen Sportorganisation gegenüber der iranischen Nachrichtenagentur ISNA: »Die Gesetze im Iran sind klar und deutlich: Jegliche Reisen von iranischen Sportlern nach Israel, ob nun als Einzelathleten oder im Team, sind gesetzlich verboten.« Wer das Gesetz nicht einhalte, müsse »mit Konsequenzen rechnen«. Hashemian kommt um Einsatz und Konsequenzen herum.

In Tel Aviv verzichten die Bayern auf ihre schwarze Auswärtskluft, da diese Assoziationen zur Uniform der SS hervorrufen könnte. Trotz des Nationalfeiertags kommen immerhin gut 20.000 Zuschauer ins Nationalstadion in Ramat Gan. Der FC Bayern erringt einen knappen

1:0-Auswärtssieg, den der niederländische Goalgetter Roy Makaay in der 64. Minute vom Elfmeterpunkt aus markiert.

Bemerkenswerter ist die Initiative, die der Klub selbst ergreift: ein Freundschaftsspiel seiner U17-Elf gegen eine israelisch-palästinensische Auswahl des »Peres Center for Peace«, zu dem 50.000 Schulkinder in die Allianz Arena kommen. Die Aktion bringt dem FC Bayern 2005 nach dem vierten »Double« aus Meisterschaft und Pokal als Zugabe noch den Julius-Hirsch-Preis des DFB ein. Karl-Heinz Rummenigge bedankte sich bei der Preisverleihung mit den Worten: »Wir sind über diese Auszeichnung genauso stolz und glücklich wie über unsere sportlichen Erfolge!« Die mit dem Preis verbundenen 20.000 Euro geben die Bayern an die Israelitische Kultusgemeinde in München weiter.

Ein Jahr später darf auch »Kaiser« Franz Beckenbauer einen Preis entgegennehmen, der nach einem deutsch-jüdischen Fußballenthusiasten benannt ist. Die Deutsche Akademie für Fußballkultur und der »Kicker« verleihen im WM-Jahr 2006 erstmals den Walther-Bensemann-Preis – in Anerkennung von Beckenbauers Verdiensten rund um das »Sommermärchen« und seiner Rolle als »Symbolfigur des gastfreundlichen Deutschlands«.

Ebenfalls 2006 reist der FC Bayern in den vom Antisemiten Mahmud Ahmadinedschad regierten Iran, kassiert dafür 250.000 Euro und tut etwas für den asiatischen Markt. Im Januar, mitten im eskalierenden Konflikt um das iranische Atomprogramm, unterbrechen die Bayern ihr Trainingslager in Dubai, um im 100.000 Zuschauer fassenden Teheraner Azadi-Stadion ein Testspiel gegen Persepolis Teheran zu bestreiten. »Wir spielen für das iranische Volk, nicht das Regime«, versucht Manager Uli Hoeneß die Kritiker zu beruhigen. Die Gastgeber sehen dies anders: »Die politischen Aspekte sind für uns genauso wichtig wie die finanziellen«, sagt Persepolis-Vorstandschef Mohammed-Hassan Ansarifard. Der Besuch der Bayern zeige, »dass es keine politischen Bedenken gegen den Iran gibt«. Auch Irans Sportminister Ali Abadi betont die »politische Bedeutung« des Spiels.

Bei ihrer Ankunft in Teheran werden die Bayern in einen Nebenraum des Flughafens geführt, der sonst nur Staatsgästen vorbehalten ist. Bis auf Trainer Felix Magath und Uli Hoeneß erscheint der Bayern-Tross komplett im Trainingsanzug – um den rein sportlichen

Charakter der Reise zu unterstreichen. Allerdings kann auch Hoeneß nicht verhindern, dass während der Fernsehübertragung des Spiels quer über den Bildschirm in englischer Sprache Propaganda für Irans Atomprogramm läuft.

Traditionsbewusste Ultras

Die Themen »Kurt Landauer« und »Bayern-Juden« haben derweil auch die Fanszene des Klubs erreicht. Als lautstärkste und engagierteste Akteure einer Erinnerungskultur profilieren sich die traditionsbewussten Ultras der »Schickeria München«, die ihren Namen einem Song der Münchner Band »Spider Murphy Gang« entlehnt haben, in dem es heißt: »Ja mei, wia kommst denn du daher, a weng ausgeflippt muasst scho sei, sonst lasst di der Gorilla an der Eingangsdia ned nei, ins Schickeria.« Ein Mitglied der Gruppe: »Gorillas haben wir zwar keine, aber ein bisschen ausgeflippt sollte man als Schickeria-Mitglied schon sein. Ausgeflippt in Sachen FC Bayern, ausgeflippt seine Liebe zum FC Bayern zu beweisen.« Der Name der Gruppe zeuge von einer gewissen Selbstironie, »da wir doch gar nicht in die typischen Klischees über München und die Münchner Schickeria reinpassen.«

Schickeria kommt vom italienischen *Sciccheria* und steht dort für Schick und Eleganz. Das Internet-Lexikon Wikipedia sieht das jiddische/jüdisch-deutsche Wort »schickern« (= trinken, sich betrinken) als weitere Quelle.

In München beschreibt der Begriff die Schwabinger »Schicki-Micki-Szene«, die Franz-Xaver Kroetz in den 1980ern in der Fernsehserie »Kir Royal« porträtierte. Weitere filmische Porträts lieferte Helmut Dietl mit seiner Kult-Fernsehserie »Monaco Franze« (mit Helmut Fischer und Ruth Maria Kubitschek in den Hauptrollen) und der Komödie »Rossini – oder die mörderische Frage, wer mit wem schlief«.

Seit dem Jahr 2002 bemühen sich die Ultras der »Schickeria« um südländisches Flair im Stadion – mit Megaphon, Doppelhaltern, bunten Schwenkfahnen. Zugleich sind die Mitglieder der »Schickeria« politisch bewusste Fans, ihr Selbstverständnis ist »antirassistisch und antikommerziell«. Dass ausgerechnet der FC Bayern, in oberflächlicheren Betrachtungen auf einen »konservativen CSU-Verein« reduziert, solche Ultras hat, entbehrt nicht einer gewissen Ironie.

Vom österreichischen Fußballmagazin »Ballesterer« auf seine Iden-tifikationspunkte mit dem FC Bayern angesprochen, antwortet ein Mitglied der »Schickeria« namens »Alex«: »Für mich ist der FC Bayern ein ideeller Wert, der sich durch die Tradition des Klubs, seine relativ positive Rolle im Nationalsozialismus und die kosmopolitische Aus-richtung nährt.«

Im ersten Jahr ihrer Existenz widmet sich die »Schickeria« der Flüchtlingsproblematik. Zum ersten Spieltag der Saison 2008/09 wer-den erstmals Flüchtlinge ins Stadion eingeladen, die Kosten für das Ti-cket übernimmt die »Schickeria«. Zur Flüchtlingsproblematik werden Flyer verteilt und Spruchbänder angefertigt. Und die gesamte Gruppe trägt ein »Refugees Welcome«-T-Shirt. Pfingsten 2006 veranstalten die Ultras ihr erstes antirassistisches Fußballturnier um den Kurt-Landau-er-Pokal. Im Nordwesten Münchens kämpfen zehn Teams um die Tro-phäe, darunter zwei Teams aus dem Fan-Milieu des FC St. Pauli und die Brigate Rossoblu Civitanova aus Italien. Aber auch die politische Bildung kommt nicht zu kurz: Den Turnier- und Camp-Teilnehmern werden die Filme »KZ Dachau«, »Nacht und Nebel« und »Schindlers Liste« vorgeführt. Des Weiteren stehen Workshops zu den Themen »Repression gegen Fußball-Fans« und »Fußball und Rassismus« sowie ein Besuch der KZ-Gedenkstätte Dachau auf dem Programm.

2009 sind schon 16 Teams am Start. Diesmal wird u.a. das Thema »Homophobie im Fußball« diskutiert und eine Stadtführung zum Thema »Jüdisches Leben in München« angeboten. Zum 110. Bayern-Jubiläum veröffentlicht die »Schickeria« eine eigene Chronik, in der – anders als in den offiziellen Publikationen des Klubs – die Zeit 1933 bis 1945 ausführlich behandelt wird.

Fan-Freundschaften unterhält man auch nach Israel. Anlässlich des Spiels bei Maccabi Tel Aviv war man erstmals mit den Ultras von Ha-poel Tel Aviv in Kontakt gekommen, von denen sich einige in der Bay-ern-Kurve niedergelassen hatten. In den folgenden Jahren läuft man sich dann immer wieder über den Weg, bei antirassistischen Fan-Tur-nieren oder bei gegenseitigen Spielbesuchen.

Die »Schickeria« ist nicht die einzige Fan-Vereinigung des FC Bay-ern, die an Kurt Landauer erinnert. Auch der »Club Nr. 12 – Vereini-gung aktiver FC Bayern-Fans«, Betreiber eines Fan-Museums und Ver-treiber eines Landauer-T-Shirts, ist hier zu nennen.

In Dachau

Am 28. Juli 2009 ist Kurt Landauers 125. Geburtstag. Das Datum löst nun eine regelrechte Erinnerungswelle aus.

Den Anfang macht die Evangelische Versöhnungskirche in der KZ-Gedenkstätte Dachau. Der Bau dieser Kirche auf dem Gelände des ehemaligen KZs geht auf die Initiative niederländischer Protestanten zurück, die in Dachau gelitten hatten. Am 30. April 1967 war die Kirche eingeweiht worden, erster Prediger war Martin Niemöller, einst selbst Gefangener in Dachau.

Bereits vor 2009 engagierte sich die Versöhnungskirche in Sachen Fußball. So übernahm sie die italienische Idee eines Erinnerungstages. Riccardo Pacifici, Sprecher der jüdischen Gemeinde Roms, hatte zum Holocaust-Gedenktag am 27. Januar 2004 angeregt, dass Spieler der italienischen Profiligen Serie A und Serie B unter dem Motto »Tag des Erinnerns, um nicht zu vergessen« gegen Rassismus und Antisemitismus demonstrieren.

Zum Holocaustgedenktag 2005 formulierten Versöhnungskirche, TSV Maccabi und die »Löwenfans gegen Rechts« gemeinsam eine Erklärung. Sie wurde von der Deutschen Fußball-Liga (DFL) und dem DFB übernommen und in vielen Bundesligaspielen verlesen. Seither ist der »Erinnerungstag im deutschen Fußball« eine feste Einrichtung.

Im Juli 2009 laden nun Versöhnungskirche und der jüdische Sportklub TSV Maccabi zu einer Veranstaltung zum Gedenken an Kurt Landauer ein. Motoren der Veranstaltung sind Diakon Klaus Schultz und Eberhard Schulz, Mitglied im Kuratorium der Versöhnungskirche. Schulz, ein »homo politicus« par excellence, hat bereits das Projekt »Erinnerungstag« maßgeblich angeschoben und ist 2. Vorsitzender der Jury des »Julius-Hirsch-Preises«. Auch der FC Bayern ist eingeladen. In Dachau erscheinen der AG-Vorstandsvorsitzende Karl-Heinz Rummenigge, sein Stellvertreter Karl Hopfner sowie Vereins-Vizepräsident Dr. Fritz Scherer.

Bereits im Vorfeld der Veranstaltung hatte sich Edmund Stoiber, seit Oktober 2007 nur noch Ex-Ministerpräsident, aber nach wie vor Vorsitzender des Verwaltungsrates des FC Bayern, geäußert: »Der FC Bayern ist stolz auf Kurt Landauer, dem er außerordentlich viel zu verdanken hat.« Landauer sei »bis heute ein Vorbild für die Verbindung von sportlichem Erfolg mit höchster persönlicher Integrität«. Gemeinsam mit seinen Mitstreitern habe Landauer gezeigt, »dass es auch ein anderes Deutschland gab«. Er sei sich mit den Verantwortlichen des FC Bayern »völlig einig, dass Kurt Landauer beim FC Bayern dauerhaft ein ehrendes Gedenken eingerichtet werden sollte«.

Am Fundament von Dachau-Block acht, Stube vier, wo Landauer 33 Tage verbrachte, legt der Klub einen mit den Klubfarben Rot und Weiß geschmückten Kranz nieder. Am Morgen waren bereits zwei Kränze an Landauers Grab auf dem Neuen Israelitischen Friedhof niedergelegt worden: einer von der Stadt München und einer von den Ultras der »Schickeria«.

Bayern-»Vize« Dr. Fritz Scherer hält eine kurze Ansprache. Anschließend geht es in die bis auf den letzten Platz gefüllte kleine Versöhnungskirche, wo 30 bis 40 Ultras ein gutes Drittel des Publikums stellen.

Alfred Fackler, Vizepräsident des Bayerischen Fußball-Verbandes, berichtet von einer Begegnung mit Kurt Landauer. Nach dem Krieg sei er als 19-jähriger Bursche und frischgebackener Schriftführer bei Wacker München mit einem Schreiben seines Klubs zum FC Bayern geschickt worden. Dort habe man ihn in Landauers Büro zunächst gefragt, ob er Hitler-Junge gewesen sei. Als Fackler dies wahrheitsgemäß bejahte, habe Landauer geantwortet: »So was machst nicht mehr, mein Freund!« Anschließend habe Landauer ihn noch darauf hingewiesen, dass er beim falschen Münchner Verein sei.

Es folgt in der Versöhnungskirche ein Vortrag über das Leben und Schaffen Kurt Landauers sowie eine Gesprächsrunde mit Landauer-Neffe Uri Siegel und Bayerns Ex-Präsidenten Willi O. Hoffmann. Hoffmann ist das einzige prominente Bayern-Mitglied, das Landauer noch persönlich kannte.

Uri Siegel ist in den Tagen, Wochen und Monaten rund um den Landauer-Geburtstag ein gefragter Mann. Aber es scheint, als sei ihm dieser »Landauer-Boom« nicht ganz geheuer. Siegel wirkt irritiert von der Wucht, mit der nun Ereignisse und Personen, die man viel zu lange ignoriert hat, an die Oberfläche stoßen bzw. gestoßen werden. Etwas weniger jetzt, dafür etwas mehr in den vielen Jahren, in denen der Onkel vergessen wurde, wäre dem 87-Jährigen wahrscheinlich lieber gewesen.

Nach der Veranstaltung erläutert Fritz Scherer einem kleineren Kreis von Journalisten und Besuchern, dass der Präsident Landauer zwar den Grundstein für die späteren Erfolge gelegt habe, aber »viele unserer Präsidenten haben viel geleistet«. Scherer ist tunlichst darauf bedacht, das »jüdische Erbe« nicht zu stark herauszustellen. »Wir sprechen alle Menschen an«, man wolle nichts »einseitig in den Vordergrund stellen. Dann laufen Sie Gefahr, dass es Gegendemonstrationen gibt, da provoziert man etwas. Das Einzige, was wir in den Vordergrund gestellt haben, sind unsere Lederhosen.« Der FC Bayern wolle sich »religiös nicht festlegen«, sondern sei »neutral«. Als ob die Erinnerung an Kurt Landauer aus dem FC Bayern einen »jüdischen Klub« machen würden. Und als ob dieses irgendjemand beabsichtigen würde. Der selbstverständliche Akt der Wiederaufnahme der Juden in die Klub-Geschichte löst noch immer irrationale Ängste aus.

Vielleicht ist es aber auch nur eine hilflose Reaktion auf eine unangenehme Tatsache. Der Antisemitismus ist ein Virus, das sich schwer bekämpfen, geschweige denn vernichten lässt. Weshalb es manchem opportun erscheint, die »eigenen« Juden versteckt zu halten.

Rummenigges Verneigung

Der Anstoß dafür, Landauer zu ehren, kam nicht vom Verein selbst, und das Auftreten der Bayern-Repräsentanten in Dachau ist unterschiedlich bewertet worden. Dennoch ist Uri Siegel nach der Dachau-Veranstaltung verhalten optimistisch: »Da hatte ich schon das Gefühl, dass es jetzt eine Trendwende gibt. Aber dieses Nicht-Erinnern besteht nicht nur beim FC Bayern. Als der Onkel starb, hat man noch lange an Totengedenktagen Kränze ans Grab im jüdischen Friedhof gelegt – bis die Tante gestorben ist, von da an geriet das in Vergessenheit. Aber Landauer war auch so publicityscheu, dass ich nie versuchte, sein Andenken aufleben zu lassen – weil ich nicht sicher war, was er dazu gesagt hätte.« Maurice Schreibmann, Geschäftsführer des TSV Maccabi, ist sogar überzeugt, »dass der FC Bayern mit seiner Aufarbeitung jüdischer Geschichte auf einem guten Weg ist«.

Die Mitgliederversammlung des FC Bayern am 27. November 2009 scheint Schreibmann zu bestätigen. Um 20.37 Uhr, zwischen seinen Ausführungen zur »50 plus 1«-Regel und seiner Klage über die Mietvertragsverletzungen des Lokalrivalen TSV 1860, kommt der Vorstandsvorsitzende Karl-Heinz Rummenigge auf die Veranstaltung in Dachau zu sprechen und verneigt sich vor dem jüdischen Präsidenten.

Kurt Landauer zähle in der Geschichte des FC Bayern zu den »schillerndsten und herausragendsten Persönlichkeiten« und habe »die Geschichte des Klubs bis Mitte des vergangenen Jahrhunderts wie kaum ein anderer geprägt«.

Die Ultras von der »Schickeria München« bleiben ohnehin am Ball. Als der FC Bayern im September 2009 den 1. FC Köln empfängt, organisiert die »Schickeria« eine Choreografie zu Ehren von Kurt Landauer. Im Herzen der Südkurve erstrahlt Landauers Konterfei riesengroß. Und auf einem sich über die gesamte Länge der Kurve erstreckenden Transparent steht geschrieben: »Der FC Bayern war sein Leben. Nichts und niemand konnte dies ändern! 125 Jahre Kurt Landauer.«

Den »Erinnerungstag des deutschen Fußballs« 2011 widmen die Ultras dem in Kaunas ermordeten Albert Otto Beer. Als der FC Bayern am 29. Februar 2011 im Bremer Weserstadion aufläuft, entrollt die »Schickeria« ein Transparent mit der Aufschrift: »Gedenken wir Otto Beer und seinem Einsatz für den FC Bayern.«

»Kick it like Kurt«

2009 beschließt eine Gruppe junger Leute, Kurt Landauer mit einem Filmprojekt aus der Vergangenheit zu holen. Koordiniert wird das Projekt von Sylvia Schlund, Leiterin der Fachstelle zeitgeschichtliche Projekte im Kreisjugendring München-Stadt. Unterstützt wird sie dabei von Michael Graber, dem Leiter des Jugendinformationszentrums München.

Der Kontakt zum FC Bayern gestaltet sich zunächst schwierig. Zwei Schreiben an die Säbener Straße bleiben unbeantwortet, ebenso telefonische Anfragen. Ein direkter Kontakt kommt erst Ende Juli 2009 zustande, als Bayern-Spitze wie Filmteam bei der Veranstaltung zum 125. Geburtstag von Kurt Landauer in der Evangelischen Versöhnungskirche der KZ-Gedenkstätte Dachau erscheinen.

Im September 2009 trifft man sich zu einem Gespräch in der Säbener Straße. Laut Projektbericht der Filmmacher wird hier die Idee »seitens des FC Bayern nicht uninteressiert, aber mit Zurückhaltung aufgenommen«. Eine Entscheidung zur Unterstützung wird mit Verweis auf die Aufsichtsratssitzung im Oktober verschoben. Parallel dazu hat die Gruppe Kontakte zu den »Montagskickern« des FC Bayern hergestellt, jener berühmt-berüchtigten »Altherrenriege« aus ehemaligen Spielern und Klubfunktionären, die montagabends die Trainingsplätze an der Säbener Straße malträtiert. Ex-Präsident Willi O. Hoffmann sagt dem Filmteam seine Unterstützung zu. An der Säbener Straße hält man sich hinsichtlich einer Kooperation weiterhin zurück.

Etwa zur gleichen Zeit findet der Kreisjugendring im NS-Dokumentationszentrum München einen wichtigen Kooperationspartner. Und als im November 2009 Uli Hoeneß vom Managerposten auf den Vereinsvorsitz wechselt, tritt auch in den Beziehungen zum Verein eine Wende ein. Im November beantwortet Hoeneß ein unterstützendes Schreiben des NS-Dokumentationszentrums mit der Bitte um ein Interview positiv. Gedreht wird dieses Gespräch im April 2010, anlässlich der Einweihung des Kurt-Landauer-Platzes des TSV Maccabi München (s.u.).

»Kick it like Kurt«, ein 53-minütiger und nahezu professionell gestalteter Dokumentarfilm, wird erstmals am 6. Juni 2010 präsentiert. Über 300 geladene Gäste sind in den Hubert-Burda-Saal des Jüdischen Gemeindezentrums am Jakobsplatz gekommen. Dr. h.c. Charlotte Knobloch (Präsidentin der Israelitischen Kultusgemeinde), PD Dr. Irmtraud Wojak (Gründungsdirektorin des NS-Dokumentationszentrums) sowie Tom Rausch (stellvertretender Vorsitzender des Kreisjugendringes) führen in die Veranstaltung mit kurzen Ansprachen ein. Vom FC Bayern sitzt Willi O. Hoffmann in der ersten Reihe und spendet den jungen Filmemachern Applaus; die anderen Bayern sind bereits auf dem Weg zur WM in Südafrika. Die »Süddeutsche Zeitung« lobt anschließend: »Diese Dokumentation ist weit mehr als eine filmische Biographie. Sie ist ein sensibel formuliertes Plädoyer für die Werte, denen sich Kurt Landauer verpflichtet fühlte: Toleranz, Fairness und Weltbürgertum.« Tatsächlich ist den jungen Filmemachern ein beeindruckender Dialog zwischen Vergangenheit und Gegenwart sowie eine faszinierende Story des gemeinsamen Schaffens von Juden und Nicht-Juden gelungen.

Zurück in Planegg

Bei der Präsentation im Hubert-Burda-Saal ist auch Annemarie Detsch zugegen, Erste Bürgermeisterin von Kurt Landauers Geburtsgemeinde Planegg. Seit 2008 rollen die Gemeinde Planegg und das rührige örtliche Kulturforum alljährlich einem prominenten (Ex-) Bürger den »roten Teppich« aus – und dies im wörtlichen Sinne. Der Geehrte schreitet über diesen Teppich und trägt sich in das Goldene Buch der Gemeinde ein. Als Erster war der Schauspieler Elmar Wepper (»Kirschblüten – Hanami«) an der Reihe, ihm folgten der Regisseur Florian Gallenberger (der 2001 mit seinem Film »Quiero Ser« den Oscar in der Kategorie »Kurzfilm« gewann und nun in Planegg sein später mit vier Deutschen Filmpreisen ausgezeichnetes Werk »John Rabe« präsentiert) sowie die Harfenistin Nora Sander.

Schon vor der Wahl der Sozialdemokratin Annemarie Detsch fiel die Gemeinde Planegg zumindest dadurch positiv auf, dass sie das Schicksal ihrer Juden nicht vergaß. So heißt es in der historischen Chronologie der Gemeinde: »Nicht vergessen und verdrängt werden darf das Leid und Unrecht, das in der Zeit des Nationalsozialismus auch in unserer Gemeinde vor allem den jüdischen Mitbürgern angetan wurde. In der sogenannten Reichskristallnacht vom 9. und 10. November 1938 kam es zu größeren Aktionen gegen Dr. Rudolf Frhr. von Hirsch. Das Schloss wurde angezündet, wobei mehrere Zimmer ausbrannten. Sämtliche jüdischen Mitbürger wurden, soweit sie sich nicht durch Auswanderung retten konnten, in Konzentrationslager eingeliefert, zwei Familien kamen dabei ums Leben.«

Eine spezielle Hinwendung zu Landauer findet aber erst jetzt statt. Am 24. Juli 2011 werden Landauers Neffe Uri Siegel, in Vertretung seines verstorbenen Onkels, und die jungen Macher von »Kick it like Kurt« über den »roten Teppich« schreiten. Uri Siegel wird sich in das Goldene Buch der Gemeinde Planegg eintragen, und anschließend wird man den Film zeigen. Außerdem wird die örtliche Fußballjugend – ganz im Sinne des Jugendförderers Landauer – ein Turnier veranstalten. Ein kompletter Tag wird somit Kurt Landauer gewidmet.

Bei Maccabi

Sonntag, 25. April 2010: ein großer Tag für den TSV Maccabi München, der nach drei Jahren Bauzeit heute seinen neuen »Kurt-Landauer-Platz« in Betrieb nehmen darf. Das Wetter meint es gut mit dem jüdischen Sportklub. In München herrscht eitel Sonnenschein, und das Thermometer zeigt 32 Grad an. Über 2.000 Bürger sind an die Riemer Straße im Osten Münchens gekommen.

Der TSV Maccabi München wurde 1965 von Überlebenden des Holocaust ins Leben gerufen. Gut 65 Jahre nach der Gründung des FC Bayern waren es erneut exakt elf Männer, die einen Verein aus der Taufe hoben. Jakob Nussbaum wurde erster Präsident des Klubs und blieb dies bis 1983. Vor dem Zweiten Weltkrieg hatte Nussbaum in Polen erfolgreich geboxt. Seine polnischen Boxkameraden retteten ihn vor dem Vernichtungslager. Weitere bekannte Vorstandsmitglieder waren in den Anfangsjahren Berek Rajber und der Holocaust-Überlebende Abba Noar, der zeitweise das »Annast« im Hofgarten betrieb.

Auf Nussbaum folgte 1983 Michael Bardos, der mit seiner Familie am 8. Mai 1945 als 18-Jähriger in Theresienstadt befreit wurde. Fred Brauner, der Bardos 1988 beerbte, hatte das KZ in Kaufering überlebt. Seinem Verhandlungsgeschick war es zu verdanken, das der TSV Maccabi von der Stadt München ein Gelände an der Riemer Straße zwischen Daglfing und Riem erhielt – mit einem Erbpachtvertrag über 99 Jahre.

2010 zählt der Klub um die 1.000 Mitglieder aus 15 Nationen, etwa 300 davon sind Jugendliche. Man spielt Fußball (fünf Jugendmannschaften, eine Herren), Tischtennis, Basketball, Tennis, betreibt Gymnastik, Leistungsgymnastik, Ballett und Karate.

Maccabi ist kein exklusiv-jüdischer Verein: 55 Prozent der Mitglieder sind Juden, 45 Prozent Nichtjuden. Geschäftsführer Maurice Schreibmann: »Bei uns sind alle Religionen vertreten. Die nicht-jüdischen Kinder gehen als Gäste zur Bar Mizwa, und die jüdischen Kinder gehen als Gäste zur Kommunion. Das ist alles ganz selbstverständlich. Für die Kinder ist das total Normalität geworden. Wo wir hier angefangen haben, waren die Leute zunächst skeptisch. Heute kommen sie gerne zu uns. Wir haben hier koscheres Essen, aber das ist das Einzige, was anders ist als bei anderen Vereinen. Ansonsten ist alles total normal. Und darauf sind wir relativ stolz.« Der 53-jährige Schreibmann, ein Energiebündel und unverbesserlicher Optimist, denkt positiv und in die Zukunft gerichtet: »Es ist jetzt mal vorüber, mit dem Zeigefinger zu zeigen. Wir müssen einfach aufstehen. Gott sei Dank gibt es uns noch in Deutschland. Wir müssen einfach zeigen, dass wir nicht anders sind als alle anderen. Ich hoffe, das ist der Weg der nächsten Generation.« Bleibt nur zu hoffen, dass Münchens Juden nicht ein weiteres Mal von ihren Mitmenschen enttäuscht werden.

Die Einweihung des Kurt-Landauer-Platzes passt zum »jüdischen Revival«, das München seit den 1990ern erfährt. Am 9. November 2006, dem 68. Jahrestag der Reichspogromnacht, wurde am Jakobsplatz eine neue Hauptsynagoge eingeweiht. Mit Ohel Jakob trägt sie denselben Namen wie die 1938 zerstörte Hauptsynagoge in der Herzog-Rudolf-Straße. Die Synagoge in der Reichenbachstraße war mittlerweile viel zu eng für die wachsende jüdische Gemeinde geworden. Ende der 1980er hatte sich die Zahl der Münchner Juden auf 4.000 eingependelt, aber im Laufe der 1990er stieg sie auf über 9.000 – vornehmlich durch Zuwanderung aus der ehemaligen Sowjetunion. Dies entspricht bereits drei Vierteln der Anzahl von 1933.

Ohel Jakob ist nur das Herzstück eines größeren jüdischen Zentrums am Jakobsplatz, das auch ein Gemeindehaus, ein Jüdisches Museum, einen Kindergarten, eine öffentliche Ganztagsschule und eine Buchhandlung beherbergt. Die Präsenz jüdischer Kultur geht darüber hinaus: Koscheres Essen gibt es bei Cohen's in der Maxvorstadt, Schmock in Schwabing, im Café Bracha im Glockenbachviertel und natürlich im Jüdischen Zentrum. Das intensivste und zugleich integrierteste jüdische Leben spielt sich aber womöglich beim TSV Maccabi ab.

Der beste nicht-jüdische Freund des Klubs ist sein Ehrenmitglied Eberhard Schulz, der den TSV Maccabi berät. Maurice Schreibmann: »Ohne ihn wären wir nie so weit gekommen, gerade beim Thema Kurt Landauer.« Der ehemalige jüdische Bayern-Präsident ist auch zu Schreibmanns Steckenpferd geworden. »Es liegt an seiner Geschichte, die mehr als ungewöhnlich ist.«

Der FC Bayern als Freund und Helfer

Seinen neuen ligatauglichen Platz hat Maccabi auch dem FC Bayern zu verdanken, der 25.000 Euro zu den Kosten beigesteuert hat. Die Stadtsparkasse legt 40.000 Euro drauf, der DFB 10.000, die Stadt 100.000 und ein zinsloses Darlehen. So dankt Robby Rajber, Präsident des TSV Maccabi, bei der Platzeinweihung im Frühjahr 2010 auch dem FC Bayern, ohne den es diese Anlage nie gegeben hätte. »Das ist die Erfüllung eines Traums.« Mit dem Platz habe die Maccabi-Familie eine Heimat bekommen: »Wir sind keine Gäste mehr.«

Zu den Schirmherren gehört bei der Einweihung des Platzes auch Bayern-Präsident Uli Hoeneß. Für die Moderation konnte Marcel Reif gewonnen werden, Chefkommentator bei Sky Deutschland. Reif verfügt über einen persönlichen Bezug zum Thema. Sein Vater war polnischer Jude, die Mutter eine polnische, deutschstämmige Katholikin. 1956 war die Familie nach Tel Aviv ausgewandert.

Die Rede von Dr. h.c. Charlotte Knobloch, Vorsitzende der Israelitischen Kultusgemeinde Münchens und Oberbayerns und damals Präsidentin des Zentralrats der Juden in Deutschland, macht deutlich, wie viel sich in den vergangenen Jahren im deutschen Fußball verändert hat. Sie dankt DFB-Präsident Dr. Theo Zwanziger für die »ehrliche und intensive Aufarbeitung der NS-Vergangenheit beim DFB«. Mit der Initiative des Julius-Hirsch-Preises und »den vielfältigen Engagements gegen Antisemitismus und Fremdenfeindlichkeit« seien »wichtige Dinge auf den Weg gebracht worden«. Knobloch: »Wir haben unsere Koffer ausgepackt.«

Für Münchens Oberbürgermeister Christian Ude sind die Feierlichkeiten »nicht nur für den TSV Maccabi München, sondern auch für die Sport- und Fußballhochburg München ein Meilenstein«. Und Uli Hoeneß ist »stolz darauf, dass Maccabi seinen Platz unserem Präsidenten gewidmet hat«. Er verspricht, dass Landauer auch in dem geplanten Klub-Museum einen festen und würdigen Platz erhalten werde.

Rund um den heutigen FC Bayern erinnert nämlich bislang nur ein Weg am Stadtrand Münchens, zwischen Allianz Arena, Autobahn und Kläranlage gelegen, an den jüdischen Präsidenten. Maccabi-Ehrenmitglied Eberhard Schulz: »Dieser Weg ist eine Sackgasse, für viele Juden ist diese Würdigung eine Entwürdigung.« Nicht nur für Schulz gehört Landauer vielmehr »in die Mitte der Münchner Gesellschaft.«

Bei aller Freude über den schönen Platz und seinen Namen hält sich deshalb ein zwiespältiges Gefühl. Bleibt Kurt Landauer mit dem Maccabi-Platz nicht aus dem FC Bayern ausgelagert? Mit der jüdischen Sportbewegung hatte der Bayern-Präsident nichts am Hut, seine Heimat waren die Bayern und ihre Plätze – von der Clemensstraße in Schwabing bis zur Säbener Straße in Neu-Harlaching. Gerade die »Säbener« wäre wohl der geeignetste Ort, um Landauers zu gedenken. Umso wichtiger die Auskunft von Hoeneß bezüglich des Klub-Museums. Zumal für Uli Hoeneß das Bekenntnis zu Kurt Landauer keine hohle Phrase, sondern ein inhaltlich ausgewiesenes Engagement zu sein scheint.

Für den FC Bayern, so betont er in diesem Zusammenhang, sei ein Agieren gegen Fremdenfeindlichkeit und Diskriminierung selbstverständlich. Kurt Landauer habe »in beispielhafter Weise Münchner Fußballtradition, Loyalität und Toleranz repräsentiert«. Hoeneß würdigt Landauer als Mann mit Visionen, der Toleranz gepredigt und international gedacht habe, »ja fast globalisiert gewesen ist«, der »für den Verein gelebt« habe: »Ohne Kurt Landauer wäre der FC Bayern nicht das, was er heute ist.« So ist es. Der FC Bayern besaß in seiner 110-jährigen Geschichte drei große Baumeister: Wilhelm Neudecker, Uli Hoeneß – und eben Kurt Landauer.

Und man kann ja die Sache mit dem Kurt-Landauer-Platz auch wie Hoeneß sehen: Landauer als »Pate« des de facto multikulturellen TSV Maccabi, wozu ihn »seine Treue zum Verein, seine internationale Perspektive und seine praktizierte Toleranz prädestinieren« würden. Landauer habe es sein ganzes Vereinsleben lang geschafft, »immer ganz nah an den Spielplätzen des FC Bayern zu wohnen. Wenn er von seiner aktuellen Ehrung wüsste, würde er wahrscheinlich in die Nähe des Kurt-Landauer-Platzes ziehen.«

Wenig später rollt erstmals der Ball über das junge Grün. Ein All-Star-Team des FC Bayern misst sich mit dem TSV Maccabi, der an diesem Tag von Rekordnationalspieler Lothar Matthäus unterstützt wird. Matthäus hat sich für den Kurzzeitjob als Trainer des israelischen Erstligisten Maccabi Netanya qualifiziert. Leiter der Partie ist FIFA-Schiedsrichter Dr. Felix Brych, Kommentator die Radio-Legende Günther Koch. Bayerns All-Star-Team, das u.a. mit Carsten Jancker, Stefan Reuter, Andi Brehme, Michael Tarnat, Giovane Elber, Paulo Sergio, Raimond Aumann und Ludwig Kögl aufläuft, gewinnt mit 9:1 – aber das ist nur Nebensache.

Viel wichtiger ist: Der FC Bayern hat zu seiner Geschichte gefunden. Zumindest möchte man dies glauben.

Uri Siegel auf die Frage, wie sein Onkel Kurt Landauer den heutigen FC Bayern beurteilen würde: »Das ist schwer zu sagen. Er war leidenschaftlicher Fußballer und machte eine Banklehre in Lausanne. Er beherrschte also auch das Geschäftliche sehr gut. Vermutlich hätte ihm die gute Leistung, die der FC Bayern im Großen und Ganzen hat, schon imponiert – und geschäftlich steht der Verein auch gut da. Ich nehme an, das hätte ihm gefallen.«

Anhang

Glossar

Amesmeier, Dr. Richard. Mediziner. NSDAP-Mitglied seit April 1933 (im Oktober 1933 von Stahlhelm und SA übernommen). Präsident bzw. »Vereinsführer« des FC Bayern 1935-37. Meldete sich im April 1939 aus beruflichen, familiären und gesundheitlichen Gründen von der SA ab.

Bauer, Albert. In den Jahren der Weimarer Republik Funktionär des FC Wacker München sowie vehementer Befürworter der Legalisierung des Berufsfußballs und der Einführung einer reichsweiten Profiliga. Gründete im November 1932 den Süddeutschen Verband für Berufsfußballspiele.

Beer, Otto Albert (geb. 3.6.1891 in Graben / Kr. Karlsruhe, gest. 25.11.1941 in Kaunas / Litauen). Langjähriger Jugendfunktionär des FC Bayern. Textilkaufmann und Teilhaber der Firma Theilheimer & Beer in der Landwehrstraße 64a/I. Nach der Liquidierung der Firma arbeitslos, zeitweise als Automechaniker tätig. Nach dem Ausschluss der Juden aus den Sport- und Turnvereinen als Funktionär beim Jüdischen Turn- und Sportverein München aktiv. Am 20.11.1941 Deportation nach Kaunas / Litauen, dort am 25.11.1941 von Mitgliedern der Einsatzgruppe A ermordet. Frau **Nelly Beer** (geborene Fränkel, geb. 12.12.1900 in München) und die Söhne **Ernst Rudolf** (geb. 6.12.1922) und **Kurt Gustav** (15.6.1925) wurden ebenfalls in Kaunas ermordet. Otto Albert Beers Mutter **Therese Beer** (geborene Schulhöfer) wurde am 12.11.1942 in Theresienstadt ermordet.

Beckenbauer, Alfons (geb. 1908). Der Onkel von »Kaiser Franz« kam über den 1. FC Stern und den FC Sportfreunde München (Mitglied des Arbeiter Turn- und Sportbundes / ATSB) im Sommer 1932 zum FC Bayern. Spielte 1932 für die Bundesauswahl des ATSB und war auch im September 1932 bei der Europameisterschaft der Sozialistischen Arbeiter-Sport-Internationalen (SASI) dabei. Beendete 1934 seine verheißungsvolle Karriere.

Beckenbauer, Franz (geb. 11.9.1945). Berühmtester deutscher Fußballspieler aller Zeiten und einer der berühmtesten Deutschen überhaupt. Mit dem FC Bayern dreimal Europapokalsieger der Landesmeister (1974, 1975, 1976). Als Spieler (1974) wie als Trainer (1990) Weltmeister. Fußballer des Jahres 1966, 1978, 1974, 1976, Europas Fußballer des Jahres 1972, 1976. 1991-92 Vize-Präsident, 1994-2009 Präsident des FC Bayern und seither Ehrenpräsident. Leiter des Organisationskomitees für die WM 2006, im FIFA-Exekutivkomitee seit 2007. Erster Empfänger des »Walther-Bensemann-Preises« (2006).

Bensemann, Walther (geb. 13.1.1873 in Berlin, gest. 12.11.1934 in Montreux/ Schweiz). Deutsch-jüdischer Fußballpionier. An der Gründung der FA des MTV von 1879 (Vorläufer des FC Bayern) und vieler weiterer Fußballvereine beteiligt. Gründungsmitglied des DFB (1900) und Gründer der Sportzeitung »Kicker« (1920). Betrachtete Fußball als Mittel der Völkerverständigung. Blieb dem FC Bayern zeit seines Lebens verbunden und wirkte für Bayern-Präsident Kurt Landauer als Kontaktmann bei der Organisation internationaler Spiele. 1933 Emigration nach Montreux/ Schweiz, wo er im November 1934 im

Haus des Freundes und späteren IOC-Mitgliedes Albert Mayer starb.

Bernstein, Alfred (geb. 26.5.1897, gest. 17.1.1972). Torwart der Bayern-Elf, die 1926 erstmals Süddeutscher Meister wurde. 1928 erneut Süddeutscher Meister mit dem FC Bayern. Süddeutscher Auswahlspieler. Sohn eines aus Wien stammenden jüdischen Vaters und einer protestantischen Mutter und somit nach den Nürnberger Rassegesetzen »Halbjude«. Hatte Probleme mit der Gestapo, konnte sich aber erfolgreich auf seine protestantische Taufe und Konfirmation berufen.

Braun, Jószef (geb. 26.2.1901 in Budapest, gest. Februar 1943). Ungarisch-jüdischer Fußballspieler. Rechtsaußen von MTK Budapest, mit dem er im Juli 1919 bei den Bayern gastierte. 1919 »Fußballer des Jahres« in Ungarn. Bei den Olympischen Spielen 1924 Kapitän der Nationalelf Ungarns. Beendete seine Spielerkarriere in der American Soccer League bei Brooklyn Hakoah und den Brooklyn Wanderers. In den 1930ern Trainer in der Slowakei. 1942 zum Arbeitsdienst eingezogen und dort 1943 ums Leben gekommen.

Brüll, Alfréd (geb. 1876 in Budapest, gest. 1944 in Auschwitz). Ungarisch-jüdischer Präsident von MTK Budapest (1905-40). Unter Brüll wurde MTK 15-mal Ungarns Fußballmeister. Bis zur Auflösung des Klubs 1940 dessen hauptsächlicher Finanzier. Pionier des ungarischen Sportfunktionärswesens, federführend bei der Formulierung eines modernen Regelwerkes für Schwimm- und Ringer-Wettbewerbe. Auch Präsident der ungarischen Fußball-Liga, des ungarischen Schwimmverbands und Vizepräsident des Turnverbands. 1924-28 Präsident der International Amateur Wrestling Association (1924-28). Präsident und Ehrenpräsident in

26 Sportklubs. Extrem sprachbegabt (beherrschte mehrere Fremdsprachen) und begnadeter Redner. Nach dem Erlass von »Judengesetzen« beschlossen Brüll und die ebenfalls jüdischen MTK-Geschäftsführer Lajos Preiszman und Henrik Fodor (ein guter Bekannter Walther Bensemanns) am 26. Juni 1940 ihren Rücktritt. Die Spieler und Mitglieder der MTK wollten aber ohne das Trio nicht weitermachen und beschlossen die Auflösung des Klubs. Brüll wurde 1941 nach Auschwitz deportiert, wo er 1944 starb.

Buisson, Willy (geb. 17.4.1892 in Emmendingen, gest. 6.9.1940 in Berlin). Vermutlich der einzige Nicht-Jude unter den NS-Opfern des FC Bayern. Von Beruf Apotheker. Sozialdemokrat, Funktionär des »Reichsbanners Schwarz-Rot-Gold«. In den NS-Jahren aktiver Widerstandskämpfer. Vom 6.3.1939 bis 17.5.1940 in der JVA München-Stadelheim inhaftiert. Am 27.4.1940 vom Volksgerichtshof »zum Tode u. Ehrverlust auf Lebensdauer« verurteilt, hingerichtet am 6.9.1940 in Berlin-Plötzensee.

Dombi, Richard (geb. 28.2.1888 in Wien, gest. 1963 in Rotterdam). Sein Geburtsname war »Richard Kohn«. Der österreichisch-ungarische Jude bestritt als Spieler 6 Länderspiele für Österreich. Begann seine Trainerkarriere Anfang der 1920er bei Hertha BSC Berlin. Anschließend Gradjanski Agram (Zagreb), First Vienna Football Club, KS Warszawianka (Warschau), FC Barcelona, Sportfreunde Stuttgart, TSV 1860 München, VfR Mannheim und ab 1930 FC Bayern. Führte die Bayern 1932 zur Deutschen Meisterschaft. 1933 Emigration in die Schweiz. 1933/34 Trainer FC Barcelona und 1934 FC Basel. Anfang 1935 nach Rotterdam und mit Feyenoord 1936 sowie 1938 niederländischer Meister. In den 1950ern weitere Male Feyenoord-Trainer.

Elkan, Benno (geb. 1.12.1877 in Dortmund, gest. 9.1.1960 in London). Sohn eines jüdischen Kaufmannehepaares aus Dortmund und Mitbegründer des FC Bayern. Zu dieser Zeit Student an der Kunstakademie in München und wohnhaft in der Maxvorstadt (Arcisstraße 54). Avancierte später zu einem berühmten Bildhauer. Von den Nazis mit Berufsverbot belegt. 1934 Emigration nach London. Berühmtestes Werk: die große Menora vor der Knesset in Jerusalem.

Fazekas, Árpád (geb. 23.6.1930 in Budapest). Kam im Sommer 1957 von seinem Stammverein MTK Budapest zum FC Bayern. Ungarischer Nationaltorhüter und großer Rückhalt der Bayern-Mannschaft, die 1957 erstmals den DFB-Pokal gewann.

Feldmann, Gyula (geb. 1890, gest. 31.10.1955). Ungarisch-jüdischer Fußballspieler. Spielte für Ferencváros und MTK Budapest (1918-20, 1921; Gastspiel beim FC Bayern Juli 1919) und Makkabi Brünn (Brnó). 10 Länderspiele für Ungarn. Trainer bei Makkabi Brünn (Brnó), Union 03 Altona, Bremer SV, MTK / Hungária Budapest, AC Florenz, US Palermo, Inter Mailand, AC Turin, SK Jugoslavija Belgrad.

Focke, Wilhelm (geb. 3.7.1878 in Bremen, gest. 15.12.1974 ebenda). Mitbegründer des FC Bayern und 2. Kapitän der ersten Bayern-Elf. Kam aus begütertem Haus (Vater Dr. Johann Focke war Bremer Senatssyndicus) und zahlte die Raummiete für die Gründungsversammlung im Restaurant Gisela. Studierte in München an der Akademie für Bildende Künste und wurde später in Norddeutschland ein berühmter Maler. Mit seinem Bruder Henrich Pionier der Bremer Luftfahrt. Verlebte die NS-Jahre in der »inneren Emigration«.

Fuchs, Gottfried (geb. 3.5.1889 in Karlsruhe, gest. 25.2.1972 in Montreal/Kanada). Deutschlands erster jüdischer Nationalspieler (26.3.1911 gegen die Schweiz). Stellte mit zehn Toren beim 16:0-Sieg der DFB-Elf 1912 gegen Russland einen bis heute gültigen Rekord auf. Idol des jungen Sepp Herberger. 1937 Flucht in die Schweiz und von dort nach Paris. Im Mai 1940 Ausreise über England nach Montreal/Kanada, wo er den Namen Godfrey E. Fochs annahm.

Goldbrunner, Ludwig (geb. 5.3.1908 in München, gest. 26.9.1981 ebenda). Mitglied der Bayern-Meisterelf von 1932 und in den 1930ern einer der besten deutschen Stopper. Nationalspieler. Olympiateilnehmer 1936; 1937 in der legendären »Breslau-Elf«, WM-Teilnehmer 1938. 1937-41 Kapitän und ab 1938 auch Trainer des FC Bayern. Mit 39 Länderspielen lange Zeit Rekordnationalspieler des FC Bayern.

Guttmann, Béla (geb. 13.2.1900 in Budapest, gest. 28.8.1981 in Wien). Ungarisch-jüdischer Fußballspieler und Trainer. Als Spieler u.a. für MTK Budapest, Hakoah Wien und New York Giants am Ball. Als Trainer mit Benfica Lissabon 1961 und 1962 Europapokalsieger der Landesmeister. Überlebte den Holocaust vermutlich in einem Versteck in Budapest. Begraben auf dem jüdischen Teil des Wiener Zentralfriedhofs.

Haringer, Sigmund (geb. 9.12.1908 in München, gest. 23.2.1975 ebenda). Begann bei der TG Maxvorstadt, mit 16 Jahren dann zum FC Bayern. Einer der besten Außenverteidiger Deutschlands. Mitglied der Bayern-Meisterelf von 1932 und Nationalspieler. WM-Teilnehmer 1934. Bekam 1937 Ärger mit den Nazis (»Keckeisen-Affäre«).

Heidkamp, Konrad (geb. 27.5.1905 in Düsseldorf, gest. 6.3.1999 in München).

1928-45 in der 1. Mannschaft des FC Bayern, in den letzten Kriegsjahren auch Trainer und das Herz des Klubs. Beruflich brachte es der Nationalspieler zum Geschäftsführer eines großen Prägewerkes. Sein Sohn ist der 2009 verstorbene Musik- und Literaturkritiker Konrad Heidkamp (»In the mood«, »It's all over now. Musik einer Generation – 40 Jahre Rock und Jazz«, »Sophisticated Ladies. Junge Frauen über 50«).

Herberger, Sepp (geb. 28.3.1897 in Mannheim-Waldhof, gest. 28.4.1977 in Mannheim). Begann seine Spielerkarriere beim Arbeiterverein Waldhof Mannheim (1914-21). Anschließend für die von jüdischen Mäzenen geförderten »Judenklubs« VfR Mannheim (1921-26) und Tennis Borussia Berlin (1926-30) am Ball. Bei TeBe auch Beginn der Trainerkarriere (1930-32). 1933-36 Westdeutscher Fußballverband und Assistent von Reichstrainer Otto Nerz. Ab Mai 1938 offiziell alleinverantwortlich für die Nationalmannschaft. 1950-64 Bundestrainer und Vater des »Wunders von Bern«. Großer Fan des ehemaligen jüdischen Nationalspielers und Rekordtorschützen Gottfried Fuchs, den er 1972 zur Eröffnung des Münchner Olympiastadions einlud.

Herrmann, Siegfried (geb. 20.8.1886 in München, gest. 4.6.1971 ebenda). Vor dem Ersten Weltkrieg und in den Weimarer Jahren wiederholt Jugendleiter des FC Bayern. Kriminal-Oberinspektor, Leiter der »Politischen Abteilung«. In der Saison 1932/33 2. Vorsitzender des FC Bayern (hinter Kurt Landauer). 12.4.1933 bis 1934 Präsident des FC Bayern. Galt den Nazis als politisch unzuverlässig. Zurückversetzung zur Kriminalpolizei, Mai 1941 Versetzung nach Wien. Mai 1945 Rückkehr aus Wien. Arbeit an einer neuen Satzung des Vereins, anschließend bis August 1947 erneut Präsident des FC Bayern. Nach der Rückkehr von Kurt Landauer und dessen Wahl zum Präsidenten wie schon vor der nationalsozialistischen Machtübernahme Vize-Präsident. Ehrenvorsitzender des FC Bayern.

Wohnte in München in der Lerchenfeldstraße 6 (1915-29), Winthirstraße 41 (1929-33), Rothenbuschstraße 2 (ab 11.10.1933).

Hesselink, Dr. Willem (geb. 8.2.1878 in Arnheim/Niederlande, gest. 15.12.1973 ebenda). 1892 Mitbegründer von Vitesse Arnheim. 1902 als Student nach München. 1903-06 Präsident des FC Bayern, auch Spieler und Trainer. In dieser Zeit ein Länderspiel für die Niederlande (1905). 1908 Rückkehr nach Arnheim. Aufbau eines gerichtsmedizinischen Laboratoriums, Direktor des Gesundheitsamtes und Aufstieg zum international renommierten Kriminologen. 1917-22 Präsident von Vitesse.

Hirsch, Julius (geb. 7.4.1892 in Achern, gest. wahrscheinlich März 1943 in Auschwitz-Birkenau, zum 8.5.1945 für tot erklärt). Nach Gottfried Fuchs der zweite jüdische Nationalspieler des DFB. Mit dem Karlsruher FV 1910 Deutscher Meister. Erzielte am 24.3.1912 beim Länderspiel Niederlande gegen Deutschland in Zwolle als erster deutscher Nationalspieler 4 Tore in einem Spiel. Am 1. März 1943 von Karlsruhe aus nach Auschwitz-Birkenau deportiert.

Hoeneß, Uli (geb. 5.1.1952 in Ulm). Als Spieler mit dem FC Bayern 1972, 1973, 1974 Deutscher Meister, 1974, 1975 Europapokalsieger. Mit der deutschen Nationalelf 1972 Europameister, 1974 Weltmeister, 1976 Vize-Europameister. 1979-2009 Manager des FC Bayern, seit November 2009 Präsident des Klubs.

Hoffmann, Willi O. (geb. 30.6.1930). Präsident des FC Bayern 1979-85. Bemühte sich um ein volkstümliches

Image des Klubs und führte in der Bundesliga die Lederhosen ein. Unter der Regie des volksnahen und beliebten Präsidenten errang der FC Bayern 3 Meisterschaften und 2 Pokalsiege.

Hogan, Jimmy (geb. 16.10.1882 in Nelson, Lancashire/England, gest. 31.1.1974 in Burnley /England). Sohn einer irisch-katholischen Familie. Einer der bedeutendsten »Fußballentwicklungshelfer« auf dem Kontinent. Machte sich insbesondere um die Verbreitung des Flach- und Kurzpassspiels verdient. Vor dem Ersten Weltkrieg u.a. Trainer der Wiener Amateure, des First Vienna FC und der Nationalelf Österreichs. 1916-18 Trainer von MTK Budapest. In den frühen 1920ern Trainer in der Schweiz (Young Boys Bern, FC Lausanne-Sport, Nationalmannschaft), 1925-28 erneut MTK Budapest. Weitere Stationen: Dresdner SC, Racing Club de Paris, Nationalelf Österreich (Hugo Meisls »Wunderteam«). Gusztáv Sebes, Trainer des ungarischen »Wunderteams« der Jahre 1950-54: »Er brachte uns alles bei, was wir über Fußball wissen müssen.«

John, Franz Adolf Louis (geb. 28.9.1872 in Pritzwalk, gest. 17.11.1952 in Fürstenwalde). Begann seine Fußballkarriere beim VfB Pankow. Nach der Ausbildung zum Fotografen in Jena Umzug nach München in die Maxvorstadt (Amalienstraße 62). Schloss sich nach einem Hinweis von Gus Manning den Fußballern des MTV 1879 an, wo ihn Josef Pollack unter seine Fittiche nahm. Betrieb mit Pollack die Abspaltung der Fußballer von den Turnern und die Gründung des FC Bayern. Erster Präsident des FC Bayern. Gründer des Bayerischen Schiedsrichterkollegiums. 1904 Rückkehr nach Pankow und später einige Jahre Präsident seines Stammvereins VfB.

Kellner, Dr. Seit 1910 Mitglied des FC Bayern. 1938-43 nominell Präsident

bzw. »Vereinsführer« des FC Bayern. Der Oberregierungsrat übte dieses Amt aber kaum aus, da er nur kurz nach der Amtsübernahme aus beruflichen Gründen München verlassen musste.

Kerr, Fritz (eigentlich Fritz Kohn bzw. Friedrich Konus). Österreichisch-jüdischer Fußballspieler und Trainer. Als Spieler bei Wiener AC und Hakoah Wien. 7 Länderspiele für Österreich. Als Trainer vor 1933 Hasmonea Lemberg, Nationalelf Estland und zweimal Stuttgarter Kickers (1927-29, 1932/33) Verließ Stuttgart 1933 und ging in die Schweiz zum FC Aarau. Eine Saison später Trainer von Oskar Rohr beim Racing Club Strasbourg. Anschließend FC Mulhouse und Lausanne Sports (1939 Pokalsieger). Nach dem Zweiten Weltkrieg 1951-52 noch einmal Trainer bei den Stuttgarter Kickers.

Kertész, Gyula (geb. 29.2.1888 in Budapest, gest. Mai 1982 in New York). Ungarisch-jüdischer Fußballspieler und Trainer. Spielte – wie seine Brüder Vilmos und Ádolf – für MTK Budapest. 1921 Trainer bei Union 03 Altona, wo in den folgenden Jahren mit Jószef Künstler, Elemér Müller und Ferenc Hitzer drei ehemalige Profis von Makkabi Brünn (Brnó) anheuerten. 1922 holte Kertész MTK Budapest ins Union-Stadion am Kreuzweg und organisierte im gleichen Jahr eine Tournee der Hamburger nach Prag, Budapest (MTK, UTC) und Wien (Hakoah, Amateure/Austria). Weitere Trainerstationen: Victoria Hamburg, Hamburger SV (1931/32). Überlebte den Holocaust in den USA, wo er in der Schallplattenindustrie arbeitete.

Kertész, Vilmos (geb. 21.3.1890 in Budapest, gest. 1962 in Sydney). Bruder von Gyula Kertész. Ungarisch-jüdischer Fußballspieler und Trainer. Mit MTK Budapest acht Meistertitel in Folge. 47 Länderspiele für Ungarn, zeitweise auch

Kapitän der Nationalelf. Beim MTK-Auftritt 1919 an der Münchner Marbachstraße dabei. (Vermutlich ebenso sein Bruder Ádolf, der jüngste der Kertész-Brüder, der 1920 bei einem Autounfall ums Leben kam.) Später Trainer in Rumänien (Ripensia Timisoara) und Ägypten (u.a. Hellenic Alexandria), wo er den Holocaust überlebte. In den 1950ern Auswanderung nach Australien.

Klauber, Ernst (geb. 12.7.1891 in München, gest. 1961 in New York), **Siegfried** (geb. 5.4.1897 in München, gest. August 1968 in Queens/New York), **Ludwig** (geb. 2.2.1900 in München, gest. 5.3.1999 in New York). Die Brüder Klauber waren Besitzer der Fa. Rosa Klauber OHG mit Geschäften in der Theatinerstraße 35 und am Marienplatz 2 sowie einer Produktionsstätte für Damenwäsche in der Dachauer Straße 112. Sie fungierten als Arbeitgeber von Kurt Landauer nach dessen Entlassung bei den »Münchner Neuesten Nachrichten« bis zur Reichspogromnacht und der »Arisierung« der Firma. Die Brüder wanderten nach New York aus, wo sie die Firma neu gründeten.

Klopfer, Maria (geb. 14.11.1889 in München, gest. August 1967 in Queens/New York). Geborene Klauber, Schwester von Siegfried, Ernst und Ludwig Klauber. Verheiratet mit dem Bankier Theodor Klopfer. Emigrierte mit den Eltern im Februar 1939 nach Genf. Freundin von Kurt Landauer, die ihn im Exil unterstützte. Emigrierte später von Genf weiter nach New York.
Ihr Ehemann **Theodor Tobias Klopfer** (geb. 23.4.1884, München, gest. 5.5.1953 in den USA) war bis Anfang 1937 mit seinem Bruder Max Gesellschafter des vom Vater gegründeten Bankhauses Sigmund Klopfer in der Schützenstraße 37. Am 31.8.1938 Emigration nach Palästina, von dort später in die USA.

Konrád, Jenö (geb. 13.8.1894 in Palánka/ehemals Österreich-Ungarn, heute Serbien, gest. 15.7.1978 in New York). Ungarisch-jüdischer Fußballspieler und Trainer. Spielgestalter von MTK Budapest (1911-19; Juli 1919 Gastspiel beim FC Bayern München). Wechselte (wie sein jüngerer Bruder Kálmán, s.u.) nach der Niederschlagung der Räterepublik um Béla Kun und der Machtergreifung von Admiral Miklós Horthy zu Hugo Meisls Wiener Amateuren. 1925 Beendigung der Spielerkarriere nach Meniskusverletzung. Ab 1926 Trainer Wacker Wien, Chinezul Timisoara, Wiener AC, Hakoah Wien. 1930-32 Trainer des 1. FC Nürnberg. Im August von der antisemitischen Hetze der Zeitung »Der Stürmer« aus Nürnberg und Deutschland vertrieben. Danach Trainer bei Timisoara, SK Zidenice (Brnó/Brünn), US Triestina, Olympique Lillois, Sporting Lisasabon. Mai 1940 Emigration in die USA.

Konrád, Kálmán (geb. 23.5.1896 in Palánka/ehemals Österreich-Ungarn, heute Serbien, gest. 10.5.1980 in Stockholm). Ungarisch-jüdischer Fußballspieler und Trainer. Stürmer und Führungsspieler von MTK Budapest (1914-19; Juli 1919 Gastspiel beim FC Bayern München) und 12-mal (14 Tore) in Ungarns Nationalelf. 1919 zu den Wiener Amateuren, 1926 in die USA zu den Brooklyn Wanderers, nach einem Jahr zurück zum Heimatklub MTK. 1929 Trainer des FC Bayern, anschließend FC Zürich, Slavia Prag, Nationalmannschaft Rumänien, FC Zidenice (Brnó/Brünn). 1939 Emigration nach Schweden, dort u.a. Trainer von Atvidaberg FF, Malmö FF.

Koppehel, Carl (geb. 1890 in Berlin, gest. 1975). Profilierte sich zunächst als Fachmann in Regelfragen. Ende der 1920er mit Walther Bensemann (»Kicker«), Eugen Seybold (»Fußball«), Franz Richard (»Fußball«), Ernst Werner (»Fußball-woche«) und Willy Meisl (»Vossische Zeitung«, Bruder von Hugo Meisl) eine der prägenden Figuren des deutschen Fußballjournalismus. Enger Vertrauter von Felix Linnemann, 1934 vom DFB-Präsidenten in die DFB-Geschäftsstelle geholt. Rechte Hand Linnemanns. Zunächst Schriftleiter, 1937-45 Pressewart des Fachamts Fußball. Verteidigte das Führerprinzip und galt selbst als diktatorisch. Schrieb nach dem Ausbruch des Zweiten Weltkrieges einige den Krieg verherrlichende und die NS-Ideologie propagierende Artikel. 1950 Mitglied des geschäftsführenden Vorstands des DFB, 1951-58 Chef des »Amtes für Presse und Propaganda« des DFB. Autor des ersten umfassenden Werkes zur Geschichte des deutschen Fußballs (1954), das viele Jahre stilbildend für die Betrachtung des Fußballs der NS-Jahre war.

Koppel, Berthold (geb. 29.7.1895 in Beilstein/Mosel, gest. 1942 in Piaski/ Polen). Jüdisches Mitglied des FC Bayern. Alleininhaber der Fa. Koppel und Steinberg, Fabrikation und Vertrieb von Krawatten in der Neuhauser Straße 21/II. Abmeldung des Gewerbes am 30.11.1938 für den 1.11.1938. Wurde am 4.4.1942 mit seiner Ehefrau und Tochter nach Piaski deportiert und dort ermordet.

Knorr, Dr. Angelo (geb. 1882). Chemiker, 1907-13 Präsident des FC Bayern nach dem Anschluss der Bayern als eigenständige Fußballabteilung an den Münchener Sport-Club (MSC).
Dr. Angelo Knorrs Vater Franz-Ludwig Angelo Knorr war Inhaber der Handelsfirma Angelo Sabadini, Großonkel Julius Mitbegründer der Bayerischen Fortschrittspartei und Verleger der liberalen und gegenüber der katholischen Kirche kritischen »Münchner Neuesten Nachrichten«.
Der MSC war ein bürgerlich-elitärer Klub mit Räumen im Hotel »Vier Jah-

reszeiten« und einer der größten in Deutschland überhaupt. Sein Vorläufer war der 1896 von ausländischen Studenten gegründete Internationale Sportclub (1899 Umbenennung in MSC). Der Anschluss an den MSC hatte zur Folge, dass die Bayern von schwarzen Hosen auf weinrote umrüsteten und ab September 1907 auf einer großzügigen Anlage an der äußeren Leopoldstraße spielten.

Kürschner, Izidor »Dori« (geb. 1885, gest. 1941 in Rio de Janeiro). Ungarisch-jüdischer Fußballspieler und Trainer. Spielte vor dem Ersten Weltkrieg bei MTK Budapest und fünfmal in der Nationalelf Ungarns. Trainer von MTK beim Gastspiel 1919 in München. Führte den 1. FC Nürnberg 1921 zur Deutschen Meisterschaft. Anschließend beim FC Bayern. Weitere Trainerstationen: Eintracht Frankfurt, erneut 1. FC Nürnberg, Nationalelf Schweiz (Olympische Spiele 1924), Schwarz-Weiß Essen, Grasshoppers Zürich (dreimal Meister, viermal Pokalsieger; Pokalsieg 1934 mit Oskar Rohr). 1937 Emigration nach Brasilien, dort Trainer der Rio-Klubs Flamengo und Botafogo.

Landauer, Kurt (geb. 28.7.1884 in Planegg, gest. 21.12.1961 in München). Sohn der wohlhabenden jüdischen Kaufmannsleute Otto und Hulda Landauer mit Besitz in Münchens Kaufingerstraße. Präsident des FC Bayern 1913-14, 1919-21, 1922-33. Rücktritt am 22.3.1933. In der Reichspogromnacht 9./10.1938 Verhaftung und Verschleppung in das KZ Dachau. Emigration in die Schweiz im Mai 1939. Rückkehr nach München am 1.6.1947. 1957-51 zum vierten Mal Präsident des FC Bayern. Bis zu seinem Tod wohnhaft in der Virchowstraße 14 in Schwabing. Verheiratet mit seiner ehemaligen Haushälterin Maria Baumann. Begraben auf dem Neuen Israelitischen Friedhof im Stadtteil Freimann.

Die Geschwister **Franz, Paul Gabriel, Leo** und **Gabriele Landauer** wurden von den Nazis ermordet. Einzig die Schwester **Henny Landauer** (verheiratete **Siegel**) überlebte den Holocaust durch Emigration nach Palästina.

Liefmann, Harry (geb. 1877, gest. 1915). Sohn des aus Hamburg stammenden Kaufmanns Semmy Liefmann. 1899 zum Präsidenten des FC Freiburg gewählt; der FFC fungierte seinerzeit als Geburtshelfer des FC Bayern. Später Privatdozent für Bakteriologie und Hygiene an der Universität Halle. Im Ersten Weltkrieg als Marinestabsarzt an der Ostfront gefallen. Seine Tochter ist die berühmte Volkswirtin Elisabeth-Liefmann-Keil, die 1956 als erste Frau eine ordentliche Professur an der Universität des Saarlandes erhielt.

Linnemann, Felix (geb. 20.10.1882 in Steinhorst, gest. 21.5.1948 ebenda). DFB-Präsident 1925-45. Vehementer Gegner des Berufsfußballs. Begrüßte die nationalsozialistische Machtergreifung und nutzte die Neuordnung des deutschen Sports, um den deutschen Fußball nach seinen Vorstellungen zu formen. Dazu gehörte auch die weitere Ablehnung des Berufsfußballs. War als Leiter der Kripostelle Hannover an der Inhaftierung von Roma und Sinti in KZs beteiligt.

Manning, Gustav Randolph »Gus« (geb. 3.12.1873 in Lewisham/London, gest. 1.12.1953 in New York). Sohn des aus Frankfurt/M. stammenden jüdischen Kaufmanns Gustav Wolfgang Mannheimer. Spielte zunächst beim VfB Pankow, wo er Franz John, den ersten Präsidenten des FC Bayern, kennenlernte. Studium der Medizin an der Berliner Humboldt-Universität und in Freiburg. 1897 Mitbegründer und erster Vorsitzender des Fußballclubs Freiburg. Ende 1897 Mitbegründer und Schriftführer des Verbandes Süddeutscher Fußball-Vereine und 1900 des DFB. Förderte den Austritt der Fußballer aus dem MTV 1879 München und die Gründung eines eigenständigen Fußballklubs bzw. des FC Bayern. Sorgte dafür, dass der neue Klub Unterstützung durch Spieler aus Freiburg erhielt. 1905 aus beruflichen Gründen in die USA emigriert. 1948 als erster US-Amerikaner in das FIFA-Exekutivkomitee gewählt.

Bruder **Fridrich »Fred« Manning** stellte auf dem »1. Allgemeinen Deutschen Fußballtag« am 27.1.1900 in Leipzig mit drei weiteren Delegierten den Antrag auf Gründung eines »allgemeinen deutschen Fußballverbandes« und wurde erster Schriftführer des DFB. In dieser Funktion mit der Ausarbeitung eine Satzung betraut. 1904-16 Herausgeber des Golf- und Tennis-Journals »Der Lawn-Tennis-Sport«.

Meisl, Hugo (geb. 16.11.1881 in Maleschau/Böhmen, gest. 17.2.1937 in Wien). Sohn einer jüdischen Kaufmannsfamilie. Die herausragende Persönlichkeit der österreichischen Fußballgeschichte schlechthin. Holte 1912 Jimmy Hogan nach Wien. Ab 1919 Verbandskapitän Österreichs. Ab 1926 Generalsekretär des Österreichischen Fußball-Bundes (ÖFB). Auch internationaler Schiedsrichter (16 Länderspiele) und Vertreter Österreichs bei der FIFA. Vater des »Wunderteams«, das vom 16.12.1931 bis 12.2.1933 von 15 Länderspielen 12 gewann (darunter zwei hohe Siege über Deutschland), zwei unentschieden spielte und nur eines (3:4 gegen England) verlor.

Mengden, Guido von (geb. 13.11.1898 in Düren, gest. 4.5.1982 in Göttingen). 1925 Geschäftsführer des Westdeutschen Spielverbandes (WSV) und Schriftleiter des Verbandsorgans »Fußball und Leichtathletik« (FuL) In dieser Funktion journalistischer Gegenspieler des liberalen »Kicker«-Herausgebers Walther Bensemann. Bekämpfte den Profisport auch mit antisemitischen Argumenten (»jüdisches Gift«). In den NS-Jahren einer der vehementesten Betreiber einer Politisierung des Sports. Im Juni 1933 Pressewart des DFB, 1935 Pressewart des Deutschen Reichsbundes für Leibesübungen (DRL, im Dezember 1938 zum Nationalsozialistischen Reichsbund für Leibesübungen, NSRL, umbenannt). 1936 Generalreferent des Reichssportführers. 1951 Geschäftsführer der Deutschen Olympischen Gesellschaft, 1954-63 Hauptgeschäftsführer des Deutschen Sport-Bundes (DSB).

Moll, Herbert (geb. 13.12.1916, gest. 10.2.2002). 1935-51 in der 1. Mannschaft des FC Bayern. Der Nationalspieler gehörte 1936 zum deutschen Olympiakader. Spielte nach dem Zweiten Weltkrieg beim sportlichen Wiederaufbau des FC Bayern eine bedeutende Rolle. Ehrenspielführer und Ehrenmitglied des Klubs.

Nerz, Otto (geb. 21.10.1892 in Hechingen, gest. 26.2. 1949 im Internierungslager Sachsenhausen). Anfang der 1920er Trainer beim »Judenklub« VfR Mannheim mit dem jüdischen Mäzen Max Rath. 1924-26 Trainer des vom Juden Alfred Lesser geführten »Judenklubs« Tennis Borussia Berlin. 1926 bis 12.5.1938 Reichstrainer des DFB. 1919-33 Mitglied der SPD. 1933 Beitritt zur SA und 1937 zur NSDAP. Veröffentlichte 1943 im Berliner »12 Uhr Blatt« eine antisemitische Artikelserie über Juden im Sport und Fußball. Von Herberger auf den gemeinsamen jüdischen Gönner Max Rath (s.u.) angesprochen: »Sie (die Juden) sind alle nette Leute (…) bis zu einem gewissen Grad, dann sind sie Juden.«

Neuburger, Dr. Leopold (geb. 14.10. 1881, gest. 25.7.1928). Jüdischer Rechtsanwalt und 1912-14, 1919-21 Präsident des 1. FC Nürnberg. Unter seiner Leitung erhielt der »Club« 1913 sein Stadion »Zabo« und gewann 1920 seinen ersten deutschen Meistertitel.

Neufeld, Alexander / Nemes, Sándor (geb. 25.9.1899 in Budapest, gest. 27.10.1977). Ungarisch-jüdischer Fußballspieler und Trainer. Ungarischer wie österreichischer Nationalspieler. Zunächst Ferencváros Budapest (1916-19). Verließ, wie viele andere ungarisch-jüdische Spieler, Ungarn nach der Machtergreifung durch Admiral Miklós Horthy. 1919 Hakoah Wien, dann zurück nach Budapest zu Ferencváros, FC Basel (mit Alfréd Schaffer), Makkabi Brünn (Brnó), erneut Hakoah Wien. Mit Hakoah 1924/25 Österreichs erster Profimeister. Beim legendären 5:0-Sieg Hakoahs im September 1923 bei West Ham United (erster Sieg eines kontinentaleuropäischen Klubs auf englischem Boden) dreifacher Torschütze. 1926 in die USA und in den nächsten Jahren für Brooklyn Wanderers, New York Hakoah, New York Soccer Club am Ball. Ab 1932 Trainer bei Beogradski SK (Meister Jugoslawien 1933, 1935), Hapoel Hazair, HSK Bata Borovo (Kroatien). Nach dem Zweiten Weltkrieg NK Borovo, Galatasaray Istanbul und Hapoel Tel Aviv.

Neumann, Walter (gest. September 1948). Jüdischer Schuhfabrikant und wichtigster Mäzen von Eintracht Frankfurt vor 1933. Auch »Schlappe-Stinnes« genannt. 1935 Emigration nach Amsterdam, von dort im Juni 1936 nach London und anschließend nach Blackburn. Nannte sich dort »Newman« und betätigte sich erneut erfolgreich als Schuhfabrikant (Newman's Slippers Ltd.). Rüstete im Zweiten Weltkrieg hohe Offiziere der US-Armee mit seinen Produkten aus. Auch die Generäle Eisenhower und Doolittle trugen seine Schuhe. Aktiv in der jüdischen Gemeinde Blackburns und mit seiner Frau regelmäßiger Besucher der Heimspiele der Blackburn Rovers im Ewood Park.

Nußhardt, Franz. 18.11.1937 bis 1938 Präsident bzw. »Vereinsführer« des FC Bayern. Von Beruf Oberlehrer. Kein NSDAP-Mitglied. Auch noch anschließend de-facto-»Vereinsführer«, da sein Nachfolger Dr. Kellner nicht in München lebte und arbeitete. Von Kellner am 14.7.1938 zu seinem Stellvertreter bestellt.

Oettinger, Dr. Karheinz. Von Beruf Rechtsanwalt. September 1934 bis 1935 Präsident bzw. »Vereinsführer« des FC Bayern. Kandidat der rechtsgerichteten und gegenüber den Fußballern oppositionellen Ski-Abteilung.

Pollack, Josef (geb. 28.4.1980 in Freiburg, gest. 1958 in White Plains, New York/USA). Sohn des jüdischen Kaufmanns Elias Pollack (genannt Eduard, Besitzer eines Handelsgeschäfts in der Kaiserstraße 59 in Freiburg) und dessen Frau Flora, geborene Neuburger. 1898 mit dem FC Freiburg Süddeutscher Meister. Auch (noch nicht volljährig) 2. Schriftführer des FFC. Umzug nach München im Juli 1899. Als Beruf gab Pollack »Kaufmann, Bankbeamter« an. Dort Beitritt zur FA des MTV von 1879. Treibende Kraft bei der Trennung der Fußballer von den Turnern und der Gründung des FC Bayern. Erster Sekretär und Schriftführer des neuen Klubs. Auch erster Torjäger des FC Bayern. 1902 Vorstandsmitglied des Verbandes Süddeutscher Fußball-Vereine. In München wohnhaft in den Straßen Tal 9, Maximilianplatz 17, Weinstraße 2, Frauenplatz 9. Meldete sich am 14.12.1902 nach Freiburg ab. 1903 Auswanderung in die USA. Erfolgreicher Geschäftsmann. Finanzierte dem FC Freiburg den Bau des Mösle-Stadions.

Raff, Heinrich (geb. 22.1.1895 in München, gest. 13.7.1944 ebenda). Jüdisches Mitglied des FC Bayern und mit seinem Bruder Bernhard Inhaber der Fa. A. Raff, Kleinhandel mit Weißwaren und Leinen in der Dienerstraße 22. Heinrich Raff und seine Ehefrau **Frieda-Katharina Raff** (geb. Taubensberger) kamen im Juli 1944 bei einem Bombenangriff ums Leben.

Rath, Max (gest. 1942 in Auschwitz). Jüdischer Textilgroßhändler und Mäzen des VfR Mannheim, der u.a. vom späteren (jüdischen) Bayern-Coach Richard Dombi trainiert wurde. Unterstützte den Stürmer, Nationalspieler und späteren Reichs- bzw. Bundestrainer Sepp Herberger. Ebenso dessen Vorgänger Otto Nerz, der als Trainer beim VfR arbeitete. Max Rath und seine Frau Martha Rath wurden 1940 nach Gurs in Südfrankreich deportiert und 1942 in Auschwitz ermordet.

Rohr, Oskar (geb. 24.4.1912 in Mannheim, gest. 8.11.1988 ebenda). Goalgetter der Meistermannschaft von 1932. Nationalspieler. Im Sommer 1933 zu den Grasshoppers Zürich, um sich als Profi zu verdingen. 1934-39 Racing Club Strasbourg, 1936/37 Torschützenkönig in Frankreich. Nach dem Einmarsch der Deutschen im Elsass Flucht in den Süden Frankreichs. Verhaftung wegen angeblicher »antifranzösischer und kommunistischer Propaganda«. KZ-Aufenthalt, Abkommandierung an die Ostfront. Nach dem Zweiten Weltkrieg noch bis 1949 in den Oberligen Süd (VfR und Waldhof Mannheim) und Südwest (FK Pirmasens) am Ball.

Rummenigge, Karl-Heinz (geb. 15.9.1955 in Lippstadt). Als Spieler mit dem FC Bayern Deutscher Meister 1980, 1981, Europapokalsieger der Landesmeister 1975, 1976, Weltpokalsieger 1976. Mit der deutschen Nationalelf Europameister 1980 und Vize-Weltmeister 1982. Europas Fußballer des Jahres 1980 und 1981. 1991-2002 Vize-Präsident des FC Bayern, seither hauptamtlicher Vorstandsvorsitzender der FC Bayern AG.

Sacerdoti, Renato (geb. 1892, gest. 13.10.1971 in Rom). Jüdischer Banker und Präsident der AS Rom 1928-34 und 1951-58. Überlebte den Holocaust in einem katholischen Kloster.

Sauter, Josef. Bankier und überzeugter Nazi. Am 9.4.1943 vom Gausportwart zum Vereinsführer des FC Bayern ernannt. Rühmte sich inniger Kontakte zum Gauleiter Paul Giesler, der sich für besondere Härte im Umgang mit der Widerstandsgruppe der »Weißen Rose« aussprach und noch Ende April 1945 bzw. wenige Tage vor dem Einmarsch der US-Truppen über 100 Menschen ermorden ließ (»Endphaseverbrechen«).
Sauter versprach dem FC Bayern ein großzügiges Gelände mit Klubhaus im Norden Münchens (zwischen Floriansmühle und dem Aumeister), aus dem aber nichts wurde. Unter Sauer wurden die Heimspiele der Bayern zu »förmlichen Volksfesten« (Bayern-Chronik) mit SA-Kapellen etc. umgestaltet. Residierte mehr in einem »schwäbischen Landstädtchen« (Bayern-Chronik) als in München.

Schaffer, Alfréd »Spezi« (geb. 13.2.1893 in Bratislava, gest. 30.8.1945 in Prien). Erster kontinentaleuropäischer »Fußball-König« und »Fußball-Großverdiener«. Gastierte mit seinem Stammverein MTK Budapest 1919 an der Marbachstraße in München. Anschließend beim 1. FC Nürnberg, FC Basel, Wacker München (Süddeutscher Meister 1922), Sparta Prag, MTK/Hungária Budapest, Austria Wien, Sparta Prag. Als Trainer bei DSV München, Wacker München, Austria Wien, Berliner SV 1892, erneut Wacker München, 1. FC Nürnberg, MTK/Hungária Budapest, Rapid Bukarest, AS Rom (erster Meistertitel für die »Roma« 1942), Ferencváros Budapest und 1944/45 Bayern München.

Scharnagl, Karl (geb. 17.1.1881 in München, gest. 6.4.1963 ebenda). Oberbürgermeister Münchens 1925-33 und 1945-48. Zunächst Mitglied des Zentrums, ab 1918 der Bayerischen Volkspartei (BVP). Nach dem Zweiten Weltkrieg Mitbegründer der CSU. Wurde nach dem gescheiterten Attentat vom 20. Juli 1944 in Dachau inhaftiert. Gut bekannt mit Kurt Landauer.

Scherer, Dr. Fritz (geb. 16.2.1940 in Augsburg). 1979-85 Schatzmeister, 1985-94 Präsident des FC Bayern. Seither Vize-Präsident des Klubs. Bis 2003 Professor für Betriebswirtschaftslehre an der FH Augsburg.

Schiefele, Hans (geb. 1.10.1919 in München, gest. 19.9.2005 ebenda). Trat dem FC Bayern bereits am 11.9.1928 bei. 1937 bis 1943 in der 1. Mannschaft des FC Bayern. Nach dem Zweiten Weltkrieg als Journalist (»Süddeutsche Zeitung«) auch für die Klubzeitung verantwortlich. 1987 bis 2002 Vize-Präsident des FC Bayern.

Schlosser, Imre (geb. 24.1.1889 in Budapest, gest. 19.7.1959 in Budapest). Vor und nach dem Ersten Weltkrieg Star von MTK Budapest und der ungarischen Nationalelf, für die er in 68 Länderspielen 60 Tore erzielte. Galt als erster Fußball-Superstar auf dem europäischen Kontinent. War dabei, als MTK an der Marbachstraße gegen den FC Bayern spielte.

Schottelius, Dr. Ernst (geb. 1878 in Würzburg). Gründungsmitglied des DFB (als 1. Captain und Delegierter des FC Freiburg). Anschließend beim FC

Bayern sogenanntes Semestermitglied. Der bedeutendste der Freiburger Gastspieler, die dem FC Bayern nach seiner Gründung auf dem Spielfeld halfen. 1903 Promotion in Freiburg, 1904 über Berlin nach Leipzig. Widmete sich anschließend dem Skisport. 1908 Veröffentlichung eines ersten Lehrbuches mit dem Titel »Der Skisport«.

Schwarz, Dr. Emanuel »Michl« (geb. 3.8.1878 in Wien, gest. 8.6.1968 ebenda). Mediziner, langjähriger Präsident von Austria Wien. Mit Austria 1933, 1936 Mitropa-Cup-Sieger. Musste nach dem »Anschluss« Österreichs 1938 als Jude den Vereinsvorsitz abgeben. Mai 1939 Flucht nach Bologna (mit Hilfe des italienischen Verbandspräsidenten Giovanni Mauro), von dort (u.a. mit Hilfe des FIFA-Präsidenten Jules Rimet) nach Paris und anschließend nach Grenoble und Angoulème. Internierung und Flucht aus dem Internierungslager. Überlebte den Holocaust untergetaucht in Paris. Rückkehr nach Österreich am 6.12.1945 und erneut Präsident der Austria.

Siegel, Uri (geb. 2.12.1922 in München). Sohn des Rechtsanwalts Julius Siegel und dessen Frau Henny, geb. Landauer, sowie Neffe von Kurt Landauer. 1934 Emigration mit den Eltern nach Palästina. In den 1950ern Rückkehr nach München, dort als Rechtsanwalt mit Wiedergutmachungsverfahren beschäftigt.

Simetsreiter, Wilhelm (geb. 16.3.1915 in München, gest. 17.7.2001 ebenda). Technisch versierter und pfeilschneller Linksaußen, der seine Fußballkarriere in einem Hinterhof in Schwabing begann. Über den FC Borussia und Teutonia München 1926 zum FC Bayern. Nationalspieler, Olympia-Teilnehmer 1936, beim 0:2-Debakel gegen Norwegen dabei. Später Ehrenmitglied des FC

Bayern und viele Jahre im Verwaltungsrat des Klubs.

Streitle, Jakob »Jakl« (geb. 11.12.1916 in Oberhausen/Ulm, gest. 26.6.1982 in München). 1935-55 in der 1. Mannschaft des Bayern. Nationalspieler, 1938-52 15 Länderspiele. WM-Teilnehmer 1938. Stand auf Sepp Herbergers Liste von Spielern, die der Reichstrainer in seiner »Operation Heldenklau« von der Front loszueisen versuchte. Im Zweiten Weltkrieg für kurze Zeit Mitglied der »Pariser Soldatenelf«.

Townley, William James (geb. 14.2.1866 in Blackburn, gest. 30.5.1950 in Blackpool). Wirkte auf dem Kontinent als »englischer Entwicklungshelfer«. Propagandist des schottischen Flachpass- und Kombinationsspiels und Begründer der »süddeutschen Fußballschule«. Begann seine Trainerkarriere 1908 beim DFC Prag. Führte den Karlsruher FV 1910 und die SpVgg Fürth 1914 und 1926 zur Deutschen Meisterschaft. Beim FC Bayern 1914 und 1919-21 Trainer. Widmete sich dort auch der Organisation der Nachwuchsarbeit.

Tschammer und Osten, Hans von (geb. 25.10.1887 in Dresden, gest. 25.3.1943 Berlin). 1929 Beitritt zur NSDAP und SA. 19.7.1933 Ernennung zum Reichssportführer. Für die ideologische Vorbereitung der Olympischen Spiele 1936 verantwortlich. Versuchte das IOC und andere internationale Sportverbände im Sinne Deutschlands gleichzuschalten und deutsche Vertreter in deren Spitzenpositionen zu bringen.

Weisenbeck, Siegfried (geb. 18.5.1883 in München, gest. 20.6.1938 in Großhesselohe). Jüdischer Kaufmann und Mitglied des FC Bayern. Beging im Juni 1938 vermutlich Selbstmord.

Weisz, Árpád (geb. 16.4.1896 in Solt/ Österreich-Ungarn, gest. 31.1.1944 in Auschwitz). Ungarisch-jüdischer Fußballspieler und Trainer. 1929 (als 33-Jähriger) mit Inter Mailand (zu dieser Zeit: SS Ambrosiana) Meister und damit bis heute jüngster Meistertrainer in der italienischen Fußballgeschichte. Weitere Meisterschaften 1936 und 1937 mit dem FC Bologna. Im Oktober 1938 Flucht nach Paris und von dort in die Niederlande (Trainer bim FC Dordrecht). Nach dem Einmarsch der Deutschen Arbeitsverbot, Verhaftung und über das Durchgangslager Westerbork nach Auschwitz deportiert. Dort im Januar 1944 ermordet. Seine Gattin und die beiden Kinder wurden bereits am 5.10.1942 in Birkenau ermordet.

Weisz, Leo. Ungarisch-jüdischer Fußballspieler und Trainer. Gewann mit dem FC Bayern 1928 die Süddeutsche Meisterschaft. Anschließend noch u.a. Trainer bei Alemannia Aachen.

Literatur und Quellen

Angermaier, Elisabeth: Die Anfänge des Fußballspiels in München, in: Stadtarchiv München (Hg.): München und der Fußball. Von den Anfängen 1896 bis zur Gegenwart, München 1997 (S. 97-117)

Baar, Arthur: 50 Jahre Hakoah. 1909-1959, Tel Aviv 1959

Baumeister, Martin: Ebrei fortunati? Juden in Italien zwischen Risorgimento und Faschismus, in: Terhoeven, Petra (Hg.): Italien, Blicke. Neue Perspektiven der italienischen Geschichte des 19. und 20. Jahrhunderts, Göttingen 2010 (S. 43-60)

Bausenwein, Christoph / Siegler, Bernd / Kaiser, Harald: Die Legende vom Club. Die Geschichte des 1. FC Nürnberg, Göttingen 2006

Blaschke, Ronny: Der vergessene Präsident, http://ronnyblaschke.de/2009/09/der-vergessene-prasident/

Beyer, Bernd-M.: Der Mann, der den Fußball nach Deutschland brachte. Das Leben des Walther Bensemann, Göttingen 2003

Ders.: Walther Bensemann – ein früher Kosmopolit, in: Blecking, Diethelm / Dembowski, Gerd (Hg.): Der Ball ist bunt. Fußball, Migration und die Vielfalt der Identitäten in Deutschland, Frankfurt a.M. 2010 (S. 227-238)

Bitzer, Dirk / Wilting, Bernd: Stürmen für Hitler. Die Geschichte des deutschen Fußballs 1933 bis 1945, Frankfurt a.M. / New York 2003

Brenner. Michael / Reuveni, Gideon (Hg.): Emanzipation durch Muskelkraft. Juden und Sport in Europa, Göttingen 2006

Brodersen, Ingke / Dammann, Rüdiger: Zerrissene Herzen. Die Geschichte der Juden in Deutschland, Frankfurt a.M. 2006

Claussen, Detlev: Béla Guttmann. Weltgeschichte des Fußballs in einer Person, Berlin 2006

Ders: Dribbeln und passen: Vom Gentlemanspiel zum Profifußball, in: Backhaus, Fritz / Eisenstein, Daniele F. und Jüdisches Museum Frankfurt a.M. / Jüdisches Museum Franken (Hg.): Kick it like Kissinger. Ein Fußballalphabet, Frankfurt a.M. / Fürth 2006 (S. 61-93)

Ders.: Grenzen der Aufklärung. Die gesellschaftliche Genese des modernen Antisemitismus, Frankfurt a.M. 2005

Ders. (im Gespräch mit Diethelm Blecking): Der konkrete Kosmopolitismus im Fußball des 21. Jahrhunderts, in: Blecking, Diethelm / Dembowski, Gerd (Hg.): Der Ball ist bunt. Fußball, Migration und die Vielfalt der Identitäten in Deutschland, Frankfurt a.M. 2010 (S. 20–30)

Craig, Gordon: Über die Deutschen, München 1982

Diner, Dan: Feindbild Amerika. Über die Bestätigung eines Ressentiments, München 2002

Downing, David: The Best of Enemies. England v Germany, London 2000

Dwertmann, Hubert: DFB-Präsident Linnemann oder die Beteiligung an Terror und Massenmord, in: Peiffer, Lorenz / Schulze-Marmeling, Dietrich (Hg.): Hakenkreuz und rundes Leder. Fußball im Nationalsozialismus, Göttingen 2008 (S. 244-262)

Eggers, Erik: Publizist – Journalist – Geschichtenerzähler. Der Funktionär und Schiedsrichter Carl Koppehel als Lehrstück der deutschen Fußballhistoriographie, in: Herzog, Markwart

(Hg.): Fußball zur Zeit des National-sozialismus. Alltag. Medien, Künste, Stars, Stuttgart 2008 (S. 195-214)

Ehrbauer, Michl: Thomas Wimmer, München 1964

Eisenberg, Christiane: »English sports« und deutsche Bürger. Eine Gesell-schaftsgeschichte 1800-1939, Pader-born 1999

Elbogen, Ismar / Sterling, Eleonore: Die Geschichte der Juden in Deutsch-land, Frankfurt a.M. 1988

FC Bayern München (Hg.): 25 Jahre FC Bayern München, München 1925

FC Bayern München (Hg.): 50 Jahre FC Bayern München, München 1950

Fischer, Gerd / Lindner, Ulrich: Stürmer für Hitler. Vom Zusammenspiel zwi-schen Fußball und Nationalsozialis-mus, Göttingen 1999

Fischer, Sebastian: Ungeliebte Vereins-geschichte: Bayern Münchens jüdi-scher Präsident (http://einestages. spiegel.destatic/topicalbumback-ground/4634/1/bayern_muenchens_ juedischer_meistermacher.html)

Foot, John: Winning At All Costs. A Scandalous History Of Italian Soccer, New York 2006

Fox, Norman: Prophet or Traitor? The Jimmy Hogan Story, Manchester 2003

Fußball-Club Freiburg (Hg.): 100 Jahre Deutscher Meister, Freiburg 2007

Gillmeister, Heiner: English Editors of German Sporting Journals at the Turn of the Century, in: The Sports Historian No. 14, 1993

Ders.: The Tale of Little Franz and Big Franz: On the Foundation of Bayern Munich FC, in: Soccer and Society, Vol. 1, No. 2, 2000

glubberer.de: Alfred »Spezi« Schaffer (http://www.glubberer.de/s/schaffer_ alfred/schaffer_alfred.html)

Grüne, Hardy: 100 Jahre Deutsche Meisterschaft, Göttingen 2003

Ders.: Enzyklopädie der europäischen Fußballvereine, Kassel 1992

Ders.: Who's who des deutschen Fuß-balls. Die deutschen Vereine seit 1903, Kassel 1995

Ders.: William J. Townley. Der Englän-der, der den »süddeutschen Stil« prägte, in: Dietrich Schulze-Marme-ling (Hg.): Strategen des Spiels. Die legendären Fußballtrainer, Göttin-gen 2005 (S. 46-53)

Gurland, Arcadius R.L.: Die CDU/CSU. Ursprünge und Entwicklung bis 1953, Frankfurt a.M. 1980

Hadas, Miklós: Fußball im sozialen Kon-text: Ungarn 1980-1990, in: Faniza-deh, Michael / Manzenreiter, Wolf-ram (Hg.): Global Players – Kultur, Ökonomie und Politik des Fußballs, Frankfurt a.M. 2002 (S. 95-116)

Hafer, Andreas / Hafer, Wolfgang: Hugo Meisl oder Die Erfindung des mo-dernen Fußballs. Eine Biographie, Göttingen 2007

Haffner, Sebastian: Geschichte eines Deutschen. Die Erinnerungen 1914-1933, Stuttgart/München 2000

Handler, Andrew: From the Ghetto to the Games: Jewish Athletes in Hun-gary, Colorado 1985

Havemann, Nils: Fußball unterm Ha-kenkreuz. Der DFB zwischen Sport, Politik und Kommerz, Frankfurt a.M. 2005

Heinrich, Arthur: Der Deutsche Fuß-ballbund. Eine politische Geschichte, Köln 2000

Ders.: Ein ganz normaler Jurist: Der Werdegang des Günther Riebow, in: Peiffer, Lorenz / Schulze-Marmeling, Dietrich (Hg.): Hakenkreuz und rundes Leder. Fußball im National-sozialismus, Göttingen 2008 (S. 305-322)

Heusler, Andreas: Verfolgung und Ver-nichtung (1933-1945), in: Bauer, Ri-chard / Brenner, Michael (Hg.): Jü-disches München. Vom Mittelalter bis zur Gegenwart, München 2006 (S. 161-184)

Ders. / Weger, Tobias: Kristallnacht. Gewalt gegen die Münchner Juden im November 1938, München 1998

Hitzer, Friedrich: Lenin in München. Dokumentation und Bericht, München 1977

Hofmann, Fritz / Schmieder, Peter: Benno Elkan. Ein jüdischer Künstler aus Dortmund, Essen 1997

Interessengemeinschaft Deutscher Berufsfußballclubs (Hg.): Denkschrift über die Notwendigkeit einer Bereinigung der Verhältnisse im deutschen Fußballsport durch Trennung von Amateur- und Berufssport, Stuttgart 1947

Jockenhöfer, Rafael / Grengel, Ralf: 100 Jahre FC Bayern München, Berlin 2000

Koppehel, Carl: Geschichte des deutschen Fußballsports, Frankfurt a.M. 1954

Korn, Salomon: Die vielbeschworene deutsch-jüdische Symbiose ist bloß ein Mythos (htpp://www.haligali.com/archiv/200/06/symbiose.htm)

Kullick, Andreas: Die Nationalmannschaft im Dienst des NS-Regimes, in: Peiffer, Lorenz / Schulze-Marmeling, Dietrich (Hg.): Hakenkreuz und rundes Leder. Fußball im Nationalsozialismus, Göttingen 2008

Kuper, Simon: Ajax, the Dutch, the War. Football in Europe During the Second World War, London 2003

Leo, Per: »Bremsklötze des Fortschritts.« Krisendiskussion und Dezisionismus im deutschen Verbandsfußball 1933-45, in: Föllmer, Markus / Graf, Rüdiger: Die »Krise« der Weimarer Republik. Zur Kritik eines Deutungsmusters, Frankfurt a.M. 2005 (S. 107-137)

Löffelmeier, Anton: Die »Löwen« unterm Hakenkreuz. Der TSV München von 1860 im Nationalsozialismus, Göttingen 2009

Ders.: Fußballvereine, Geld und Politik. Die Geschichte des Münchner Fußballs von 1919-1945, in: Stadtarchiv München (Hg.): Fußball in München. Von der Theresienwiese zur Allianz-Arena, München 2006 (S. 38-77)

Ders.: Grandioser Aufschwung und Krise. Der Münchner Fußball von 1919 bis 1945, in: Stadtarchiv München (Hg.): München und der Fußball. Von den Anfängen 1896 bis zur Gegenwart, München 1997 (S. 51-75)

Lowtzow, Caroline von: Jung und jüdisch in München: Uri Siegel erinnert sich, in: »Jetzt Magazin« (Beilage zur »Süddeutschen Zeitung«) v. 11.9.2006

Maderthaner, Wolfgang: Die Wiener Schule. Eine Geschichte des Wiener Fußballs in elf Porträts, Wien 2008 (Verein für Geschichte der Arbeiterbewegung, Dokumentation 1/2008)

März, Peter: »Fußball ist unser Leben«. Beobachtungen zu einem Jahrhundert deutschen Spitzenfußballs, in: BLZ-REPORT, Beilage der Bayerischen Staatszeitung, Redaktion: Bayerische Landeszentrale für politische Bildungsarbeit, Ausg. 5 (2003)

Markovits, Andrei S.: »Muskeljuden« und »Yiddoes«: Vergleichende Überlegungen zu Sport und jüdischer Identität in Europa und den USA, in: Ders. / Rensmann, Lars: Querpass. Sport und Politik in Europa und den USA, Göttingen 2007 (S. 182-207)

Marschik, Matthias: Wiener Austria. Die ersten 90 Jahre, Wien 2001

Martin, Simon: Football and Facism. The national game under Mussolini, Oxford/New York 2004

Menzel-Severing, Hans: Der Bildhauer Benno Elkan, Dortmund 1980

Nachbar, Toni / Schnekenburger, Otto: SC Freiburg. Der lange Weg zum kurzen Pass, Göttingen 2002

Naderhirn, Jörg: Bayerns erste Süddeutsche Meisterschaft, Velbert 2007

Ders.: Bayerns erste Deutsche Meisterschaft, Velbert 2008

Oberschelp, Malte: Britisch in Berlin. John Bloch machte den Fußball hierzulande populär und wurde von deutschnationalen Kickern angefeindet, in: »Jüdische Allgemeine« v. 23.3.2010

Ongerth, Hans: Das Bayern-Archiv. Alle Spiele, alle Tore, alle Aufstellungen, 2006 (o. O., Eigenverlag)

Oswald, Rudolf: »Fußball-Volksgemeinschaft«. Ideologie, Politik und Fanatismus im deutschen Fußball 1919-1964, Frankfurt a.M. / New York 2008

Ders.: Guido von Mengden: Der anpassungsfähige Opportunist, in: Peiffer, Lorenz / Schulze-Marmeling, Dietrich (Hg.): Hakenkreuz und rundes Leder. Fußball im Nationalsozialismus, Göttingen 2008 (S. 290-297)

Ders.: Ideologie, nicht Ökonomie: Der DFB im Kampf gegen die Professionalisierung des deutschen Fußballs, in: Peiffer, Lorenz / Schulze-Marmeling, Dietrich (Hg.): Hakenkreuz und rundes Leder. Fußball im Nationalsozialismus, Göttingen 2008 (S. 107-126)

Patka, Marcus G. (Hg): Lexikon jüdischer Sportler in Wien, 1900-1939, Wien 2008

Pieper, Ernst: Kurze Geschichte des Nationalsozialismus. Von 1919 bis heute, Hamburg 2007

Postal, Bernard / Silver, Jesse / Silver, Roy: Encyclopedia of Jews in Sports, New York 1965

Preis, Kurt: München unterm Hakenkreuz, München 1989

Pulzer, Peter G.J.: Die Entstehung des politischen Antisemitismus in Deutschland und Österreich 1867-1914, Göttingen 2004

Rohrbacher-List, Günter: Jean-Bernard Lévy – der Fußballverrückte von Paris, in: Schulze-Marmeling, Dietrich (Hg.): Davidstern und Lederball. Die Geschichte der Juden im deutschen und internationalen Fußball, Göttingen 2003 (S. 419-432)

Schäflein, Markus: Meister ohne Feindbild (28.07.2009, http://sueddeutsche.de/sport/fc-bayern-muenchen-meister-ohne-feindbild-1.155658)

Schauppmeier, Kurt: FC Bayern München, Regensburg 1975

Schulze-Marmeling, Dietrich: Die Bayern. Die Geschichte des Rekordmeisters, Göttingen 2009 (4. überarbeitete und ergänzte Auflage)

Ders. (Hg.): Die Geschichte der Fußball-Nationalmannschaft, Göttingen 2008 (3. überarbeitete und ergänzte Auflage)

Ders.: Die gescheiterte Assimilation: Juden und Fußball in Budapest, in: Schulze-Marmeling, Dietrich (Hg.): Davidstern und Lederball. Die Geschichte der Juden im deutschen und internationalen Fußball, Göttingen 2003 (S. 319-346)

Ders.: Jüdische Fußballaktivisten im Südwesten Deutschlands, in: Haus der Geschichte Baden-Württemberg (Hg.): »Vergessen die vielen Medaillen, vergessen die Kameradschaft«. Juden und Sport im deutschen Südwesten, Stuttgart 2010 (S. 57-82)

Schwab, Ingo: Ruinenjahre und Konsolidierung. Spiele und Geld in den Zeiten der Oberliga Süd, in: Stadtarchiv München (Hg.): München und der Fußball. Von den Anfängen 1896 bis zur Gegenwart, München 1997 (S. 97-117)

Schweer, Joachim: Das Münchner Derby: 1860 - Bayern, Kassel 1995

Selig, Wolfram: »Arisierung« in München: Die Vernichtung jüdischer Existenz 1937-1939, Berlin 2004

Siegler, Bernd: Eine Fahrkarte nach Jerusalem. Der 1. FC Nürnberg wird »judenfrei«, in: Tobias, Jim G. / Zinke, Peter (Hg.): nurinst 2006 – Beiträge zur deutschen und jüdischen Geschichte, Bd. 3 (Schwerpunktthema: Fußball), Jahrb. des Nürnberger Instituts für NS-Forschung und jüdische Geschichte, Nürnberg 2006 (S. 13-34)

Skrentny, Werner: Von Serbien nach New York, von Budapest nach Stockholm: Die Odyssee der »Konrad-Zwillinge«, in: Schulze-Marmeling, Dietrich (Hg.): Davidstern und Lederball. Die Geschichte der Juden im deutschen und internationalen Fußball, Göttingen 2003 (S. 369-389)

Ders.: Hapoel Bayreuth gegen Makabi Münchberg – die Ligen der »Displaced Persons«, in: Schulze-Marmeling, Dietrich (Hg.): Davidstern und Lederball. Die Geschichte der Juden im deutschen und internationalen Fußball, Göttingen 2003 (S. 202-210)

Ders. (Hg.): Als Morlock noch den Mondschein traf. Die Geschichte der Oberliga Süd 1945-1963, Essen 1963

Specht, Heike: Zerbrechlicher Erfolg (1933-1945), in: Bauer, Richard / Brenner, Michael (Hg.): Jüdisches München. Vom Mittelalter bis zur Gegenwart, München 2006 (S. 137-160)

Stadtarchiv München (Hg.): Biographisches Gedenkbuch der Münchener Juden 1933-1945 (Erarbeitet von Andreas Heusler, Brigitte Schmidt. Eva Ohlen, Tobias Weger, Simone Dicke), Band 1 (A-L), München 2003

Stallein-Fontaine, Rudi u.a.: 90 Jahre FC Bayern München, München 1990

Stiller, Eike: Lebensbilder von Arbeiterfußballern, in: Peiffer, Lorenz / Schulze-Marmeling, Dietrich (Hg.): Hakenkreuz und rundes Leder. Fußball im Nationalsozialismus, Göttingen 2008 (S. 178-183)

Szabó, Lajos: The Reasons of the worldwide Success of Hungarian Jewish Athletes, Hungarian Museum of Physical Education and Sports, 1993

Tauber, Peter: »Englischer« Sport und »deutsches« Turnen. Die Auseinandersetzung um die Körperkultur in Deutschland zwischen 1871 und 1936 (Überarbeitete und erweiterte Fassung der am 29. Februar 2000 eingereichten Abschlussarbeit zur Erlangung des Magister Artium im Fachbereich Geschichte der Johann-Wolfgang-Goethe-Universität Historisches Seminar), 2003

Thoma, Matthias: »Wir waren die Juddebube«. Eintracht Frankfurt in der NS-Zeit, Göttingen 2007

Wasserstein, Bernard: Europa ohne Juden. Das europäische Judentum seit 1945, Köln 1999

Wehler, Hans-Ulrich: Deutsche Gesellschaftsgeschichte 1914-1949, München 2003

Wildvang, Frauke: Kein »Tee mit Mussolini«. Antijüdische Gewalt, faschistischer Staat und italienische Gesellschaft, in: Terhoeven, Petra (Hg.): Italien, Blicke. Neue Perspektiven der italienischen Geschichte des 19. und 20. Jahrhunderts, Göttingen 2010 (S. 87-106)

Winkler, Heinrich August: Weimar 1918-1933. Die Geschichte der ersten deutschen Demokratie, München 1993

Wittner, Andreas: Richard »Little« Dombi. Kleine Eminenz, vom Himmel gefallen, in: Schulze-Marmeling, Dietrich (Hg.): Strategen des Spiels. Die legendären Fußballtrainer, Göttingen 2005 (S. 54-63)

Zeitungen / Zeitschriften
Der Kicker
Fußball
Fußball-Woche
Münchner Neueste Nachrichten
Süddeutsche Zeitung
Bayern Magazin (Club-, Stadion- und Fanzeitschrift des FC Bayern)

Archive
Stadtarchiv München
Staatsarchiv München

Internet
www.compactmemory.de (Deutsch-jüdische Literaturgeschichte im Web)
www.historisches-lexikon-bayerns.de.
http://de.wikipedia.org
http://en.wikipedia.org

Danksagung

Der Autor bedankt sich bei den folgenden Personen, ohne deren Hilfe das vorliegende Buch nicht möglich gewesen wäre:

Anton Löffelmeier, Autor eines exzellenten Buches zur Geschichte des TSV 1860 München in der Zeit des Nationalsozialismus, gewährte mir Zugang zum Stadtarchiv, beantwortete über Monate hinweg geduldig und umgehend meine zahlreichen Fragen und korrigierte mich, wo dies notwendig war. In diesem Zusammenhang gilt mein Dank natürlich auch dem Stadtarchiv München.

Eberhard Schulz, Initiator und Sprecher der Initiative »Nie Wieder! Erinnerungstag im deutschen Fußball« und stellvertretender Vorsitzender der Jury zur Verleihung des »Julius-Hirsch-Preises« des DFB, ermutigte mich zu diesem Buch und unterstützte mich mit vielen Gedanken. Seine erinnerungspolitischen Aktivitäten genießen meinen allergrößten Respekt. Die »bayerisch-westfälischen Bierabende« mit Anton Löffelmeier und Eberhard Schulz bleiben mir in bester Erinnerung und schreien über dieses Buch hinaus nach Fortsetzung.

Uri Siegel, Neffe des legendären jüdischen Bayern-Präsidenten Kurt Landauer, ist seit Jahren der erste Anlaufpunkt, wenn es um Recherchen zum Leben und Wirken seines Onkels und das »jüdische Vermächtnis« des FC Bayern geht. Auch für mich war Uri Siegel eine sehr große Hilfe.

Bernd-M. Beyer war nicht nur ein gewohnt aufmerksamer Lektor, sondern – als Autor eines fast schon legendären Buches über den jüdischen Fußballpionier Walther Bensemann und somit Experte auf dem Felde meiner Recherchen – auch ein sehr wertvoller Berater bei inhaltlichen Fragen.

Sylvia Schlund vom Kreisjugendring und das junge Filmteam von »Kick it like Kurt« stellten mir ihre Recherchen und einige wichtige Fotos zur Verfügung.

Maurice Schreibmann klärte mich über den TSV Maccabi München auf. Viel wichtiger war aber vielleicht sein einnehmender Optimismus.

Die Ultras von der »**Schickeria München**« versorgten mich mit Informationen über ihre Aktionen gegen Rassismus und Antisemitismus und zum Landauer-Gedenken. Bei aller Skepsis gegenüber der Ultra-Philosophie und -Praxis: Das Engagement, die Kreativität und das Talent der Gruppe haben mich beeindruckt.

Weitere wertvolle Informationen erhielt ich von **Klara Gissing** (KZ-Gedenkstätte Dachau), **Werner Skrentny,** der z.Zt. an einer Biographie des jüdischen Nationalspielers Julius Hirsch arbeitet, **Andreas Wittner,** Archivar und wandelndes Lexikon in Sachen Fußballgeschichte, **German Kramer,** der mich mit vielen Unterlagen zum Fußball-Club Freiburg und dessen Beziehungen zum frühen FC Bayern versorgte, **Günter Rohrbacher-List, Robert Bierschneider** (Staatsarchiv München), **Roger Rosset** (Stadtarchiv Genf), **Dirk Kämper,** der an einem Spielfilm über Kurt Landauer arbeitet, **Henry Wahlig** (Sportwissenschaftliches Institut der Universität Hannover), **Heiner Gillmeister** (Bonn), **Claudia Heuermann** (Kulturforum Planegg), **Klaus Schultz** (Evangelische Versöhnungskirche in der KZ-Gedenkstätte Dachau) sowie **Roger, Mark, Gordon** und **Josh Klauber** in New York. Roger Klauber, ein großer Fan des FC Bayern, starb am 27.2.2011.

Ihnen allen gilt mein herzlicher Dank.